INTEGRATION AND SYMBIOSIS

融合与共生

中国体育赛事旅游目的地发展研究

THE DEVELOPMENT OF
CHINA'S SPORTS EVENT TOURISM
DESTINATIONS

史瑞应 著

社会科学文献出版社
SOCIAL SCIENCES ACADEMIC PRESS (CHINA)

序

　　五环之畔，小暑之日，暮云收尽，蝉唱初歇。伏案既久，周身疲惫，遂起身凭窗而望。一时熏风拂来，甚是宜人。楼下传来广场舞欢快的音乐，夹杂着断续笑语。街市上霓虹闪烁，依旧车水马龙。远处的万家灯火，映衬着城市参差起伏的天际如星河般梦幻……耳目所及，尽是这个城市的热情与繁华。

　　回首又见案头即将付梓的书稿，不由忆起了数年前，远涉重洋，在美留学的那段时光。彼时，我亲历美国体育赛事之繁荣，震撼于体育赛事不仅是体育竞技的舞台，更是旅游经济的强劲引擎、城市活力的生动展现。归国后，我作为一名青年学者，热情投身于国内体育赛事旅游的研究与实践，但目睹其发展之种种困境，却倍感任重道远，自此，便踏上了探索与求解的漫漫征途。

　　国内旅游目的地发展研究中，大型体育赛事被视作具有周期性和阶段性特质的特殊事件或外生变量。鉴于这一特性，学界与业界普遍认为大型体育赛事对旅游目的地影响具有暂时性。此观点认可了大型体育赛事对旅游目的地发展的重要作用，并在过去近20年的研究中占据主流地位，推动体育赛事旅游成为一个独立且具有深厚研究价值的学术议题。然而，随着大型体育赛事的不断发展与演变，这一观点正面临前所未有的挑战。首先，大型体育赛事对旅游目的地发展的影响不再局限于暂时性，其影响的持久性与深远度均显著增强。大型体育赛事不仅带来即时的旅游效益，还通过提升旅游目的地知名度、改善接待能力、促进文化交流、塑造城市品牌等，为旅游目的地带来长久的发展动力。其次，体育赛事与旅游目的地的关系开始展现出多层次的融合态势，这种融合不仅促进了旅游目的地的繁荣，更助力了新型旅游目的地的诞生与发展。体育赛事旅游目的地便是体旅融合共生而成的产物，它以大型体育赛事为核心吸引物，围绕赛事构建全方位的旅游体验和服务体系，形成了独特的旅游生态。传统认知中大型体育赛事作为"特殊事件"的观点被逐渐突破。

反观国外研究，大型体育赛事对于旅游目的地而言，从来都不是单纯的特殊事件和表层现象。西方学者坚持整合社会学、经济学、历史学、地理学等多学科的研究视角与方法，力图从学理层面给出二者相互依存与共同演进的科学性解答。西方学者以二者关系渊源为研究起点，借由交互机制、融合效应等不断深入研究，现已开启共生发展的研究转向。相比之下，国内相关研究在视野开拓与转换、理论创新与发展、方法选取与应用等方面尚存一定差距。

本书以《融合与共生：中国体育赛事旅游目的地发展研究》为题，旨在对体育赛事旅游目的地融合属性与共生发展规律给出系统性分析与学理性解答。为了全面且深入地探讨这一主题，本书将体育赛事旅游目的地发展研究置于中国本土化的社会情境中，创新性地提出"人-地-业"三维视角，综合运用定性与定量研究方法，以期弥补国内研究与国外研究在视野、理论与方法上的差距，并为新型旅游目的地的培育与发展提供理论与实践的双重指导。

本书是我学术研究的重要里程碑。书稿始创于赴美读博之时，经历了博后研究阶段的锤炼，凝聚了多年的观察、调研与思考，历经数次重大修订终得完成。二十余万字间，既有对现实问题的深入剖析，亦有对未来发展的美好期许，一字一句都承载着我对学术的谨慎与敬畏。本书是我职业生涯的重要里程碑。书稿的出版昭示着曾经对学术研究充满懵懂的学子，在经历系统的理论学习与方法锤炼后，得以暂别书斋，成长为手握初步学术资质的青年学者。在璀璨的学术市场中，我也拥有了属于自己的小小摊位，能有机会与无数前辈名家、同侪挚友、后起之秀同台竞技，与他们并肩携手将人类体育学、旅游学、管理学的智识边界向前推进。

本书的撰写与付梓，既得益于恩师的谆谆教诲、单位的鼎力支持和同人的竭诚协助，更离不开社会科学文献出版社诸君的辛勤付出，尤其是责任编辑贾立平老师的专业指导与精心雕琢，在此，谨向您致以诚挚的感谢！期冀此书能如波上之舟，载读者于体育赛事旅游的海洋中以遨以游，或有所悟，或启新思。愿与您共襄体育盛事，助推旅游发展，同筑体旅融合新篇章！

2024 年 7 月于北京

前　言

　　"十四五"时期，我国经济步入新发展阶段，体育产业与旅游产业均肩负助力新发展格局的时代使命，推动二者的深度融合是体育产业与旅游产业转型升级的必由之路。体育赛事旅游目的地是体育产业与旅游产业融合共生而形成的新型旅游目的地，是我国体旅融合的代表性产物，对体育赛事旅游目的地发展的研究有利于明确体旅融合的现状，并对标国家战略需求提出针对性对策。然而由于对体育赛事旅游目的地融合属性和发展规律缺乏学理性认识与系统性分析，体育赛事旅游目的地发展面临理论不足与实践困境的双重挑战，因此对体育赛事与旅游目的地融合共生问题给出学理支撑和系统建议，便是本书的主要目的。

　　本书开创性地提出"人-地-业"的三维视角（第二章），借助文献资料法和实地考察法从参与主体（第三章）、空间实体（第四章）、产业载体（第五章）三向度分别审视体育赛事旅游目的地发生、发展、变化的因果关系和内在规律，力求从理论研究角度更全面地描绘其在发展中所呈现的异质性。此外借助实证研究，通过深度访谈法、问卷调查法、数理统计法等主要方法构建三维视角下的质量评价指标体系（第六章），并探究体育赛事旅游目的地旅游者行为意向（第七章），最后基于以上理论和实证研究提出系统性发展对策（第八章）。

本书的代表性观点如下。

第一，"人"视角，体育赛事旅游目的地在核心利益相关者的利益诉求与冲突的引导与缓解中不断发展。赛事旅游目的地政府及其职能部门、赛事旅游者、赛事旅游企业、赛事旅游目的地居民是体育赛事旅游目的地核心利益相关者。各核心利益相关者之间存在四个利益诉求和六组利益冲突，影响着体育赛事旅游目的地的发展。

第二，"地"视角，体育赛事旅游空间是以赛旅融合类吸引物带动空间集聚发展的现实体现。体育赛事旅游空间的核心吸引物，依据其所依托资源的差异性分为五类：依托观赏型和参与型体育赛事资源的核心吸引物、依托体育传统项目资源的核心吸引物、依托自然地理资源的核心吸引物、依托体育场馆资源的核心吸引物、依托复合资源的核心吸引物。核心吸引物对周边的其他产业产生的集聚效应，使得体育赛事旅游空间因体育赛事本身的规模、级别、形式和发展程度差异展现出不同的发展阶段和成长模式。

第三，"业"视角，体育赛事旅游目的地产业的发展实质是产业互动融合的过程。体育赛事产业与旅游产业互动融合的三个基本模式是渗透融合模式、延伸融合模式、重组融合模式。二者之间存在时空伴生性、产业关联性、要素共享性，在内在动力需求的多样性与个性化、逐利性以及外在动力技术创新和政府政策的双重推动下，通过资源、产品、市场三个途径进行融合发展。

第四，三维视角下的体育赛事旅游目的地质量评价指标体系是以"人"即赛事旅游者为评价的权威主体，着力体现体育赛事旅游目的地质量的异质性，关注赛事质量，体现体育赛事与旅游的相关关系；弱化旅游基础服务指标的权重，突出评价指标体系的特殊性；充分考虑人、地、业在质量评价指标体系内的应有特征。本书构建的质量评价指标体系由两个量表10个因子50个评价指标构成，为体育赛事旅游目的地质量评价和引导未来发展提供了科学有效的测度工具。

第五，三维视角下的体育赛事旅游目的地旅游者行为意向由体育赛事旅游目的地感知质量决定并受感知价值和满意度的部分中介效应影响。旅游者感知质量越高推荐意向和重游意向就越高，抱怨意向就越低。同时，最具赛事特色的核心质量的细分维度在旅游者性别、月收入、职业、受教育程度上的差异性均强于辅助服务质量，对感知质量和旅游者行为意向的关系分析进一步明确了体育赛事旅游目的地质量的异质性，明确了该类旅游目的地得以可持续发展的根本动力。

第六，三维视角下体育赛事旅游目的地发展对策从宏观、中观、微观三个层面层层推进，包括三个战略、四个推动、两个发展点。宏观发展对策包括绿色发展战略、品牌战略、一体化战略；中观发展对策包括推动形成利益共同体、推动空间集聚发展、推动产业集群发展、推动质量评价指标体系构建；微观发展对策包括把握旅游者这个基本点和体育赛事这一着力点。

绪 论 001

第一章 | 相关研究综述 015

　　第一节　体育赛事的相关研究 015

　　第二节　体育旅游的相关研究 028

　　第三节　旅游目的地相关研究 039

第二章 | 体育赛事旅游目的地概念界定及三维分析视角的诠释 047

　　第一节　体育赛事旅游目的地概念界定 047

　　第二节　"人 - 地 - 业"三维分析视角 054

　　第三节　三维分析视角下的相关理论框架 059

　　小　结 062

第三章 | "人"——体育赛事旅游目的地利益相关者探析 064

　　第一节　体育赛事旅游目的地利益相关者界定与分类 064

　　第二节　体育赛事旅游目的地核心利益相关者定位 068

　　第三节　体育赛事旅游目的地核心利益相关者的

　　　　　　利益诉求与冲突分析 071

第四节　体育赛事旅游目的地核心利益相关者

　　　　均衡管理机制　　　　　　　　　　　　　077

小　结　　　　　　　　　　　　　　　　　　　083

第四章｜"地"——体育赛事旅游空间研究　　　　085

第一节　体育赛事旅游空间及构成要素的识别　　085

第二节　体育赛事旅游空间要素的内在关联性　　093

第三节　体育赛事旅游空间演变　　　　　　　　095

第四节　体育赛事旅游空间的发展模式　　　　　099

小　结　　　　　　　　　　　　　　　　　　　105

第五章｜"业"——体育赛事产业与旅游产业互动融合机理　107

第一节　体育赛事产业与旅游产业互动融合发展的条件　108

第二节　体育赛事产业与旅游产业互动融合发展的动力　114

第三节　体育赛事产业与旅游产业互动融合发展的路径　122

第四节　体育赛事产业与旅游产业互动融合发展的模式　128

小　结　　　　　　　　　　　　　　　　　　　132

第六章｜基于旅游者感知的体育赛事旅游目的地质量

　　　　评价指标体系　　　　　　　　　　　　　134

第一节　质量评价指标的初步构建　　　　　　　136

第二节　质量评价指标体系的预测与修订　　　　141

第三节　质量评价指标体系正式调查与权重　　　152

第四节　基于三维视角的评价指标体系论证　　　168

小　结　　　　　　　　　　　　　　　　　　　171

第七章｜体育赛事旅游目的地旅游者行为意向影响因素分析　173

　　第一节　理论模型的构建　174

　　第二节　旅游者行为意向影响因素的路径检验与分析　189

　　第三节　旅游者个体特征在关键影响因素中的

　　　　　　差异化分析　195

　　第四节　基于模型与分析结果再审视三维视角　212

　　小　结　216

第八章｜"人-地-业"三维视角下体育赛事旅游目的地发展对策　217

　　第一节　发展对策的前提推论　217

　　第二节　宏观发展对策：三个战略　221

　　第三节　中观发展对策：四个推动　226

　　第四节　微观发展对策：两个发展点　234

　　第五节　三维视角与发展对策的关系　240

　　小　结　241

第九章｜研究结论与建议　243

　　第一节　研究结论　243

　　第二节　研究建议　245

参考文献　247

附　录　265

绪　论

一　研究缘起

（一）破解实践问题的现实需要

意大利佛罗伦萨、西班牙巴塞罗那、澳大利亚墨尔本、日本北海道，当这些世界著名旅游胜地遇上环法自行车赛、国际足球赛、网球公开赛、马拉松赛事，呈现了别具一格的魅力，体育赛事与旅游融合提升了赛事举办地作为旅游目的地的吸引力、服务力与竞争力。一时间，借由举办大型体育赛事打造新型旅游目的地的热潮在世界各国兴起，对体育赛事旅游目的地发展问题的思考也源于对此客观现象的反思。缘何国际著名的旅游城市逐渐将目光转向举办大型体育赛事？缘何大型体育赛事的举办地总青睐于某些著名旅游目的地？体育赛事与旅游目的地之间有什么天然的关联性使二者可以融合？体育赛事与旅游目的地以怎样的相互作用形成自身独特的生态环境进而使二者得以共生？

在我国体旅融合实践中，体育赛事旅游资源的开发还处于起步阶段，许多旅游目的地期望借助体育赛事资源的异质性，彰显旅游目的地旅游产品与服务的独特性，用以应对旅游需求多样化、个性化的转变。但在此过程中，体育赛事旅游目的地的发展不乏存在诸如赛事与城市形象契合度失调①、赛事旅游形式单一、赛事旅游产品同质化、赛事游客流失②等问题。如何科学系统地制定体育赛事旅游目的地发展对策，引导体育赛事旅游目的地良性发展，成为我国当前体育赛事旅游目的地实践中迫切需要解决的问题。

若要回应上述思考和解答现实问题，迫切需要学者通过由表象及本质的逻辑归纳，对体育赛事旅游目的地概念加以界定，对体育赛事旅游目的地发生、发展、变化的因果关系和内在规律进行探究。

（二）顺应社会发展的必然选择

改革开放40多年来，我国经济和社会发展取得了长足的进步，水平不断提高，人们不仅关注物质生活质量，更关注自身精神追求。2017年全国居民恩格尔系数为29.39%③，标志着我国已经进入联合国划分的富足区间（恩格尔系数为20%~30%），我国居民消费将在文化、体育、旅游、健康、养老等领域迎来大爆发。在新发展格局下，体育消费作为新的消费领域，正在逐步释放和凸显其市场潜力及对经济的推动作用。

《2017年中国居民消费发展报告》统计数据显示，2017年全国共举办各类足球赛事15000场，职业足球联赛和中国队相关国际赛事现场观众超950万人次，电视观众达6.83亿人次；当年全国举办各类马拉松赛事共计1102场，平均每天2~3场马拉松赛事，赛事举办地延伸到全国70.06%的地级市，参与人次总计498万人次。体育赛事如火如荼地开展，既迎合了社会发展的浪潮，也离不开相关政策的推进。早在2014年和2016年国务院就分别出台了《国务院关于促进旅游业改革发展的若干意见》和《国务院关于加快发展体育产业促进体育消费的若

---

① 倪斌：《上海市体育赛事旅游目的地形象研究》，上海体育学院硕士学位论文，2016。
② 钱勇刚：《体育赛事旅游开发研究》，华侨大学硕士学位论文，2007。
③ 《〈2017年中国居民消费发展报告〉系列发布之一：我国居民消费发展总体情况（一）》，国家发展改革委官网，2018年4月3日，https://www.ndrc.gov.cn/fzggw/jgsj/zhs/sijudt/201804/t20180403_973832.html。

干意见》，并提出推动体育旅游，加强竞赛表演、健身休闲与旅游活动的融合发展[①]，以及促进产业融合发展，积极拓展业态，促进康体结合，鼓励交互融通[②]。2024 年全国旅游发展大会上再次提及体育赛事与旅游融合发展的相关内容，可见以竞赛表演产业即体育赛事产业为核心的体育赛事旅游产业，已成为体育产业和旅游产业中最具活力的发展领域。

研究体育赛事旅游目的地发展并对其提出系统性、针对性发展建议，使其与当前消费市场发展的新趋势相同步，与体育产业和旅游产业发展的政策方向相一致，与国家和社会长远发展的方针策略相吻合，是针对社会发展实然性的探讨和实现应然目标的审视。本书构建的发展对策体系，强调赛事元素，注重旅游目的地内涵，将重点从利益相关者关系、空间演变、产业互动融合、质量评价、旅游者行为意向等现实问题入手，以期提出更具有针对性和实效性的对策建议。

（三）解决当前研究困境的新思路

笔者通过对现有研究的检索发现，以"体育赛事旅游目的地"为关键词在中国知网数据库进行检索获得的期刊文献、硕博学位论文、会议论文为 0 篇。以"体育赛事旅游目的地"为主题词进行检索获得期刊论文 11 篇、硕博学位论文 28 篇（博士学位论文仅 1 篇且与主题关联度较低[③]），其中仅上海体育学院倪斌的硕士学位论文《上海市体育赛事旅游目的地形象研究》在题目中提及了"体育赛事旅游目的地"这一词，但在论文中并未对体育赛事旅游目的地的概念进行阐述和界定（数据检索日期为 2019 年 7 月）。总结来说，现有研究仅停留在探讨体育赛事对举办地旅游业的影响或体育赛事对旅游目的地的影响方面，

① 《国务院关于促进旅游业改革发展的若干意见》，中国政府网，2014 年 8 月 21 日，http://www.gov.cn/zhengce/content/2014-08/21/content_8999.htm。

② 《国务院关于加快发展体育产业促进体育消费的若干意见》，中国政府网，2014 年 10 月 20 日，http://www.gov.cn/zhengce/content/2014-10/20/content_9152.htm。

③ 潘文焰：《节事资源旅游产业化的机理与路径研究》，华东师范大学博士学位论文，2014。

具体研究也多是基于表层的现象探讨或仅从某一具体方面着眼。一则，未进行明确的概念界定；二则，研究的体系缺乏完整性、审视的角度缺乏全面性，不能全面深入地剖析体育赛事旅游目的地体育活动和旅游活动融合共生的因果关系与内在规律，无法为体育赛事旅游目的地良性有序的发展提供有针对性且有效的建议。

本书开创性地提出基于"人-地-业"的三维视角审视体育赛事旅游目的地发生、发展、变化的因果关系和内在规律，力求通过多维度现象的分析，全面认识事物本质、把握事物发展的内在规律。采用定性研究和定量研究相结合的方法，以期为体育赛事旅游目的地发展研究提供学理支撑，并在此基础上提出具有中国本土特色的发展对策体系。

总结来讲，以上三点基本回答了本书选取体育赛事旅游目的地发展作为研究对象，并基于"人-地-业"的三维视角对体育赛事旅游目的地发展对策进行研究的必要性。本书的意义在于，从理论层面，丰富旅游目的地内涵研究；突破当前理论研究难以满足实践需要的困境；三维视角可为该领域的研究提供新思路。从实践层面，通过实证分析构建体育赛事旅游目的地质量评价指标体系，探究体育赛事旅游目的地质量影响旅游者行为意向的路径，在指出体育赛事旅游目的地特殊性的同时凝练出旅游者行为普遍存在的内在规律；基于三维视角为未来体育赛事旅游目的地的建设和发展提供对策，以期为行业实践提供参考、为决策部门政策制定提供依据。

二 研究目标

本书以"人-地-业"三维视角为切入点，以体育赛事旅游目的地发展为研究对象，结合理论研究与实证研究，立足我国体育赛事旅游目的地实践中遇到的困境，运用文献资料、实地考察、深度访谈、问卷调查、数理统计、优序等方法，力图借助现有理论研究解释体育赛事旅游目的地发生、发展、变化的因果关系和内在规律，以期借助实证研究从实践中凝练出普适性的解释，最终提出有针对性的发展对策，指导我国体育赛事旅游目的地的发展实践。此研究目标是按照以下逻辑思路层层推进，对四组具体问题展开破解而最终实现的。

第一，本书通过种差加属的概念界定方式提出了体育赛事旅游目的地的基本概念，论证了"人-地-业"三维视角探讨体育赛事旅游目的地的适切性，并构建了基于三维视角的理论框架。

第二，分别从"人""地""业"的三维视角切入进行理论研究，探讨体育赛事旅游目的地利益相关者关系、空间演变、产业互动融合的问题，依托现有的成熟理论，期望达到剥离现象探究本质规律和内在因果的目的。

第三，基于"人-地-业"三维视角的实证研究，构建体育赛事旅游目的地质量评价指标体系，并探究体育赛事旅游目的地旅游者行为的一般规律，从实证视角对理论研究进行补充，以期描绘更生动形象的体育赛事旅游目的地。

第四，在以上定性研究和定量研究的基础上，基于"人-地-业"三维视角对比实然发展和应然预期，提出体育赛事旅游目的地发展对策。

三　研究设计

（一）研究对象

本书以体育赛事旅游目的地发展为研究对象，并将对该研究对象的探讨牢牢置于"人-地-业"的三维视角下。理论研究具体从"人"——利益相关者、"地"——体育赛事旅游空间、"业"——产业互动融合机理三方面进行，探讨体育赛事旅游目的地发展的本质与内在逻辑。在实证案例选择时，本书力求选择与实践最相符的体育赛事旅游目的地进行数据资料的收集，具体以 2019 年第 36 届潍坊国际风筝节（4 月 20~23 日）、南京女子排球联赛总决赛（7 月 3~7 日）、北京男子篮球世界杯总决赛（8 月 31 日至 9 月 15 日）、第 33 届泰山国际登山节（9 月 6~7 日）的 739 位旅游者（正式测试样本量）为调查对象，为质量评价指标体系构建和旅游者行为意向分析提供数据支撑。

（二）研究方法

1. 文献资料法

本书通过国内外主流数据库 Web of Science Core Collection、中国知网、读秀等检索并获取不同研究领域相关中外文期刊、学位论文和专著等文献资料，所涉及学科领域包括体育学、经济学、社会学、管理学、旅游学，具体涉及体育赛事相关研究、体育旅游及体育赛事旅游的相关研究、旅游目的地与体育旅游目的地的相关研究。从总体上了解和掌握了我国体育赛事与旅游目的地的研究现状及进展，获得了理论研究的支撑和实证研究中深度访谈的主要问题，为本书研究的顺利开展提供了保障。

2. 实地考察法

笔者自 2018 年 10 月加入国家社科基金项目"'健康中国'战略下体育赛事旅游目的地规制研究"课题组至 2019 年 10 月，先后多次实地观赛、走访调研。到访 2019 年第 36 届潍坊国际风筝节、南京女子排球联赛总决赛、北京男子篮球世界杯总决赛、第 33 届泰山国际登山节。在赛事举办时进行实地考察，主要目的是了解举办城市的自然人文环境，深刻分析体育赛事内涵。另外，全面收集相关资料，为体育赛事对旅游目的地的空间、产业影响和评价、建模提供支持。在实地考察过程中通过观察、交流、问卷等形式，获取相关信息资料。

3. 深度访谈法

本书通过对旅游者的半结构式访谈，初步获取质量评价指标，这是预测问卷形成的基础。访谈对象分为知情者和代表样本，访谈时间在

2018 年 11 月至 2019 年 4 月。本书不将样本的数量作为主要因素，而是将受访者能否具备发掘现象及现象之下的本质的"潜能"作为主要考虑因素。因此，本书选择了对所研究问题有较深入了解和接触比较多的个体作为访谈对象，这些个体涉及知情者，如高校体育旅游专家、政府旅游主管部门负责人；代表样本如赛事旅游者；兼具知情者和代表样本两种角色的个体，如赛事旅游企业主管部门的管理人员。访谈对象基本达到了本书深度访谈样本选取的范围要求和数量需求，共选取 12 位受访者，包括赛事旅游领域专家 4 位、服务营销领域专家 2 位、政府旅游主管部门工作人员 1 位、参与型赛事旅游者 3 位、观赏型赛事旅游者 2 位（见表 0-1）。笔者通过面对面、电话、邮件等形式对受访者进行深度访谈，获取相关信息资料，修正完善相关初步指标。在每次访谈的过程中，笔者都会担任主持人，并事先将访谈的目的、要求、流程向受访者说明，并征得受访者同意后进行录音，访谈时间约为每人 60 分钟（根据实际情况调整访谈时间）。访谈根据事先拟定的提纲进行，在具体访谈中主持人会根据实际情况进行临时调整，访谈提纲仅起到备忘的作用，让受访者尽量拓展发挥，以期获得更多的关于质量评价指标体系构建的思路与内容，同时也关注他们遇到的具体问题和对这些问题处理的看法。深度访谈结束后，本书按照访谈提纲所设置的四大问题，用 Excel 进行梳理，通过分类、提炼、归纳获得了 2.5 万字的文字资料，为后续整理构建质量评价指标体系提供了一手材料。

表 0-1 深度访谈人员基本信息

序号	性别	年龄	学历	职业（职级）	人员类别	备注
1	女	44 岁	研究生	高校教师（教授）	知情者	从事冬奥旅游研究
2	男	32 岁	研究生	高校教师（副教授）	知情者	从事体育赛事与旅游研究
3	女	34 岁	研究生	高校教师（讲师）	知情者	从事体育遗产与旅游研究

续表

序号	性别	年龄	学历	职业（职级）	人员类别	备注
4	男	33 岁	研究生	博士研究生	知情者	从事旅游管理研究
5	女	27 岁	研究生	赛事公司（项目经理）	知情者/代表样本	从事体育赛事筹办专员研究
6	女	25 岁	研究生	旅游公司（项目经理）	知情者/代表样本	体育旅游产品开发师
7	男	49 岁	研究生	政府旅游主管部门	知情者	旅游政策规划师
8	男	37 岁	研究生	赛事游客	代表样本	参与型赛事旅游者（马拉松）
9	男	25 岁	研究生	赛事游客	代表样本	参与型赛事旅游者（登山）
10	男	52 岁	本科	赛事游客	代表样本	参与型赛事旅游者（滑雪）
11	女	55 岁	本科	赛事游客	代表样本	观赏型赛事旅游者
12	男	23 岁	研究生	赛事游客	代表样本	观赏型赛事旅游者

4. 问卷调查法

本书以问卷调查法为主要方法，以体育赛事旅游目的地的旅游者为问卷调查的主要对象，采用系统随机抽样以固定时间（5 分钟）为间隔进行样本资料收集[1]，平均三人中有两人乐意作答，受访率为 67%。问卷调查为构建体育赛事旅游目的地质量评价指标体系和旅游者行为意向模型提供了一手信息与数据。在质量评价指标体系中，问卷初始题项均来源于对旅游者的深度访谈，通过总结访谈中旅游者提及频次较高的词句（见附录 B）提取初始题项（指标），在专家对语句和逻辑的基本修改下形成预测问卷（见附录 C）。预测问卷信效度的验证采用客观检验的方法即选取一个与正式调查总体相同或相近的小样本，试用预测问卷对他们进行调查以发现问卷问题及缺陷并进行修改[2]。本书于2019 年 4 月 2~4 日世界斯诺克中国公开赛期间在北京国家奥林匹克体

---

① 风笑天：《透视社会的艺术——社会调查中的问卷设计》，天津人民出版社，1990。
② 风笑天：《社会学研究方法》，中国人民大学出版社，2001。

育中心进行预测问卷的样本采集工作，回收有效预测样本 245 份。通过 SPSS 20.0 软件对预测问卷信效度进行分析、确定题项（指标）划分维度以保障后续研究的科学性、规范性、可靠性，最终形成正式问卷（见附录 E）。在旅游者行为意向分析研究中，研究变量的测量维度均借用成熟的研究量表或公认的研究结论，因此直接编入正式问卷，不涉及预测过程，在正式问卷结构方程模型的分析结果中各研究变量的测量维度均得到验证，符合研究要求。正式问卷的调查对象为 739 名旅游者，样本采集地区包括参与型体育赛事 2 个，分别为 2019 年第 36 届潍坊国际风筝节（4 月 20~23 日）、第 33 届泰山国际登山节（9 月 6~7日）。观赏型体育赛事 2 个，分别为南京女子排球联赛总决赛（7 月 3~7 日）、北京男子篮球世界杯总决赛（8 月 31 日至 9 月 15 日）。赛事举办地涉及 2 个一线城市（北京、南京）、1 个二线城市（潍坊）、1 个三线城市（泰安）。其中潍坊、泰安两地的体育赛事为常年赛事，具有很强的区域影响力和很高的赛事知名度，北京、南京两地作为奥运会和青奥会的举办地在大型体育赛事举办过程中具有优于其他城市的办赛条件和相关经验。潍坊、泰安、南京、北京 4 个城市都具有独特的旅游资源禀赋，是我国著名的旅游目的地城市。选取以上 4 个具有较强代表性的体育赛事旅游目的地作为研究案例，有利于保障研究样本的覆盖面与代表性和评价指标体系及结构方程模型的有效性、合理性、可靠性。

5. 数理统计法

出于构建质量评价指标体系和旅游者行为意向分析模型的需要，本书借助 Microsoft Excel、SPSS 20.0 和 AMOS 17.0 等统计分析软件，采用多种定量分析法来实现研究目标。其中，以探索性因子分析和纠正项目总相关系数（CITC）对本书构建的评价指标体系进行预测和修订；以验证性因子分析对评价指标体系的信度、聚合效度进行检验；以结构方程模型（SEM）探究感知质量对旅游者行为意向的影响路径；以独立样本 t 检验和单因素方差检验进行旅游者特征的差异化检验。

6. 优序法

优序法又叫量化优序法，要求专家从两个层面对指标进行判断。第一，各项指标的重要程度排序，目的是确定指标的序关系；第二，判断重要度相邻的两个指标的相对重要性，目的是定量判断进而得出权重系数（见表 0-2）。优序法属于综合评定方法中的一种，该方法因更适合对已确定的指标体系进行权重的分配而优于德尔菲法，本书将使用优序法确认质量评价指标体系的最终权重，专家详细信息后附（见附录 F）。

表 0-2　优序法操作介绍

步骤	描述	规则
确定指标序关系	假设待测指标有 m 个，计为（x_1，x_2，…，x_m）。用 $x_i > x_j$ 来表示待测指标 x_i 的重要程度大于 x_j	具体标记方式：$x_1 > x_2 \cdots > x_m$
相邻指标间的相对重要性判断	根据赋值规则区分相邻指标重要性。赋值系数 r_k 为 1，表示 x_{k-1} 与 x_k 同样重要	赋值规则： $r_k = 1.0$，x_{k-1} 与 x_k 同样重要 $r_k = 1.2$，x_{k-1} 与 x_k 稍微重要 $r_k = 1.4$，x_{k-1} 与 x_k 明显重要 $r_k = 1.6$，x_{k-1} 与 x_k 非常重要 $r_k = 1.8$，x_{k-1} 与 x_k 绝对重要
计算权重系数	当专家给出 $m-1$ 个指标相对重要性的赋值系数 r_k 之后，先计算最不重要因子的权重系数 w_m，再依次计算其他权重 w_{k-1}	$w_m = \left(1 + \sum_{k=2}^{m} \prod_{i=k}^{m} r_i\right)^{-1}$ $w_{k-1} = r_k w_k \quad k = m,\ m-1,\ \cdots,\ 3,\ 2,\ 1$

资料来源：田志友、韩彦芳《认证有效性：从感知到提升》，上海交通大学出版社，2016，第 114 页。

（三）技术路线

本书技术路线如下。首先，运用文献资料法梳理已有相关研究，主要梳理了体育赛事、体育旅游、体育赛事旅游、旅游目的地、体育旅游目的地的已有相关研究。在此基础上界定体育赛事旅游目的地概念，并论证了从"人-地-业"三维视角探讨体育赛事旅游目的地发展对策的可能性和理论框架，为体育赛事旅游目的地研究奠定了理论基础。其次，从"人""地""业"的三维视角切入分别探讨体育赛事旅游目的地利益相关者关系、空间演变、产业互动融合机理，依托现有的成熟理论，期望达到剥离现象探究其本质规律和内在因果的目的。再次，基于"人-地-业"三维视角的审视建立体育赛事旅游目的地质量评价指标体系，并探究体育赛事旅游目的地旅游者行为的一般规律，从实证视角对理论研究进行补充，以期描绘更生动形象的体育赛事旅游目的地。最后，在以上理论研究和实证研究的基础上，基于"人-地-业"三维视角提出包含"三个战略、四个推动、两个发展点"的体育赛事旅游目的地发展对策（见图0-1）。

四　研究重难点与创新点

（一）研究重点

本书的重点可以总结为以下三个方面。第一，从"人""地""业"三维视角出发，基于现有的理论研究成果探讨体育赛事旅游目的地在不同维度下分别具有哪些产生、发展、变化的逻辑和内在规律；第二，从实证视角对理论研究进行补充，构建体育赛事旅游目的地质量评价指标体系，并探究体育赛事旅游目的地旅游者行为的一般规律。第三，将体育赛事旅游目的地发展对策牢牢置于"人-地-业"的三维视角下，基于已有理论研究和实证研究总结的内在逻辑和一般规律提出体育赛事旅游目的地宏观层面、中观层面以及微观层面的针对性发展对策。

（二）研究难点

本书的难点可以总结为以下三个方面。"人-地-业"三维视角是跨学科理论的借鉴和融合，关于为什么可以从三维视角审视体育赛事旅

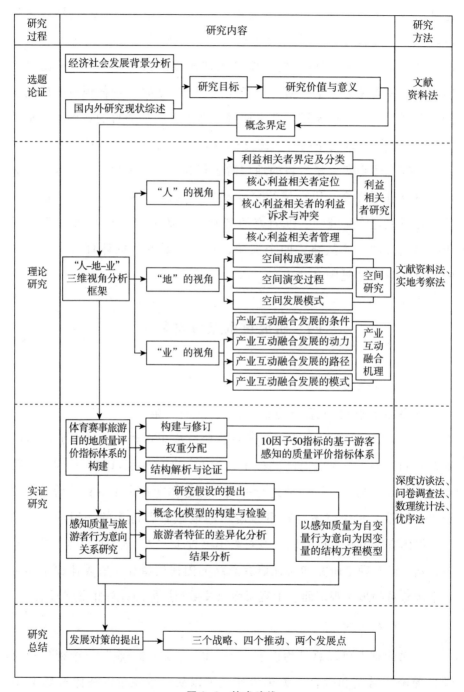

图 0-1 技术路线

游目的地发展问题的论证是本书的难点之一；在体育赛事旅游目的地质量评价指标体系的构建过程中，如何尽可能地保证质量评价指标体系在体育赛事旅游目的地质量评价领域的普适性，以及凸显本评价指标体系的独特性是本书的难点之二；如何在"人-地-业"三维视角的框架下提出具有层次性和针对性的发展对策是本书的难点之三。

（三）研究创新点

第一，研究视角的创新。目前已有的研究成果多是基于单一的研究视角，本书创新性地从"人-地-业"三维视角对体育赛事旅游目的地发展问题进行审视，将体育赛事旅游目的地发展研究放在一个多维视角的框架体系之下，不仅更加聚焦其融合的本质，也更有利于全面地描绘体育赛事旅游目的地产生和发展的规律和内在逻辑，使发展对策的提出更具针对性、全面性、实用性。

第二，研究对象的创新。体育赛事旅游目的地发展问题已成为当前社会发展的重要问题。现有研究出现体育旅游研究"热"，体育赛事旅游研究"不温不火"，重举办地研究、轻目的地考量的研究现状。纵览已有的研究成果鲜有学者以体育赛事旅游目的地发展为研究对象进行研究。本书创造性地提出体育赛事旅游目的地概念，不仅是对旅游目的地相关研究的丰富和发展，更是将发展的相关研究置于一个可以实际落地并有效应用的空间实体内，对其发展对策的研究有利于更好地指导实践和促进已有理论研究的落地。

第三，研究方法的创新。在现有研究中学者多重理论推演、轻实证研究。体育赛事旅游目的地是一个复杂的新生事物，对其的研究一方面应着重解释其发生、发展、变化的因果关系和内在规律；另一方面应从现实中凝练出具有普适性的认知或理念。理论研究是对事物应然性的判断，而实证研究是对事物实然性的描述。因此，本书认为对体育赛事旅游目的地发展的探求应采用理论研究与实证研究相结合的方法，从不同的探求路径出发，以研究问题为导向，始终关注事实之间的逻辑关系，最终深入探究现象或事物之间存在的内在联系，这不仅是对混合研究方法的有益实践，也是针对体育赛事旅游目的地发展研究的方法创新。

第四，研究内容的创新。我国当前的体育赛事旅游目的地发展研究不成系统，基本停留在体育旅游研究或体育赛事与举办地旅游业研究的附属命题上，缺乏系统的研究框架、研究视角单一、并未对核心概念形成明确的界定、理论创新不足。本书首先界定体育赛事旅游目的地基本概念，创造性地提出"人-地-业"的三维视角并明确三维视角下研究的相关理论基础。以各分视角的理论探讨和三维视角的研究成果为基础提出针对性的发展对策。研究中的实证立足我国基本国情，体现我国体育赛事旅游目的地发展的现实环境，具有本土化和中国特色。

第一章

相关研究综述

第一节 体育赛事的相关研究

自 2008 年北京奥运会后，我国各地迎来了体育赛事举办的热潮，各种级别、不同类型的体育赛事遍地开花。与此同时政府出台了一系列相应的扶持政策，规范体育赛事产业环境、鼓励体育产业向相关产业融合渗透、放宽对赛事申办权的审批和限制，为体育赛事产业提供了良好的产业发展环境。丰富的实践推动了学术界理论研究的发展。本书以"体育赛事"为关键词，在中国知网对 2009~2019 年的研究成果进行检索，共检索到期刊文献 2750 篇、硕博学位论文 485 篇、会议论文 251 篇。由于文献检索工作开始时正值 2019 年中期，2019 年发文量并不能代表本年度的全部科研成果，但毋庸置疑的是从近 11 年的期刊发文趋势看，体育赛事的相关研究呈现稳步增长的趋势，这表明体育赛事的相关研究一直是学术界关注的重点（见图 1-1）。

本书以 16 个中文体育类核心期刊为来源对体育赛事相关研究成果进行二次精确的检索，共检索到核心论文 478 篇。通过对文献进行引文分析，总结发现，近年来体育赛事相关研究的热点主要集中于以下两个领域：体育赛事与城市发展研究、体育赛事管理与运作研究。

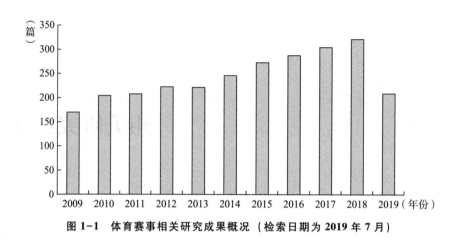

图1-1　体育赛事相关研究成果概况（检索日期为2019年7月）

一　体育赛事与城市发展研究

体育赛事对城市发展的作用引起了越来越多国内外学者的关注。从西方实践经验来看，体育赛事的举办在城市形象的塑造和城市功能的整合过程中发挥了举足轻重的作用。在我国城市化建设的推动下，当前的体育赛事特别是大型体育赛事几乎都是在城市举办的，体育赛事的功能已逐渐超出竞技体育的范畴，成为一种规模宏大的经济活动和社会活动。

1. 对城市发展的综合影响

（1）基于理论-实证的研究视角

基于理论研究视角，大型体育赛事对城市发展的影响具有渗透性和贯穿性，其影响力涉及城市发展的方方面面，经济效益是影响城市发展的动力；社会文化效益是影响城市发展的核心内容；生态环境效益是城市可持续发展的保障。大型体育赛事以融媒的方式作用于城市发展①，协同合作、互惠共生是体育赛事与城市发展之间的最优模式②。

① 田静、徐成立：《大型体育赛事对城市发展的影响机制》，《北京体育大学学报》2012年第12期。

② 杨涛：《职业体育与城市发展》，《山东体育学院学报》2014年第1期。

具体而言，体育赛事能够有效地带动举办城市和地区的投资需求和消费需求，推动举办城市经济结构的调整和升级，促进相关产业的迅猛发展；体育赛事的举办使城市更具社会、文化活力，进而有助于塑造城市形象、打造城市品牌，最终提升城市竞争力，现代城市围绕体育赛事产业产生的巨大效益，呈现一种崭新的发展态势①。

学者们还基于实证研究的视角，以具体赛事和城市为研究对象，探讨体育赛事对城市发展的综合影响，并提出相应的对策。在赛事方面，以南京青奥会为例，学者们提出了建设体育园区、打造重点赛事、完善配套设施的发展的对策②，目的是促进体育产业的繁荣发展并进一步提升城市的竞争力③。在城市方面，以上海为例，梳理了国内大型体育赛事与上海互动发展的历史④，总结出体育赛事平台打造城市形象的五种策略：提炼体育赛事主题作为城市营销口号；借助体育赛事创造和推介地方文化；建造经典体育场馆公园使城市视觉焕然一新；通过体育赛事潮流和活动场景引领城市行为特色；体育赛事举办和宣传方式彰显城市地域特色⑤。

（2）基于正向-负向的研究视角

还有部分学者基于正向-负向的研究视角对体育赛事对城市发展的影响进行了分析⑥。Ritchie 和 Lyons 在 1988 年卡尔加里冬季奥运会前后及赛事期间对当地居民对该届奥运会的认知感及认同感进行了跟踪调

---

① 胡乔、陶玉流：《城市竞争力视域下大型体育赛事的效益研究》，《体育与科学》2009 年第 4 期。
② 史立峰、樊东声、赵凡：《2014 青奥会对南京城市体育发展重大影响的研究》，《南京体育学院学报》（自然科学版）2011 年第 6 期。
③ 黎冬梅、肖锋：《浅析举办重大体育赛事对城市体育事业竞争力的提升作用》，《浙江体育科学》2005 年第 2 期。
④ 温阳、张林：《体育赛事与上海城市发展》，《体育文化导刊》2011 年第 9 期。
⑤ 李鹏、邹玉玲：《体育赛事型塑城市特色》，《首都体育学院学报》2009 年第 2 期；周咏松：《大型体育赛事对提升城市综合实力的作用及举办策略》，《成都体育学院学报》2009 年第 11 期。
⑥ 刘连发：《大型体育赛事对城市发展影响的指标体系构建》，《体育文化导刊》2015 年第 9 期。

查，当地居民认为举办这届冬季奥运会的最大成果就是吸引了游客，带动了经济的发展，提高了卡尔加里的知名度①。Emery 从奥运会历史的视角切入，研究了奥运会对城市改变、城市发展和区域政策及国际地位等方面的正向影响，指出了奥运会在体育和城市变化之间架起了一座桥梁②。王晨宇研究了大型体育赛事产生的负面问题，并将负面问题归为场馆和城市基础设施建设带来的环境问题，赛事举办期间带来的噪声、水以及空气污染问题，赛后场馆闲置造成的浪费问题。其认为这些负面问题具有隐蔽性、不可逆性、连锁性的特点，并提出制定赛事环保规划、合理规划场馆建设、充分利用环保节能技术、加强举办地环境治理、提高赛后场馆利用率等解决手段③。

2. 对城市品牌和形象的影响

学者对国内外大型体育赛事平台是提升和改善城市品牌和形象的重要途径已达成共识，并普遍认为大型体育赛事的举办可以逐步提高举办城市的知名度、美誉度④。目前的多数研究主要集中在对体育赛事塑造城市品牌形象的路径和媒介方面。

从路径方面分析，黄海燕认为主要通过以下 4 种途径塑造城市品牌和形象，一是媒体广泛报道，二是城市品牌形象广告和宣传，三是体育观众对赛事的评价，四是间接知情者的形象传播⑤。李康等和 Chalip 认为，想要通过大型体育赛事塑造城市形象，应注重大型体育赛事品牌与城市品牌的协同发展，并将城市品牌形象的推广融入赛事推广的每一

---

① Ritchie, J. R. B., Lyons, M., "Olympulse Ⅵ: A Post-event Assessment of Resident Reaction to the Ⅴ Ⅹ Olympic Winter Games," *Journal of Travel Research* 28 (3), 1990: 14-23.

② Emery, P. R., "Bidding to Host a Major Sports Event: Strategic Investment or Complete Lottery," in Gratton C., Henry I. P. eds., *Routledge Online Studies on the Olympic & Paralympic Games* (London: Routledge, 2012).

③ 王晨宇：《举办大型体育赛事产生的负面问题及遏制策略》，《山东体育学院学报》2013 年第 4 期。

④ 朱洪军：《大型体育赛事提升城市品牌的路径研究》，《山东体育学院学报》2010 年第 10 期。

⑤ 黄海燕：《体育赛事与城市发展》，《体育科研》2010 年第 1 期。

个过程（赛前、赛中、赛后）①。

从媒介方面分析，Xing 针对城市品牌和赛事品牌相容和匹配度等问题，使用量表设计和实验论证了体育赛事和城市形象结合可以将赛事的特殊元素迁移到城市品牌的研究假设，这有利于改善和丰富城市形象。除此之外，他又进一步提出相比较城市对赛事形象的影响而言，体育赛事对城市品牌的影响更大②。Chalip 的研究表明，媒体在体育赛事和城市品牌联合推广中扮演十分重要的角色，城市品牌融合在体育赛事品牌的独特元素中，通过体育赛事的成功举办会进一步提升城市品牌影响力③。Anne-Marie 以雅典奥运会为案例，提出媒体是借助体育赛事进行城市营销过程中的助推力，特别是在赛事规划的早期阶段只有格外重视城市的媒体曝光率，才能获得最佳的营销效果④。徐成龙和刘东锋以上海 F1 大奖赛为例，从新闻媒体的角度出发对举办地城市形象的提升提出了颇有价值的建议和对策⑤。

3. 对城市旅游业的影响

旅游学界的学者普遍认为特殊事件能为举办地旅游业带来人流、物流和信息流的聚集⑥，其产生影响的大小取决于该事件的规模与水

---

① 李康、吴亚初、李浩：《国际体育赛事与上海城市品牌协同发展研究》，《南京体育学院学报》（自然科学版）2016 年第 3 期；Chalip, L., "Marketing, Media, and Place Promotion," in Higham J. ed., *Sport Tourism Destinations: Issues, Opportunities and Analysis* (Amsterdam: Elsevier, 2005)。

② Xing, X. L. C., "Effects of Hosting a Sport Event on Destination Brand: A Test of Co-branding and Match-up Models," *Sport Management Review* 9 (1), 2006: 49-78.

③ Chalip, L., "Marketing, Media, and Place Promotion," in Higham J. ed., *Sport Tourism Destinations: Issues, Opportunities and Analysis* (Amsterdam: Elsevier, 2005).

④ Anne-Marie, H., "Sports-events, Tourism and Destination Marketing Strategies: An Australian Case Study of Athens 2004 and Its Media Telecast," *Journal of Sport & Tourism* 10 (3), 2005: 187-200.

⑤ 徐成龙、刘东锋：《2013 年上海 F1 大奖赛对主办地城市形象影响研究——基于对英文新闻报道的内容分析》，《体育文化导刊》2014 年第 10 期。

⑥ Chalip, L., "Marketing, Media, and Place Promotion," in Higham J. ed., *Sport Tourism Destinations: Issues, Opportunities and Analysis* (Amsterdam: Elsevier, 2005).

平①。体育赛事尤其是大型体育赛事本就具有特殊事件的性质，必然也会给举办城市的旅游业带来影响，学者们主要从拓展城市客源市场、提升旅游接纳能力、生成旅游吸引物三个方面进行了研究。

（1）拓展城市客源市场

奥运会作为一项大型体育赛事，其对于举办城市旅游业的推动作用之一就是迅速增加旅游人数②。从洛杉矶奥运会开始，商业开发与运营在奥运会中占据越来越重要的地位，主办国政府和企业加大宣传力度使得越来越多的人关注奥运会并且主动参与其中，进而带来奥运会期间举办地旅游者数量的持续增长③。2000 年悉尼奥运会举办期间，悉尼乃至澳大利亚均成为世界各国游客热衷前往的旅游目的地，澳大利亚的旅游形象品牌效应提升超前了 10 年，游客人数达到了前所未有的新高度，对当地的旅游业产生了深远的影响。

（2）提升旅游接纳能力

北京在筹办 2008 年奥运会的几年间投入巨额资金推动城市基础设施的建设，保证硬件设施的改善，具体表现为完善交通网络、美化城市环境、丰富公共服务设施。除此之外，北京还新增了形式多样的休闲娱乐设施，新建了体育主题公园④，提高了服务人员素质和接待水平。由此可见，体育赛事尤其是国际性大型赛事对举办城市旅游业的基础设施建设和服务质量的提升均有促进作用⑤。这些赛事能够大大提升城市

① Brown，G.，"Emerging Issues in Olympic Sponsorship：Implications for Host Cities，" *Sport Management Review* 3（1），2000：71-92.

② 郭海燕、杨斌：《2008 年北京奥运会对中国旅游业的影响》，《资源开发与市场》2007 年第 3 期。

③ 郭瑞华、郭建松：《中国奥运旅游可持续发展对策研究》，《河北体育学院学报》2006 年第 2 期。

④ 朱达：《上海都市旅游的创意升级》，《上海经济》2009 年第 10 期。

⑤ 罗秋菊：《世界大型事件活动对旅游业的影响及对中国的启示——以历届奥运会和韩国世界杯为例》，《商业研究》2003 年第 11 期。

的游客接纳能力，使城市更具亲和力和包容性[1]、更好地展示赛事举办城市的风貌、提升赛事举办城市的知名度[2]，而这恰恰也是城市发展旅游的软实力所在。

（3）生成旅游吸引物

为了更好地服务体育赛事，举办城市一般根据赛事主办方需求且按照国家标准完善场地设备设施，这些设施分为固定设施和临时设施两种，在赛事结束后部分场地设施将面向社会开放，成为群众参与体育活动的公共设施。由于赛事期间给观众留下独特的印象和深刻的记忆，这些体育场馆和赛事场地会成为吸引游客前来参观旅游的吸引物[3]，例如，2008 年举办北京奥运会时建设的场馆——鸟巢和水立方已成为北京旅游的标志性吸引物。

除此之外，体育赛事本身所提供的赛事服务和赛事产品也可以成为旅游活动中的吸引物。国家体育总局曾以奥运会为研究对象，提出赛事旅游吸引物可以分为资源脱离型吸引物和资源依托型吸引物[4]。具体而言，体育比赛本身和常规性的赛事仪式（开幕式、闭幕式等）都可以归并为资源脱离型吸引物的范畴，这是依照其并不依靠赛事举办地资源的这一特有属性进行划分的。资源依托型吸引物具体又可以划分为依托举办地人文资源和依托举办地自然资源两种。前者多为具有地域文化特色的体育竞赛项目，如龙舟比赛、赛马比赛、风筝比赛等；后者多为与当地特殊自然资源禀赋相结合的极限体育活动，如漂流、攀岩、浮潜、滑雪等。总之，由于体育赛事可以满足游客参与体验和休闲

---

[1] 申丽萍、王跃、朱洵韬：《大型体育赛事对城市旅游的促进机理分析》，《城市问题》2012 年第 9 期。

[2] Smith，A.，"Tourists' Consumption and Interpretation of Sport Event Imagery," *Journal of Sport & Tourism* 11（1），2006：77—100.

[3] 邱雪、李益群、李太铼：《聚焦 2008 年第 29 届奥运入境游》，《中国体育科技》2006 年第 6 期。

[4] 高明捷、陶卫宁：《国内大型赛事旅游研究及其启示》，《体育文化导刊》2009 年第 2 期。

娱乐的需求，对游客产生强大的吸引力，我们将体育赛事作为城市旅游业的吸引物言之成理。

不可忽略的是，大型体育赛事对城市旅游业的发展既有正面影响，也有负面影响。其产生的负面影响主要包括对客源市场的"挤出效应"、后赛事阶段旅游的"低谷效应"、旅游业发展的"马太效应"等[1]。学者们应该辩证看待大型赛事对城市旅游业的影响，采取积极措施消除负面影响[2]，为实现体育赛事与城市旅游业可持续发展建言献策。

4. 体育城市

在体育赛事与城市互动的紧密联系下，部分学者开始提出体育城市的概念，他们认为体育城市既是高水平国际体育赛事的主要举办地、体育资源的集聚中心，又是体育媒体重点关注报道的主流城市，还是体育商品和体育服务贸易的主要集散地[3]，体育城市的产生是全球体育一体化在空间上的表现[4]。对体育城市的研究主要从建设体育城市的意义、建设体育城市的路径、构建体育城市的评价指标体系三个方面展开。

在建设体育城市的意义方面，朱淑玲从国家中心城市的角度出发探讨了中心城市与体育城市建设的融合发展，提出了将体育城市建设作为我国国家中心城市建设可持续发展的重要抓手。该理念不仅保留了多种城市发展理论的主要内容，而且在城市发展理论体系中标新立异，重视和高效利用城市体育资源，解决了诸多国家中心城市建设过程中体育资源利用不充分的问题，实现了对城市体育空间的无限放大，并

---

① 陶卫宁：《大型体育赛事的负面旅游效应》，《体育学刊》2006 年第 6 期。
② 吴元文、王志成：《大型体育赛事对城市旅游业的影响》，《体育成人教育学刊》2006 年第 1 期。
③ 鲍明晓：《北京建设国际体育中心城市的相关理论问题研究》，《上海体育学院学报》2010 年第 2 期。
④ 彭杰、张毅恒、柳鸣毅：《国际体育城市的本质、特征与路径选择》，《体育文化导刊》2016 年第 8 期。

以创新的视角实现了整个人类社会和体育的可持续发展，因而成为众多学者积极推崇的理论[①]。

在建设体育城市的路径方面，游松辉等详述了打造上海为体育休闲城市的意义和实施途径，建议借助上海得天独厚的地理和经济优势，在构建体育休闲城市体系、完善体育休闲功能和发挥体育休闲作用等方面不断探索[②]。和立新和姚路嘉认为，大型体育赛事首先会刺激和拉动北京、上海和深圳等一线城市的体育旅游发展，与此同时，体育旅游的口碑和质量会进一步促进体育赛事的深入发展，这两者的互动融合发展会对北京、上海构建国际体育中心城市起到一定的推动作用[③]。

在构建体育城市的评价指标体系方面，国内学者均是在参照欧美现有研究成果的基础上构建本土化的评价指标体系。体育城市的建设标准与评价指标是一个相对的、动态的、综合的发展过程，目前体育城市评价中主要存在参照论、排名论和品牌论三种视角[④]。然而，不管以何种视角构建体育城市的评价指标体系，均应该以城市综合实力为基础、以体育城市综合影响力为特征。在具体细分维度方面，不同学者提出了不同的观点。陈林华等从主客观评估、动静态评估、特色评估三个方面构建了评价指标体系的具体维度[⑤]。李先雄和李艳翎则从经济条件、体育人口、体育赛事、体育文化、国际化体育组织、体育制度六个方面构建了评价指标体系的具体维度[⑥]。鲍明晓从体育设施、大众体育、竞技体育、体育产业、体育文化、体育媒体六个专业标准来评价一

---

① 朱淑玲：《我国国家中心城市建设与体育城市建设之融合研究》，《山东体育学院学报》2011 年第 6 期。

② 游松辉等：《长三角区域体育休闲城市建设研究——基于上海的实证分析》，《北京体育大学学报》2012 年第 7 期。

③ 和立新、姚路嘉：《基于潜变量发展模型的国际体育中心城市构建研究——以北京、上海体育旅游与体育赛事互动为视角》，《北京体育大学学报》2016 年第 12 期。

④ 陈林华、薛南、王跃：《欧美体育城市的评价指标体系探讨》，《体育与科学》2011 年第 2 期。

⑤ 陈林华等：《国际体育城市评价指标体系的构建研究》，《体育科学》2014 年第 6 期。

⑥ 李先雄、李艳翎：《国际化体育城市评价指标体系研究》，《武汉体育学院学报》2017 年第 7 期。

个城市是否为国际体育中心城市①。

综上所述，在体育赛事相关研究中，体育与城市的关系成为探讨的热点。体育赛事对城市品牌和形象的塑造，以及对旅游业等重点领域的影响日渐显著，部分学者开始探讨体育城市的建设意义、路径和评价标准。从以上研究中我们可以得出，学者们已经开始认可把体育元素作为一个城市或者区域的特色，这为探讨赛事特色的旅游目的地问题奠定了基础。

二 体育赛事管理与运作研究

1. 体育赛事利益相关者

体育赛事举办过程中涉及各相关主体之间的利益关系，如果不对众多相关主体之间的权利和责任加以规范，体育赛事就会聚集不良因素进而陷入恶性循环。体育赛事领域的利益相关者研究，作为当前研究体育赛事管理与运作的一个全新视角，是在经济学和管理学界利益相关者理论广泛应用的大背景下发展而来的。本书通过对这个全新的热点领域的相关研究成果进行总结分析发现，目前体育赛事利益相关者的研究主要围绕体育赛事利益相关者概念与分类、体育赛事利益相关者关系两个方面展开。

在概念与分类方面，叶庆晖提出体育赛事应包括主办组织、主办社区、供应商、参与者和观众等 8 类利益相关者②。黄海燕和张林认为，目前我国体育赛事的主要利益相关者包括举办地政府、主办社区、赛事参与者等，并对各利益相关者进行了独立分析③。

在利益相关者关系方面，国内关于利益相关者的研究主要集中在

① 鲍明晓：《北京建设国际体育中心城市的相关理论问题研究》，《上海体育学院学报》2010年第 2 期。
② 叶庆晖：《体育赛事运作研究》，北京体育大学博士学位论文，2003。
③ 黄海燕、张林：《体育赛事利益相关者分析》，《体育科研》2008 年第 5 期。

利益诉求和利益矛盾冲突两个方面。骆雷等认为体育赛事利益相关者主要包括核心利益相关者、蛰伏利益相关者和边缘利益相关者三类，利益相关者之间和内部各利益主体间的认同以及冲突是体育赛事利益相关者利益关系的主要内容，并基于此分析提出利益相关者管理应遵循自我发展原则、全面性原则和共同参与原则①。杨涛在对我国民族民间体育赛事发展现状深入调查的基础上，构建了我国民族民间体育赛事利益相关者系统全要素模型，并提出，该模型是供需网络价值链，由主体、客体和环境因素三部分构成，且利益相关者各要素之间体现出明显的竞合关系②。

综上所述，体育赛事领域中对利益相关者研究的探讨，既是对利益相关者理论应用的丰富，又是对体育赛事管理研究领域的拓展。从文献总结来看，当前学者对体育利益相关者的基本研究框架已经逐步完善，而对利益相关者各利益主体的利益诉求、利益冲突以及利益协调机制建立方面的探讨不够深入。

2. 体育赛事评估

我国体育赛事评估的研究正处于起步阶段，但不可否认的是体育赛事评估的开展，有利于体育赛事价值的创造和体育赛事评估模式、评估方法的选择及改进。我国体育赛事评估应以"评定价值、创造价值"为理念，其目的不单是评定赛事价值，而是在体育赛事已有价值的基础上有所创新和突破，在创造新价值的同时还要提升已有价值和降低负面价值的影响。这样的理念有利于将评价与创新相结合，促进体育赛事评估的有效开展③。现有研究共围绕以下两个视角展开，即体育赛事影

① 骆雷、黄海燕、张林：《体育赛事利益相关者的利益诉求与利益协调》，《体育文化导刊》2013 年第 2 期。

② 杨涛：《基于旅游目的地视角我国民族民间体育赛事利益相关者系统解析》，《北京体育大学学报》2016 年第 11 期。

③ 李南筑、姚芹：《体育赛事评估：评定价值、创造价值》，《上海体育学院学报》2009 年第 4 期。

响评估视角和体育赛事评估主体视角。

（1）影响评估

部分学者就体育赛事对社会的影响、经济的影响及综合影响进行了评估。李南筑和姚芹重点讨论了当社会评价与经济等评价并列时，社会评估应从常规目标和非常规目标两方面进行。具体而言，常规目标包括承办方和社会，非常规目标包括城市、居民、赞助商、赛事拥有者、赛事承办方、媒体、球迷[①]。尹小俭和杨剑以区域体育产业发展外部环境为研究对象，结合产业经济学理论基础，构建了区域体育发展外部环境指标体系[②]。黄海燕和张林提出体育赛事综合影响评估是对体育赛事给举办地所带来的经济、社会、环境等方面影响的评估[③]。他们还采用内容分析法对我国体育赛事综合影响框架体系进行了构建，以经济影响、社会影响、环境影响为二级指标，筛选出包括正面影响和负面影响在内的 10 个经济影响指标、4 个社会影响指标、2 个环境影响指标[④]。

（2）评估主体

观众和举办地居民是体育赛事举办过程中最重要的参与者，当前的体育赛事评估研究主要围绕这两个主体，从观众满意度和忠诚程度方面以及举办地居民凝聚力和认同感方面对体育赛事满意度和影响力进行评估。

基于观众视角，柴红年和唐志锋运用结构方程模型分析方法，以顾客满意度理论为基础，构建了赛事赞助商满意度测评指标体系[⑤]。彭道海等利用结构方程模型以武汉网球公开赛为实证，探究了服务质量感

---

① 李南筑、姚芹：《体育赛事评价：社会评价的涵义》，《上海体育学院学报》2009 年第 5 期。
② 尹小俭、杨剑：《区域体育产业发展的外部环境比较研究》，《成都体育学院学报》2009 年第 11 期。
③ 黄海燕、张林：《体育赛事综合影响及其评估研究》，《武汉体育学院学报》2010 年第 1 期。
④ 黄海燕、张林：《体育赛事综合影响框架体系研究》，《体育科学》2011 年第 1 期。
⑤ 柴红年、唐志锋：《赛事赞助商满意度测评思路与方法研究》，《南京体育学院学报》（自然科学版）2014 年第 4 期。

知、观众满意度和顾客忠诚度之间的关系①。许文鑫等运用因子分析的方法构建了大型体育赛事服务观众满意度量表②。黄海燕和唐逸琨基于外地观众满意度和重游意向的视角，通过探索性因子分析法和验证性因子分析法对体育赛事和举办城市形象契合度对观众满意度和重游意向的作用进行了探讨③。于萌等从参与大型体育赛事的大众消费者视角出发，对45项赛事服务属性指标的重要性及满意度进行了调查，构建了我国大型体育赛事大众参与满意度评价指标体系④。

基于举办地居民视角，韩凤月等采用问卷调查和访谈相结合的研究方法，探究了目前民众对国际大型体育赛事的认识与态度，得出了国际大型体育赛事与城市发展特色相结合方面仍需改善的研究结论⑤。廉涛和黄海燕提出了关于举办地居民对体育赛事支持态度影响因素的理论模型，并从居民社区关心、居民社区依附、居民对体育赛事影响的感知收益、居民对体育赛事影响的感知成本、居民支持态度等维度对上海6个国际体育赛事样本的数据进行了验证和分析⑥。张现成以广州亚运会为个案，运用因子分析法确定了居民凝聚力量表，具体包括认同感、归属感、力量感3个二级指标和17个三级指标，并进一步运用回归分析法对举办城市居民民生举措满意度在民生举措社会知觉与居民凝聚力之间的影响进行了探讨⑦。张禾认为体育赛事的举办能够有效提

---

① 彭道海、李承龙、陈刚：《我国网球职业赛事顾客满意度研究——以武汉网球公开赛为例》，《武汉体育学院学报》2016年第6期。
② 许文鑫等：《大型体育赛事服务观众满意度量表的研制》，《成都体育学院学报》2017年第5期。
③ 黄海燕、康逸琨：《体育赛事与城市形象契合对观众满意度和重游意向的影响》，《中国体育科技》2018年第4期。
④ 于萌、朱焱、王玮瑛：《基于IPA分析的我国大型体育赛事商业运营的服务质量评价与改进研究》，《成都体育学院学报》2018年第4期。
⑤ 韩凤月等：《中国民众对国际大型体育赛事的认识与态度研究》，《广州体育学院学报》2018年第2期。
⑥ 廉涛、黄海燕：《体育赛事举办地居民感知的国内外研究》，《体育文化导刊》2015年第5期。
⑦ 张现成：《赛事举办城市居民民生举措的社会知觉与居民凝聚力：居民民生举措满意度的中介作用》，《体育科学》2012年第1期。

升市民综合满意度指数，其中影响较大的指标依次为健康感指数、满足感指数、成就感指数①。王智慧对大型体育赛事举办地和其居民幸福指数的关联性进行了探析，研究结果表明大型体育赛事举办地居民幸福指数在愉悦感、体育文化、满足感、健康感、成就感、富裕感和安全感等维度均有提升②。

第二节 体育旅游的相关研究

2009 年 12 月，国家体育总局和国家旅游局联合发布了《促进中国体育旅游发展的倡议书》，鼓励学术界探索体育旅游产业融合发展的体制机制、创新体育旅游产业发展的相关政策措施，以引导体育旅游产业的健康有序发展。该政策的提出开启了体育旅游产业发展元年，为后续体育旅游产业发展指明了方向。本书以中国知网、读秀和 Web of Science Core Collection 为数据源，以"体育旅游"为关键词和以"sport * tourism"为主题词检索了近 10 年的研究成果，共获得文献 2531 篇。通过分析近 10 年学术界在体育旅游研究中的主题，本书发现当前体育旅游研究领域的主题主要集中于体育旅游产业、体育旅游产品、体育旅游资源、体育旅游市场、体育赛事、滑雪场、产业融合、休闲体育旅游 8个领域（见图 1-2），其中体育旅游产业、体育旅游产品、体育旅游资源、体育旅游市场是排名前四位的研究主题。事实上，产业融合研究存在于体育旅游产业的各个方面，之所以被单列为研究主题，是由于受当前对体育产业融合话题探讨热度提升的影响。体育赛事、休闲体育旅游、滑雪场作为体育旅游产业的重点发展领域也引起了学者们的重点

① 张禾：《体育赛事举办对市民公共文明行为与综合满意度指数影响的研究》，《体育与科学》2010 年第 6 期。

② 王智慧：《大型体育赛事举办后对承办地区居民幸福指数影响的实证研究》，《体育科学》2012 年第 3 期。

关注，本部分将休闲体育旅游、滑雪场纳入体育旅游产业的重点发展领域进行梳理。由于体育赛事旅游的相关研究综述是本书研究的基础，本书将体育赛事旅游的相关研究单列为一部分进行详细分析，在此不再赘述。综上所述，本部分将从体育旅游产业、体育旅游产品、体育旅游资源、体育旅游市场四个方面进行文献梳理。

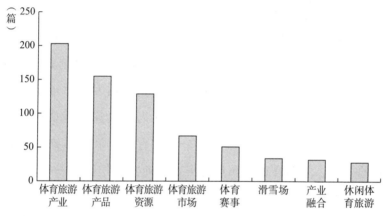

图1-2　体育旅游相关研究主题热度排序（检索时间：2019年7月）

一　体育旅游产业

体育旅游产业是体育产业和旅游产业交叉融合形成的新型业态，这种新型业态在当前市场环境中展现出迅猛的发展势头和强大的生命力，对于经济、社会、文化产生了巨大推动作用。目前针对体育旅游产业的研究热点主要包括体育旅游产业基本概念研究、体育与旅游融合研究、体育旅游产业重点发展领域（休闲旅游产业、冰雪旅游产业）三方面。有关体育旅游产业基本概念的相关研究内容将在第三章的第一节进行详细阐述，在此不做赘述。

1. 融合研究

（1）融合发展机制

体育旅游融合发展机制顾名思义，就是引导体育旅游产业融合的战略规划和各种相关制度安排。金媛媛等从体育产业的角度出发，研究其与文化产业和旅游产业的融合机制，认为企业发展是文化产业、体育产业和旅游产业融合的根本动力，市场、社会、技术是融合的重要影响元素①。杨强对体育产业与旅游产业一体化发展的机制进行了界定②，并进一步认为资产通用性与产业融合现象的发生关系紧密③。

（2）融合发展模式

模式是指事物的标准形式，此标准形式可以作为参照或者仿照的样本，其实质是将解决问题的各种方法论凝练总结到理论高度。体育旅游融合发展模式是从产业融合本质概念的角度出发，体现了不同模式之间在概念内涵上的本质区别，能够引导人们更深入地认识体育旅游产业融合的本质特征。雷波详细区分了体育产业和旅游产业融合的三种模式的差异，从融合程度和是否出现新业态等层面进行了分析④。黄海燕等认为体育赛事与旅游产业有"内容互动""空间互动""形象互动"三种互动开发模式，并揭示了互动开发中存在的问题⑤。向江针对传统体育与旅游产业融合模式的特征进行了分析，认为二者最容易形成的融合模式是延伸模式，这也是最初级阶段的融合方式，其次是中级阶段的重组模式和高级阶段的渗透模式⑥。

（3）融合发展路径

路径即方式或道路，体育旅游产业融合发展路径是指体育产业与旅游产业融合的具体方式或道路。杨强研究并提出体育与相关产业融

① 金媛媛、李骁天、李凯娜：《基于企业成长视角的体育产业、文化产业与旅游产业融合机制的研究》，《首都体育学院学报》2016年第6期。
② 杨强：《体育产业与相关产业融合发展的内在机理与外在动力研究》，《北京体育大学学报》2013年第11期。
③ 杨强：《体育旅游产业融合发展的动力与路径机制》，《体育学刊》2016年第4期。
④ 雷波：《我国体育产业与旅游产业互动融合模式分析》，《北京体育大学学报》2012年第9期。
⑤ 黄海燕等：《体育赛事与上海旅游业互动发展研究》，《上海体育学院学报》2013年第5期。
⑥ 向江：《武陵山片区民族传统体育与旅游产业发展的融合》，《品牌》2015年第9期。

合发展的三条路径为：技术融合、业务融合、市场融合[1]。刘晓明认为体育旅游产业融合发展路径应以"在竞争中实现共赢"为整体思路，并提出体育产业与旅游产业只有在经济活动中充分交叉、渗透、互补，才能降低交易成本，达到共赢，并进一步提出资源驱动型——渗透型融合路径、产品驱动型——重组型融合路径、市场驱动型——延伸型融合路径三种融合发展路径[2]。

2. 重点发展领域

（1）休闲体育旅游

休闲体育旅游中崇尚自然、回归自然的理念吸引越来越多的游客参与其中，使其开始成为一种社会潮流。国外学者将休闲体育旅游的研究作为休闲旅游研究的细化分支进行探讨，而我国体育学界的学者多将其作为体育旅游中的一个细化分支。张油福等采用 SWOT 分析法对贵州发展生态型山地户外体育旅游休闲产业进行了分析，并提出了针对山地户外体育旅游休闲产业的发展建议[3]。薛金霞和季文通过分析广西和东盟地区具有的区位优势、人文优势、制度优势和旅游资源优势，进行了休闲旅游圈构造的可行性分析，同时提出了提升竞争力的策略[4]。总之，目前国内休闲体育旅游的研究处于起步阶段，学者们主要从其发展现状、发展对策、国外经验借鉴三个视角进行研究，且多借鉴实证进行具体探讨。

（2）冰雪旅游

2022 年冬奥会申办成功，将冰雪旅游的发展推上了高潮。加拿大、瑞士和北欧三国（挪威、瑞典、芬兰）对冰雪旅游的研究历史悠久，

① 杨强：《体育与相关产业融合发展的路径机制与重构模式研究》，《体育科学》2015 年第 7 期。
② 刘晓明：《产业融合视域下我国体育旅游产业的发展研究》，《经济地理》2014 年第 5 期。
③ 张油福、国伟、黄晓晓：《贵州发展山地户外体育旅游休闲产业的 SWOT 分析研究》，《南京体育学院学报》（社会科学版）2013 年第 3 期。
④ 薛金霞、季文：《构建广西东盟休闲体育旅游圈的必要性和可行性分析》，《湖北开放职业学院学报》2019 年第 19 期。

在冰雪旅游资源开发①与产品开发方面②的研究都具有引领性的作用。日本、韩国以先进的旅游开发理念为指导，坚持走现代型冰雪旅游发展之路，更加关注游客体验和游客需求③。我国的冰雪旅游起步较晚，在成长模式方面，以市场主导和资源依托两种形式为主。在研究方法方面，以定性分析为主，缺乏量化和预测性的分析。在研究地域方面，以东三省为主，对全国层面的总体性分析较少。

综上所述，在体育旅游产业研究中对于融合问题的研究成果，为本书提供了探讨体育赛事产业和旅游产业互动融合机理的基本思路。众多学者对休闲体育旅游和冰雪旅游研究的思考也为进一步探讨产业互动融合的资源基础、区位优势的细致问题提供了参考，对本书研究的开展提供了有价值的参考。

二　体育旅游产品

体育旅游产品是体育旅游者从旅游开始到旅游结束整个过程所包含的所有内容，可以划分为有形和无形两部分。当前针对体育旅游产品的研究主要围绕体育旅游产品开发展开。张辉认为我国当前体育旅游产品的开发应遵循成景、统一、突出核心和效益等原则。体育旅游产品开发的模式包括共生模式和提升模式④。单继伟和孙永梅结合 RMP 理论从体育旅游资源、市场、产品三个角度对温州体育旅游产品开发进行了整体调查与分析，认为温州体育旅游资源类型丰富、市场需求量大，但现有产品数量不足且形式简单，提出应以温州当地特色资源为基础、

①　Flagestad, A., Hope, C. A., "Strategic Success in Winter Sports Destinations: A Sustainable Value Creation Perspective," *Tourism Management* 22 (5), 2001: 445-461.
②　Fredman, P., Heberlein, T. A., "Changes in Skiing and Snowmobiling in Swedish Mountains," *Annals of Tourism Research* 30 (2), 2003: 485-488.
③　Holden, A., "The Use of Visitor Understanding in Skiing Management and Development Decisions at the Cairngorm Mountains, Scotland," *Tourism Management* 19 (2), 1998: 145-152.
④　张辉:《我国城市体育旅游资源和产品的理论探讨》,《度假旅游》2019 年第 4 期。

市场需求为导向、多类型产品为核心进行科学、合理、有序的开发①。

综上所述，体育旅游产品领域的研究多以产品开发为核心展开，学者倾向以实证对具体城市或地域的体育旅游产品进行探讨，究其原因是体育旅游资源具有区位性，因此不管体育旅游产品如何开发只有充分和地方体育旅游资源结合起来才能达到可持续开发的目标。

三　体育旅游资源

体育旅游资源的定义、分类和开发是目前学者重点关注的研究领域。

在定义方面，体育旅游资源就是一切为人们开展体育、健身活动所提供的身体活动场所、项目及物质环境，它包括自然体育旅游资源和人文体育旅游资源②。它具有能对人产生旅游吸引力，可以被开发利用并且产生经济效益、社会效益和环境效益的特性。

在分类方面，夏敏慧认为可根据旅游者参与方式的不同和根据资源属性的不同进行分类③。于素梅认为可根据体育旅游资源独特性、开发的时空性、资源的再生性、功能、资源属性、资源分布等方式分类④。

在开发方面，钟华等以长三角区域特殊的地理环境为实证，从民间传统游资源、产品商务游资源、惊奇探险游资源、赛事观摩游资源、活动参与游资源、健身度假游资源、项目培训游资源、休闲娱乐游资源8个方面进行了开发途径的研究⑤。顾兴全基于资源观点理论，提出区域资源的积极价值性、稀缺性、难以模仿性和不可替代性是浙江体育旅游开发成功的根本原因，并在剖析案例地成功经验的基础上从参与型体育

---

① 单继伟、孙永梅：《体育旅游产品开发的 RMP 分析——以温州地区为例》，《浙江体育科学》2014 年第 4 期。

② 李香华、钟兴永：《体育旅游与健身》，北京体育大学出版社，2003。

③ 夏敏慧：《海南体育旅游开发研究》，北京体育大学出版社，2005。

④ 于素梅：《小康社会的体育旅游资源开发研究》，《体育科学》2007 年第 5 期。

⑤ 钟华、窦淑慧、徐燕华：《开发长三角区域体育旅游资源途径研究》，《北京体育大学学报》2008 年第 9 期。

旅游和观赏型体育旅游两个方面探讨了体育旅游持续竞争优势的来源①。姜同仁和钱杰分析了安徽省体育旅游产业人文资源独具特色等区域竞争优势，探讨了体育旅游产业在区域开发过程中取得的经验和存在的问题，并提出了安徽省体育旅游产业深度开发的对策与建议②。

四 体育旅游市场

我国体育旅游产业整体起步较晚，体育旅游市场年产值远不及美国和其他西方发达国家。借助经济发展和人口总量优势，体育旅游市场的消费潜力和发展速度是不可低估的，目前国内体育旅游市场正处于发展的关键期，市场产值以每年 30%~40% 的速度增长③，当前最具创新性和引导性的研究是基于市场参与主体——消费者视角展开的。

一部分学者对我国体育旅游者的群体特征、行为特征进行了研究。于素梅通过对 6 省市体育旅游者的调查发现，体育旅游与消费者的学历、职业、居住、收入有着密切的关系④。舒宗礼等以湖北省为例，研究了我国体育旅游者的行为特征，发现体育旅游者出游行程距离较短，中短途体育旅游者占据多数比例，这一现象反映了体育旅游客源的距离衰减规律⑤。胡炜霞等对陕西翠华山国家地质公园的游客认知体验进行了分析，并从细分市场、定位市场、设计形象、营销和促销产品四个方面研究了市场营销的策略⑥。

另一部分学者对我国体育旅游者的体育旅游需求和参与情况进行

---

① 顾兴全：《基于资源观点（RBV）的体育旅游开发研究——以浙江安吉江南天池滑雪旅游开发为例》，《北京体育大学学报》2011 年第 3 期。

② 姜同仁、钱杰：《安徽体育旅游产业开发研究》，《体育文化导刊》2011 年第 6 期。

③ 陈金华：《浅论中国体育旅游——兼论奥运热对中国体育旅游的影响》，《北京第二外国语学院学报》2002 年第 1 期。

④ 于素梅：《我国不同群体的体育旅游经历》，《体育学刊》2007 年第 3 期。

⑤ 舒宗礼等：《我国体育旅游者行为特征分析及其动机研究——以湖北省体育旅游客源市场为例》，《首都体育学院学报》2008 年第 3 期。

⑥ 胡炜霞、吴成基、陶盈科：《基于旅游者认知的地质公园市场营销——以陕西翠华山山崩景观国家地质公园为例》，《山西师范大学学报》（自然科学版）2008 年第 4 期。

了研究。张鲲等认为，交通不便、产品特色不足、产品供给不充沛、市场发育不完善是当前限制西安市体育旅游发展的关键原因[①]。何国民对武汉市 548 名居民进行了调查，结果表明体育旅游的出游率较高，达到了总人数的 67.3%[②]。

五　体育旅游目的地

对体育旅游目的地研究的现有成果可以总结为两个方面，一是对其概念内涵与外延的探讨，二是对体育旅游目的地发展的探讨。对其概念我们将在第三章第一节进行探讨，在此不再赘述。

杨加玲对国内体育旅游客源市场的特点进行了分析，论述了开发连云港目的地体育旅游产品的原则与策略，提出了以资源依托型为主的连云港市体育旅游产品的开发途径与产品类型[③]。高圆媛和辛宏提出体育旅游目的地形象的设计内容及传播策略[④]；张云峰、于锦华、张铁明等的 3 篇文章则集中研究了体育旅游目的地竞争力的影响因素、评价指标和提升路径[⑤]。王晓林指出，三亚热带体育旅游目的地建设的优势与不足，提出了推进三亚作为热带体育旅游目的地国际化进程的策略与建议[⑥]。总结来讲，对于体育旅游目的地发展的研究，具体可以总结为开发策略、形象设计、竞争力与评价指标等，且更倾向于实证研究，探讨具体的实际例子以得出对研究问题的针对性建议，为本书的研究

①　张鲲、张西平、朱恺：《关于我国开展体育旅游的市场分析》，《北京体育大学学报》2003
　　年第 5 期。
②　何国民：《武汉市居民体育旅游消费现状与发展对策》，《武汉体育学院学报》2005 年第 11 期。
③　杨加玲：《连云港市目的地体育旅游产品开发的研究》，《科教文汇（下旬刊）》2009 年第
　　18 期。
④　高圆媛、辛宏：《体育旅游目的地形象设计与传播策略初探》，《商业文化》（学术版）2010
　　年第 5 期。
⑤　张云峰、丛聪：《体育旅游目的地竞争力模型与评价指标体系研究》，《体育世界》（学术
　　版）2010 年第 8 期；于锦华：《体育旅游目的地竞争力提升路径研究》，《北京体育大学学
　　报》2010 年第 1 期；张铁明等：《游客感知视角下休闲体育旅游目的地竞争力的实证研究》，
　　《西安体育学院学报》2013 年第 1 期。
⑥　王晓林：《三亚热带体育旅游目的地国际化进程研究》，海南师范大学硕士学位论文，2012。

开拓了思路。

六　体育赛事旅游

在中国知网、读秀以"体育赛事旅游"为关键词，同时在 Web of Science Core Collection 以"sport * event tourism"为主题词，查询 2009~2019 年的期刊、硕博学位论文、会议论文，共获得相关中文参考文献 86 篇（其中中文书籍 22 本）、外文参考文献 20 篇，通过文献总结可以看出现有的体育赛事旅游相关研究，在研究方法方面，国外侧重量化分析方法，而国内侧重质性分析方法。通过对高被引文献的分析发现，当前研究的主题主要集中于以下几个方面：基本概念研究、开发规划研究、市场研究、旅游者行为研究。基本概念研究部分将在后文第三章的第一节详述，在此不做赘述。

1. 开发规划研究

在体育赛事旅游开发规划方面，当前的研究主要基于实证的视角，一部分学者主要对具体区域或某一赛事的相关资源、发展环境进行分析，进而提出开发或规划的建议和对策。另一部分学者主要对体育赛事旅游产品的开发营销提出建议和对策。

安泰淑、林少琴、卢双鹏和曹娜、钱勇刚、陈松等均以某一特定赛事或特定地区为实证，研究分析该地体育赛事旅游发展存在的问题，基于对现状的分析总结或对国外经验的借鉴，提出开发规划的建议对策①。其中值得一提的是，林少琴等基于产业开发的视角，在总结福建省体育赛事旅游发展现状的基础上，对产业提出了开发思路和对策②。

---

① 安泰淑：《基于 2002 世界杯旅游接待设施状况的赛事后管理研究分析》，浙江大学硕士学位论文，2003；林少琴：《闽台体育赛事旅游合作与发展的态势分析》，《成都体育学院学报》2009 年第 5 期；卢双鹏、曹娜：《体育赛事对举办地旅游影响的实证研究》，《旅游研究》2011 年第 3 期；钱勇刚：《体育赛事旅游开发研究》，华侨大学硕士学位论文，2007；陈松：《体育赛事旅游研究》，华东师范大学硕士学位论文，2006。

② 林少琴等：《福建省体育赛事旅游的开发及前景研究》，《吉林体育学院学报》2007 年第 5 期。

李静从品牌战略和绿色战略视角出发，以世界大学生冬季运动会为研究对象，对如何发展哈尔滨地区冰雪旅游给出了自己的对策①。李亚青结合多学科的理论探讨了体育赛事旅游主体功能区成长的机制、路径和模式，分析了主体功能区产业链的延伸问题，并通过相关考证分析提出了未来发展的对策和建议②。这些新的视角，为体育赛事旅游的开发和规划提供了更广阔的思路，非常具有借鉴意义。

方千华和谢翊以 2008 年北京奥运会为例，阐述了大型体育赛事旅游所潜藏的商机，并提出国内的商家可组成"国内旅游商品商家联合体"与国外纪念品承办商展开竞争③。黄燕将体育赛事旅游群体分为境外游客和国内游客，将商品定位为赛事特色商品和传统风格商品④。

2. 市场研究

在体育赛事旅游市场方面，当前学者主要针对体育赛事对旅游市场的影响进行分析，或基于特定的赛事分析游客市场、客源地分布特征、市场营销手段等。

付磊、邱小慧等对 10 届奥运会期间的入境旅游人数与经济效益变化进行了分析，结果表明大型体育赛事可以持续影响赛事旅游市场，并指出大型体育赛事对赛事旅游市场的影响具有持续作用，该影响一般在赛事举办前 3~4 年开始出现并一直持续到赛后 2 年左右⑤。陶于、税清双和张学梅细分了 2008 年奥运会旅游目标市场，根据入境旅游客源

---

① 李静：《第二十四届世界大学生冬季运动会对哈尔滨地区冰雪旅游业影响的战略分析》，首都体育学院硕士学位论文，2008。
② 李亚青：《体育赛事旅游主体功能区研究》，华东师范大学硕士学位论文，2011。
③ 方千华、谢翊：《对 2008 年北京奥运旅游问题的探讨》，《河北体育学院学报》2005 年第 3 期。
④ 黄燕：《2010 年广州亚运会旅游商品开发的思路研究》，《商讯商业经济文荟》2006 年第 6 期。
⑤ 付磊：《奥运会影响研究：经济和旅游》，中国社会科学院研究生院博士学位论文，2002；邱小慧、骆玉峰、党繁义：《主办奥运会对旅游的影响分析》，《体育文化导刊》2003 年第 7 期。

分布特征及发展趋势划分了一、二级市场和机会市场①。张立明和赵黎明对奥运会旅游市场以事件发展的时段为指标进行了前期、中期、后期的细分②。黄瑾发现奥运会旅游促销活动较显著地提高了举办地正面的国际形象③。这些研究成果都对提出针对性发展对策大有裨益。

3. 旅游者行为研究

总体来讲，不论国内还是国外的体育赛事旅游者行为研究都侧重于量化研究，深究其原因可能是对个体活动的探究更容易获取实际资料，并从中提取出具有普遍性的规律。Holdnak 重点分析了体育赛事旅游者行为是否影响当地社区文化，他认为体育赛事旅游者更倾向于在观看赛事的同时参加传统旅游活动④。Funk 和 Bruun 基于社会心理和文化教育视角，结合黄金海岸机场马拉松赛事，揭示了体验文化和学习知识是体育赛事旅游者的主要动机⑤。Tassiopoulos 和 Haydam 将南非高尔夫旅游者行为特征作为研究对象，与其他赛事旅游者不同，高尔夫旅游者在消费目的、意愿和行为上具有明显的特点⑥。王钰认为影响旅游者及潜在参与者的出行动机和出游行为的因素有事件吸引力和旅游者对于限制因素的感知程度⑦。

---

① 陶于：《奥运会与主办国入境旅游问题的研究》，《中国体育科技》2004 年第 1 期；税清双、张学梅：《2008 年奥运会我国入境游目标市场分析》，《商场现代化》2006 年第 10 期。

② 张立明、赵黎明：《奥运旅游的入境客源市场开发——以北京 2008 年奥运会为例》，《北京体育大学学报》2005 年第 8 期。

③ 黄瑾：《简析奥运会对举办地饭店业的影响》，《北京社会科学》2006 年第 1 期。

④ Holdnak, W. A., "Small-scale Event Sport Tourism: Fans as Tourists," *Tourism Management* 24 (2), 2003: 115-117.

⑤ Funk, D. C., Bruun, T. J., "The Role of Socio-psychological and Culture-education Motives in Marketing International Sport Tourism: A Cross-cultural Perspective," *Tourism Management* 28 (3), 2007: 806-819.

⑥ Tassiopoulos, D., Haydam, N., "Golf Tourists in South Africa: A Demand-side Study of a Niche Market in Sports Tourism," *Tourism Management* 29 (5), 2008: 870-882.

⑦ 王钰：《旅游动机和限制因素对大型体育事件参与程度的影响研究》，天津商学院硕士学位论文，2006。

第三节　旅游目的地相关研究

在中国知网、读秀以关键词"旅游目的地"和在 Web of Science Core Collection 以"tourism destination"为主题词进行检索，时间跨度为 2009~2019 年，共获得期刊 3499 篇、硕博学位论文 2809 篇、会议论文 377 篇，以下将结合现有文献研究的重点，从旅游目的地形象研究、旅游目的地品牌研究、旅游目的地市场研究、旅游目的地服务质量研究、旅游目的地空间演化研究五部分进行综述。基本概念的界定将在第三章第一节呈现，在此不做赘述。

一　形象研究

林炎钊是国内最早研究旅游目的地形象的学者，他将旅游目的地形象作为一个新命题开启了本领域研究的新纪元[①]。形象识别理念的引入[②]、旅游者感知概念的提出[③]丰富了旅游目的地形象研究的理论基础。西方研究经验的借鉴[④]以及本土旅游地形象策略的理论与实践的系统梳理[⑤]，促进了旅游目的地形象研究的发展。宋章海、谢朝武和黄远水、罗秋菊和杨云露提出要运用旅游形象的要素进行策划和营销[⑥]。综上所述，国内学者对旅游目的地形象的研究从最初的界定概念、丰富理论、

① 林炎钊：《旅游形象设计：我国旅游城市面临的新课题》，《北京第二外国语学院学报》1995 年第 3 期。

② 陈传康、王新军：《神仙世界与泰山文化旅游城的形象策划（CI）》，《旅游学刊》1996 年第 1 期。

③ 保继刚等：《旅游开发研究——原理·方法·实践》，科学出版社，1996。

④ 谢飞帆：《旅游地形象研究在西方的崛起》，《社会科学》1998 年第 1 期。

⑤ 李蕾蕾：《旅游地形象策划：理论与实务》，广东旅游出版社，1999。

⑥ 宋章海：《从旅游者角度对旅游目的地形象的探讨》，《旅游学刊》2000 年第 1 期；谢朝武、黄远水：《论旅游地形象策划的参与型组织模式》，《旅游学刊》2002 年第 2 期；罗秋菊、杨云露：《游客对 2010 年广州亚运会影响城市旅游形象的感知研究——基于事件举办前视角》，《热带地理》2010 年第 5 期。

借鉴经验到进行具有本土特色的策略研究、规划研究再到各个旅游目的地细分领域，多以定性研究为主。

在国外学者的研究方面，Boulding 认为形象是一种主观的知识，其可以影响人的行为决策①。Phelps 提出形象是旅游目的地竞争力的一部分，因此要吸引潜在游客必须建立自身形象②。Pearce 认为旅游者的行为动机、旅游决策、服务质量和满意度是影响旅游目的地感知形象的主要因素③。Driscoll 等、Echtner 和 Ritchie 在研究中发现，旅游目的地形象之间是存在差异的，造成这种差异的主要原因是旅游者人口统计特征差异，旅游者在旅游目的地的所见所闻会间接影响目的地形象评价④。Gartner 提出旅游目的地形象是游客对于目的地的期望，由认知、情感、意动三部分组成⑤。总结国外对旅游目的地形象的研究成果发现，国外研究更倾向于用量化的方式从旅游者个体层面探究旅游目的地形象的主要影响因素，以及各因素之间的关系，这为本书研究的展开提供了参考。

二 品牌研究

针对旅游目的地品牌方面的研究，国内学者主要从品牌定位、品牌设计、品牌塑造等几个方面入手。李树民等指出树立旅游地品牌的首要问题是对主题进行设计定位，这是一个主动创造的过程⑥；吕海燕针对

---

① Boulding, K., *The Image* (Ann Arbor: University of Michigan Press, 1956), p. 35.

② Phelps, A., "Holiday Destination Image—The Problems of Assessment: An Example Developed in Menorcal," *Tourism Management* 1 (3), 1986: 168-180.

③ Pearce, P. L., "Perceived Changes in Holiday Destinations," *Journal of Travel Research* 9 (2), 1983: 145-164.

④ Driscoll, A., Lawson, R., Niven, B., "Measuring Tourists' Destination Perceptions," *Annals of Tourism Research* 21 (3), 1994: 499-511; Echtner, C. M., Ritchie, J. R. B., "The Measurement of Destination Image: An Empirical Assessment," *Journal of Travel Research* 31 (4), 1993: 3-13.

⑤ Gartner, L., "Image Formation Process in Communication and Channel," *Systems in Tourism Marketing* 1 (21), 1993: 191-215.

⑥ 李树民、支喻、邵金萍：《论旅游地品牌概念的确立及设计构建》，《西北大学学报》（哲学社会科学版）2002 年第 3 期。

以龙门石窟特色旅游为主题的旅游地品牌，在理论和实践中探讨旅游地品牌如何定位、宣传和管理等重要问题[①]；冷志明的研究表明，明确旅游目的地品牌需要遵循几项重要步骤，即有效规划、广泛征求社会意见、确定品牌和多渠道积极宣传旅游目的地品牌[②]；唐瑗琼提出创建旅游目的地品牌的方法主要有建立旅游目的地品牌的识别系统、培育品牌忠诚度和有效管理旅游目的地品牌[③]。董建新探讨了如何通过形象构建来塑造旅游目的地品牌[④]；张夫妮以具有"休闲之都"美誉的杭州市为研究对象，详细分析了杭州市品牌塑造的建设过程[⑤]。

相比较国内研究，国外关于旅游目的地品牌建设的研究集中在如何打造旅游目的地品牌建设方面，总结现有文献基本从三个角度出发：以消费者感知为出发点探究品牌提升方法；以形象建设为出发点探究品牌差异化的建设过程；以旅游资源和产品为基础进行吸引物的品牌化建设。Yastrow 认为旅游目的地品牌重点关注旅游者对目的地的感知，给游客提供最佳体验[⑥]。Ping 和 Cai 通过研究旅游目的地品牌文化认为，使用积极向上的品牌形象和构成要素，目的是将旅游品牌区别于其他品牌，使其独树一帜[⑦]。

三 市场研究

在旅游目的地市场研究中，学者们主要针对旅游目的地市场营销做了大量的相关研究，归纳来讲主要涵盖以下领域：旅游目的地营销的

① 吕海燕：《旅游地品牌化系统模型研究》，河南大学硕士学位论文，2008。
② 冷志明：《旅游目的地品牌研究》，《边疆经济与文化》2005 年第 12 期。
③ 唐瑗琼：《旅游目的地品牌建设研究》，复旦大学硕士学位论文，2008。
④ 董建新：《旅游目的地品牌构建》，《经济问题探索》2008 年第 8 期。
⑤ 张夫妮：《论城市旅游品牌的塑造与管理》，山东师范大学硕士学位论文，2004。
⑥ Yastrow, S. B., *Harmony: Achieving Dynamic Results by Orchestrating Your Customer's Total Experience* (New York: Select Books, 2003), pp. 42-45.
⑦ Ping, L., Cai, A., "Cooperative Branding for Rual Destinations," *Annals of Tourism Research* 1 (31), 2002: 720-742.

概念、旅游目的地整合传播营销的理论[1]、旅游目的地营销中的政府营销行为、营销策略与模式以及品牌营销[2]。但最值得注意的是，在旅游目的地市场研究中的一部分学者，主要从游客视角研究旅游目的地市场的营销与开发，这给我国旅游目的地发展中"重政府引导，轻市场需求"的观念带来了全新的转变。游客满意度和游客重游行为是旅游目的地市场良性发展最关键的影响因素，我国旅游目的地游客满意度影响因素研究起步晚、成果少，在研究方法上多运用统计软件进行定量研究，研究探讨的主要问题包括不同类型景区游客满意度影响因素研究或者研究某个因子对游客满意度的影响[3]。关于旅游目的地重游者决策行为的相关研究主要从忠诚（重游）的概念和测量指标、影响因素、不同时间范围重游意向的特点以及实证研究所关注的样本人群和目的地类型几个方面展开[4]。已有的研究成果为本书研究的开展提供了理论依据。

四　服务质量研究

旅游目的地质量主要是指旅游服务的提供方满足服务接受方享受服务的水平或程度。纵览当前已有的研究成果，对旅游目的地服务质量的评价主要从两个大方面展开：第一，依照服务质量的内容确定评价维度；第二，借用比较成熟的理论模型，结合某一实际案例或重点领域进行重新设计，为旅游目的地服务质量的提升提供策略。提高服务质量是旅游目的地在竞争市场中增强竞争力的重要策略之一，旅游目的地不仅包括旅游六大要素还涉及公共服务、当地政府、社区公众、目的地形

---

[1] 邓衡：《国外旅游目的地品牌化研究进展》，《江西金融职工大学学报》2006 年第 6 期。

[2] 李雪：《我国旅游目的地营销研究进展及启示》，《浙江海洋学院学报》（人文科学版）2011 年第 2 期。

[3] 施秀梅：《国内旅游目的地游客满意度影响因素研究综述》，《东方企业文化》2011 年第 18 期。

[4] 沈雪瑞、李天元：《国内外旅游目的地忠诚的文献回顾及研究展望》，《北京第二外国语学院学报》2013 年第 1 期。

象等内容，因此不同的学者试图通过不同的评价维度确定旅游目的地
质量。从国内学者的研究来看，依绍华和冯永晟据 2007~2010 年赴京
旅游者数据从 7 个方面评价旅游服务对总体服务质量的影响方式和程
度[①]。周子平、劳国炜构建的古村落旅游服务质量评价指标体系包括服
务设施、服务响应、服务保障、服务关怀、人文氛围和游览环境[②]。闫
金娟、赵希勇构建了乡村旅游服务质量评价体系，主要依据 SERVPERF
评价模型结合德尔菲法筛选出了 5 个维度 22 个指标[③]。

从国外学者的研究来看，Mohinder 使用 SERVQUAL 模型评价了印
度的旅游目的地服务质量[④]。Weiermair 和 Fuchs 选取餐饮住宿、体育活
动、文化、交通、滑雪相关活动、自然风光和购物等指标评价了阿尔卑
斯山滑雪胜地的服务质量。[⑤] López-Toro 等借鉴前人服务质量评价指标
的研究成果，提出应考虑环境质量、小型企业的服务质量及可进入性等
因素，并以西班牙旅游胜地内尔哈为例做了进一步的实证研究[⑥]。

五　空间演化研究

对于旅游目的地的空间演化，现有研究可以从理论研究和实证研
究两方面进行归纳。

在理论研究方面，旅游地生命周期理论作为一种描述旅游目的地

① 依绍华、冯永晟：《旅游服务质量评价研究——基于北京旅游服务质量评价的实证研究》，
《发展研究》2013 年第 6 期。

② 周子平、劳国炜：《基于游客感知的古村落旅游服务质量评价指标体系的构建》，《广西广
播电视大学学报》2018 年第 4 期。

③ 闫金娟、赵希勇：《基于 SERVPERF 的乡村旅游服务质量评价体系研究》，《哈尔滨商业大
学学报》（社会科学版）2016 年第 4 期。

④ Mohinder, C., "Measuring the Service Quality of Indian Tourism Destinations: An Application of
SERVQUAL Model," *Service Technology and Management* 1 (13), 2010: 218–233.

⑤ Weiermair, K., Fuchs, M., "Measuring Tourist Judgement on Service Quality," *Annals of Tou-
rism Research* 26 (4), 1999: 1004–1021.

⑥ López-Toro, A., Díaz-Muñoz, R., Pérez-Moreno, S., "An Assessment of the Quality of a Tourist
Destination: The Case of Nerja, Spain," *Total Quality Management & Business Excellence* 21 (3),
2010: 269–289.

演进过程的理论目前被学者们公认且广泛应用。虽然在对具体景区发展进行解释时，旅游地生命周期理论仍然不能百分百适用，但学者在提出异议的基础上也都提出了解决方法。空间性是旅游目的地的根本属性，对空间演化的分析可以揭示旅游目的地演变发展的过程和内在规律，目前主要针对旅游目的地空间演化的理论有以下几种，陆大道提出的点—轴结构理论[1]认为区域发展经历由点到轴再到区域的均衡发展过程、空间一体化理论[2]认为空间发展是由独立地方中心到单一强中心再到相互依赖的城市、空间演化理论[3]认为空间演化经历不稳定联系到稳定联系进而扩张的一系列过程。

在实证研究方面，可以分为宏观和微观两个视角。宏观视角的学者主要研究我国主要旅游城市的格局动态，我国东部区域、长江中下游及个别省份旅游景区（点）的分布和发展，并基于此提出发展建议和对策。陈志军以江西省旅游发展为例，认为经历了点状—放射—凝聚等阶段，江西省形成了现在的旅游空间格局，优化空间结构是解决当前问题的选择与出路[4]。微观视角的研究更具针对性，多以具体的某个旅游目的地或景点为研究对象。卞显红提出单节点—多节点—链状节点是城市旅游空间结构演化的主要过程[5]。汪德根等运用点—轴理论确定了旅游区重点发展点和发展轴，并利用重点发展轴形成了点、轴、面相结合的"板块旅游"空间结构体系[6]。

综上所述，体育赛事旅游目的地的研究不仅涉及体育赛事与体育

① 陆大道：《关于"点—轴"空间结构系统的形成机理分析》，《地理科学》2002 年第 1 期。

② 陈秀山、张可云：《区域经济理论》，商务印书馆，2003。

③ Haggett, P., Chiff, A.D., Frey, A., *Loeational Analysis in Human Geography* (London: Edward Amoid Press, 1997), pp. 54-56.

④ 陈志军：《区域旅游空间结构演化模式分析——以江西省为例》，《旅游学刊》2008 年第 11 期。

⑤ 卞显红：《城市旅游空间结构及其空间规划布局研究》，南京师范大学硕士学位论文，2002。

⑥ 汪德根等：《基于点—轴理论的旅游地系统空间结构演变研究——以呼伦贝尔—阿尔山旅游区为例》，《经济地理》2005 年第 6 期。

旅游领域，也涉及旅游目的地领域，本书从体育赛事相关研究、体育旅游（含赛事旅游）相关研究、旅游目的地（含体育旅游目的地）相关研究对涉及体育赛事旅游目的地发展的相关问题进行总结发现，当前的研究成果均证明了一个结论，即体育赛事旅游目的地是一个符合当前社会发展趋势的融合产物，其产生和发展顺应了当前我国体育赛事发展、旅游融合发展和新型旅游目的地建设的大趋势。因此，体育赛事旅游目的地发展问题是当前社会大背景下不容忽视的重要问题。目前搜索到的文献为本书提供了丰富的资料支撑和思路启示，但通过总结发现当前研究依旧存在三点局限。

第一，研究视角方面，多单一视角，少多维审视。国内外学者主要围绕人尤其是消费者的视角研究体育赛事、体育旅游及旅游目的地的开发、运营、管理、评估等问题，可以将其统称为以"人"为视角的相关研究；围绕产业发展研究体育赛事产业及体育赛事产业与旅游业融合等相关问题，可以将其统称为以"业"为视角的相关研究；围绕旅游目的地发展研究旅游目的地演化、开发、竞争力等问题，可以将其统称为以"地"为视角的相关研究。然而对于为何体育赛事可以促进举办城市的发展、为何体育赛事可以与旅游融合发展、为何体育赛事可以促进旅游目的地发展等根源性问题，当前的研究并未给出统一的回答。而且通过文献梳理可以看出，已有的研究都是基于单一视角对相关发展问题的审视，很难全面描绘体育赛事旅游目的地产生发展的深刻规律和内在逻辑，也进一步影响了对未来发展趋势的准确把握。笔者认为，体育赛事旅游目的地既然是融合发展的产物，就不能忽略它的这种独特性，应从全面的视角探讨其产生发展的深刻规律和内在逻辑。因此，应在已有研究的基础上融合"人""地""业"各个视角，形成"人-地-业"的三维视角，对体育赛事旅游目的地产生及发展的内在规律进行剖析。"人-地-业"三维视角基于已有的单一研究视角的研究成果，将体育赛事旅游目的地发展研究放在一个多维视角的框架体系之下，对于其融合本质更具有针对性，有利于全面描绘其产生和发展的规律和内在逻辑，能有效避免单一研究视角在解释实践问题时出现的顾此失彼、无法周全的问题。

第二，研究对象方面，重举办地研究、轻目的地考量。纵览已有的研究成果，鲜有学者以体育赛事旅游目的地发展对策为研究目的进行研究，究其原因应是通常情况下体育赛事旅游目的地即为体育赛事举办地，部分学者多探讨体育赛事与举办地之间的关系、体育赛事与举办地旅游业融合发展等问题并提出相应建议和对策。然而该类针对发展进行的对策研究缺乏有效性和可落地性，无疑对处理实践中遇到的发展问题造成障碍，影响发展的可持续性。提及体育赛事旅游，旅游目的地自然是与其相生相伴的概念，这是由旅游目的地是旅游活动产生和发展的空间承载实体决定的。因此，本书提出体育赛事旅游目的地概念，不仅是对旅游目的地相关研究的丰富和发展，更是将发展对策的相关研究置于一个可见、可探、可考、可究的空间实体内，有利于更好地指导实践和已有理论研究的落地。

第三，研究方法方面，以理论推演为主，以实证研究为辅。以往关于体育赛事、体育旅游、旅游目的地发展对策的研究多重思辨研究、轻实证研究，更是少有将理论与实证相结合的研究。体育赛事旅游目的地作为融合发展的新产物，若要对其发展对策进行研究，应从理论研究和实证研究两方面双管齐下，首先探究其内在规律和本质逻辑，进而通过实证得到普适性的规律总结，才能在此基础上为其未来发展提供切实可行的发展对策。

本书将基于"人-地-业"的三维视角，以体育赛事旅游目的地为研究对象，使用理论与实证相结合的研究方法，立足其发展过程中的现实问题，有针对性地提出切实可行的发展对策并提供理论依据和实证检验。同时，本书提出的体育赛事旅游目的地概念不仅丰富和完善了旅游目的地相关研究的理论体系，也为体育赛事旅游相关研究开辟了新视角。

第二章

体育赛事旅游目的地概念界定
及三维分析视角的诠释

本章将回答研究目标中的第一组问题，对核心概念进行界定和对三维分析视角进行诠释。为此，首先，本章将通过种差加属定义法对体育赛事旅游目的地概念进行界定；其次，对为何可以从三维视角探究体育赛事旅游目的地发展以及基于何种理论进行探究做出解释。

第一节　体育赛事旅游目的地概念界定

概念是对现象的一种抽象，它是一类事物的属性在人们主观上的反映①。澄清与界定概念是一项学术研究的起点和基础，当研究中的概念未具有正式定义时，学者需要通过以往相关研究对概念的运用分析相关概念间的因果关系、逻辑关系、平行关系、包含关系等类属关系来确定和识别该概念，因此本书选择种差加属定义法界定体育赛事旅游目的地概念。

---

① 风笑天编著《简明社会学研究方法》，华文出版社，2005。

一 属概念角度的初探

"属概念"是指与被定义概念呈包含关系的上位概念，"体育赛事旅游目的地"是本书中的被定义概念，即"旅游目的地"是该被定义概念的属概念，具体来讲就是"体育赛事旅游目的地"是一种"旅游目的地"。已有研究中有部分国内外学者从不同角度对旅游目的地概念进行了界定（见表 2-1、表 2-2）。

从已有的文献研究可以看出，国内学者对旅游目的地概念的界定主要是从地理区域视角出发，国外学者除了将旅游目的地看作一个地理区域，还从主观知觉视角出发审视旅游目的地相关问题。但可以发现的是，不管是以何种视角对旅游目的地进行界定都落脚在"区域""地方""空间"这些词上，因此，旅游目的地首先是一个空间实体，具有空间实体性。

国外学者还提出主观知觉性的界定视角，这是因为旅游目的地各种旅游活动均是以旅游者的旅游行为发生为前提的。旅游目的地是相对于居住地而言的，由旅游者因旅游活动而发生的空间位移现象而界定的概念，没有旅游行为的发生就不存在旅游活动即不存在旅游目的地。从"吸引力""吸引物""吸引""产生动机"等词的频繁出现能总结出，可以被参与主体即旅游者感知的独特的吸引力和吸引物是旅游目的地的本质属性，因此，旅游目的地具有可被旅游者感知的强大吸引力，即主观知觉性，又叫主体感知性。

从"实现""设施""条件"等词可以看出，旅游目的地还具有满足旅游者需求、实现其动机的软件服务和硬件设施，因此，旅游目的地还具有需求的满足性。

综上所述，旅游目的地是吸引旅游者专程前来观光游览，并满足其游览过程中各项需求的特定的空间。

表 2-1　国内旅游目的地概念界定

作者	年份	相应概念
魏小安	2002	能够使旅游者产生旅游动机,并追求旅游动机实现的各种空间要素的总和
张立明	2003	具有完善的区域管理与协调机构,能够使潜在旅游者产生旅游动机,并做出决策实现其旅游目的的区域
苗维亚、田敏	2008	游客的目标区域,由一批景区、景点,接待设施、配套设施和其他相关条件共同构成,具有参观游览、休闲度假、康乐健身功能的独立管理区域
张凌云	2009	吸引旅游者专程前来参加观光游览、休闲度假和会议展览等活动的空间

资料来源:魏小安《旅游目的地发展实证研究》,中国旅游出版社,2002;张立明主编《旅游学概论》,武汉大学出版社,2003;苗维亚、田敏《旅游目的地规划建设标准研究与示范》,西南交通大学出版社,2008;张凌云主编《北京建设中国首选旅游目的地对策研究》,旅游教育出版社,2009。

表 2-2　国外旅游目的地概念界定

界定视角	作者	年份	相应概念
地理区域	Holloway	1994	旅游胜地、城市、地区、整个国家,甚至更大的区域
	Kotler 等	2006	有实际边界(自然边界)或可识别边界(政治边界、市场边界)的地方
	Gunn	1972	"目的地"地带包括:通道和入口,社区和基础设施,吸引物综合体,吸引物综合体和社区之间的联结通道
主观知觉性	Neil	1955	是人们旅行的地方,是人们选择逗留一段时间以体验某些特色或特征——某种感知吸引力
	Cooper 等	1998	吸引旅游者做短暂停留,进行观光度假的地方
	Buhalis	2000	是一个被游客作为独特实体所感知的特定地理区域,并且可以为旅游营销和规划提供政治和法律保障

资料来源:Holloway, C., *The Business of Tourism* (London:Pitman Publishing, 1994);Kotler, P. T., Bowen, J. T., Makens, J., *Marketing for Hospitality and Tourism* (Prentice Hall:Pearson, 2006), p. 25;Gunn, C. A., *Vacation Scape: Designing Tourist Regions* (Austin:Bureau of Business Research, 1972), p. 238;Neil, L., *Tourism Management* (Collingwood:RMIT Press, 1955), p. 52;Cooper, C., et al., *Tourism: Principles and Practices* (England:Addison Wesley Longman, 1998), p. 47;Buhalis, D. D., "Marketing the Competitive Destination of the Future," *Tourism Tribune* 21 (1), 2000:97-116。

二 种概念角度的认定

"种差"是指被定义概念与同一属概念下其他种概念之间存在的本质区别。我们总结现有的文献可以看出（见表2-3），当前在学界具有主流代表性的旅游目的地分类主要有7种，其中在旅游吸引物资源类型、旅游者需求、功能等分类中已经出现了运动型、观看（赛）型、复合功能型、资源保护型等体现体育旅游性质的细化分类，体育界学者将与体育相关的旅游目的地统称为体育旅游目的地。

表 2-3 旅游目的地分类

分类依据	作者	年份	主要内容
旅游吸引物资源类型	保继刚等	1996	自然风景型、运动型、历史古迹型、娱乐型（游乐园为主体）、产业型（园艺业为主体）、综合型
	邹统钎、王欣等	2012	自然山水型、都市商务型、乡野田园型、宗教历史型、民族民俗型、古城古镇型
旅游活动性质	吴必虎、宋子千等	2009	城市型旅游目的地、胜地型目的地
旅游空间	吴必虎、宋子千等	2009	国家、城市、旅游功能区
	邹统钎、王欣等	2012	国家级、省级、市县级、景区型
时间	吴必虎、宋子千等	2009	远程目的地、中程目的地、近程目的地（出行）
	邹统钎、王欣等	2012	传统型、新兴型（开发）
功能	吴必虎、宋子千等	2009	复合功能型、主题功能型
	邹统钎、王欣等	2012	经济开发型、资源保护型
目的地的构成特征	Buhalis	2000	城市、海滨、山地、乡村、真实的国家、世外桃源
	张立明	2003	城市型、胜地型、综合型
	邹统钎、王欣等	2012	城市、景区、景点
旅游者需求	邹统钎、王欣等	2012	观看型、休闲度假型、商务型、特种旅游型

资料来源：保继刚等《旅游开发研究——原理·方法·实践》，科学出版社，1996；邹统钎、王欣等编著《旅游目的地管理》，北京师范大学出版社，2012；吴必虎、宋子千等编著《旅游学概论》，中国人民大学出版社，2009；Buhalis, D. D., "Marketing the Competitive Destination of the Future," *Tourism Tribune* 21 (1), 2000: 97-116；张立明主编《旅游学概论》，武汉大学出版社，2003。

体育旅游目的地是相对于客源地而言的，能够满足体育旅游者各种体育需求以及住、行、食、游、购、娱等活动的地方。在魏小安[①]给出的体育旅游目的地定义中，体育旅游目的地的种差在于体育旅游活动本身所具有的本质特征区别于其他旅游活动，所以在探究体育赛事旅游目的地概念前有必要先梳理体育旅游活动的分类。体育旅游是指人们暂时到处参与体育活动、观看体育比赛或者观看体育活动有关的吸引物的旅游活动[②]。总结当前国内外已有的主流体育旅游分类发现，体育赛事旅游是体育旅游中重要的旅游活动形式，体育赛事旅游既是能使游客产生体育旅游动机的旅游产品，又是可以被开发成产品的资源。因此，不管是从旅游动机分类法、资源属性分类法、产品开发分类法还是旅游目的分类法审视，体育赛事旅游都是体育旅游当中的重要组成部分（见图 2-1、图 2-2）。

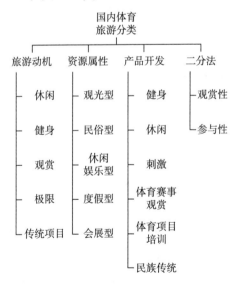

图 2-1　国内体育旅游分类

资料来源：柳伯力、陶宇平主编《体育旅游导论》，人民体育出版社，2003。

---

① 魏小安：《旅游目的地发展实证研究》，中国旅游出版社，2002。

② Gibson，H. J.，Attle，S. P.，Yiannakis，A.，"Segmenting the Active Sport Tourist Market：A Life-span Perspective," *Journal of Vacation Marketing* 4（1），1998：52-64。

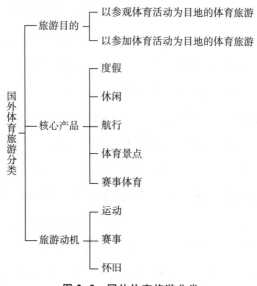

图 2-2　国外体育旅游分类

资料来源：李明《体育产业学导论》，北京体育大学出版社，2001；Gibson, H. J., "Sport Tourism: A Critical Analysis of Research," *Sport Management Review* 1（1），1998：45-76。

本书总结了国内现有学者对体育赛事旅游概念的界定（见表 2-4）。通过分析可以看出体育赛事旅游的本质特征主要有以下三点。第一，吸引物的特殊性。从"为了某项体育赛事""因体育赛事的吸引"等的描绘可以总结出体育赛事旅游的主要吸引物是体育赛事，且体育赛事自身既是旅游产品又是旅游资源，既具有体育属性又具有旅游属性。作为体育赛事旅游核心吸引物的体育赛事本身具有特殊性。第二，时空的集聚性。体育赛事旅游是旅游者到异地即赛事举办地参与体育赛事或观赏体育赛事引发的旅游活动的总称，"参与或观看比赛""体育赛事举办地"等的描绘，突出了体育赛事旅游活动的发生时间是在赛事举办周期内，发生地点是在赛事举办地，因此，体育赛事旅游与其他旅游活动的本质区别在于其旅游活动的发生多是在特定的时间即体育赛事举办周期内，特定的空间即体育赛事举办地，体育赛事旅游具有时间和空间上的集聚性。第三，旅游行为的伴生性。从"相关旅游活动"等的描绘中可以总结出，体育赛事旅游行为主要是由于旅游者受到体育赛事吸引而引发的相关旅游活动，是一种伴生性的旅游行为。具体而言，该类型的旅游行为区别于其他形式的旅游行为的本质在于它是在主要旅游吸引物即体育赛事的吸引下，伴随体育赛事而产生的相关旅游活动，因此体育赛事旅游具有旅游行为的伴生性特征。

表 2-4   国内体育赛事旅游的代表性定义

作者	年份	定义
宋书楠	2002	由于到异地参与或参观（观看）比赛而引发的旅游活动
陈松	2006	旅游者从异地进入体育赛事举办地而进行的所有旅游活动的过程
周成	2007	旅游者离开常驻地到赛事举办地进行活动的各种现象的总和
钱勇刚	2007	旅游者为观赏或参与体育赛事，在赛事举办地逗留期间由旅行引起的各种现象和关系的总和
李亚青	2011	旅游者为获得各种体验或见识，暂时离开常住地，到赛事举办地进行旅游及其相关活动所引起的各种关系和现象的总和
曹秀珍	2012	以体育赛事为引导，带有体育和旅游的双重目的性，并通过多种体育手段达到愉悦身心效果的旅游活动
郑滢滢	2013	旅游者为了达到观赏或参加某项体育赛事的目的，离开常住地前往赛事举办地，并在体育赛事举办地逗留期间进行相关旅游活动，这些活动所引起各种关系和现象的总和

资料来源：宋书楠《试议体育赛事的旅游开发》，《北京第二外国语学院学报》2002年第6期；陈松《体育赛事旅游研究》，华东师范大学硕士学位论文，2006；周成《体育赛事旅游的经济学研究》，《华南理工大学学报》（社会科学版）2007年第4期；钱勇刚《体育赛事旅游开发研究》，华侨大学硕士学位论文，2007；李亚青《体育赛事旅游主体功能区研究》，华东师范大学硕士学位论文，2011；曹秀珍《体育赛事旅游基本理论研究》，《浙江师范大学学报》（自然科学版）2012年第2期；郑滢滢《体育赛事旅游系统模型构建的理论与实证研究》，福建师范大学硕士学位论文，2013。

通过上述对被分析概念的属和种差进行的分析可以总结得出，体育赛事旅游目的地概念应包括来自属概念的基本特性和来自种概念的本质特征（见图2-3）。

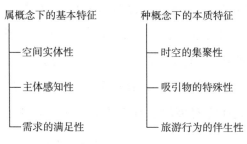

图 2-3　体育赛事旅游目的地的特征

基于以上分析，本书认为体育赛事旅游目的地（简称赛事旅游目的地）是指：在体育赛事举办的前中后期，为满足旅游者参与观赏赛事活动需求以及旅游活动需求的各类要素构成的特定区域空间。该区域空间是相对于居住地而言的，以体育赛事的特殊吸引力为特色能够使旅游者产生并追求动机的实现，具有空间实体性、主体感知性、需求的满足性、时空的集聚性、吸引物的特殊性、旅游行为的伴生性六大基本特征。

第二节　"人-地-业"三维分析视角

近年来，体育赛事和旅游目的地的研究领域日趋多元化，跨学科的交叉研究不断增多，国内外学者从不同学科出发对体育赛事和旅游目的地进行了研究，取得了大量研究成果。然而体育赛事旅游目的地的研究是体育学和旅游学渗透融合形成的新型研究领域，目前尚未建立起整套完善的理论框架和分析方法体系。构建体育赛事旅游目的地的理论框架，对推动赛事旅游目的地建设和发展都具有重要的意义。

体育赛事旅游目的地的研究应从以下几点进行宏观把握。第一，既要有跨学科融合研究的多元化视角，又要凝练体育赛事旅游目的地发展的主要科学问题。首先，强调多元化视角是因为体育赛事旅游目的地融合了体育赛事与旅游目的地的双重属性，单一地研究体育赛事或旅游目的地并不能对其发展的本质和规律进行深入的描绘。其次，体育赛事旅游目的地作为一个独立的事物，其产生和发展过程中必定存在独特且区别于其他事物的问题，需要深入探究这种独特性才能进行有针对性的回答。第二，既要关注体育赛事旅游目的地的构成，又要关注体育赛事与旅游目的地的结合点。体育赛事的举办引发了旅游目的地利益相关者新的诉求和冲突，带来了各区域空间的变化，促进了产业融合。换句话讲，体育赛事旅游目的地是在体育赛事和旅游目的地二者融通、共享主体要素"人"、空间要素"地"、供给要素"业"的基础上形成发展起来的新事物。因此，"人-地-业"三部分不仅是体育赛事与旅游目的地的主要构成要素，更是体育赛事与旅游目的地的结合点。

"人-地-业"三维视角的提出就是基于这样的基本思考产生的，该视角不仅将体育赛事旅游目的地作为一个整体，还兼顾了多元视角的审视；不仅关注了体育赛事旅游目的地的主要构成要素，还兼顾了体育赛事与旅游目的地的结合点。基于"人-地-业"相互关系和相互作用的三维视角既是本书的核心，也是构建体育赛事旅游目的地理论框架的基础。该视角的提出在体育赛事旅游目的的研究与发展中是一项探索性和开创性的工作。

一 "人"是发展的活动主体

不管是体育赛事活动还是旅游活动，都是为满足"人"的相关需求和内在关注而不断发展的。体育赛事旅游目的地同样是在"人"这个活动主体的助推下发展而来。本书对"人"的界定有别于一般的社会人，而是指任何影响体育赛事旅游目的地的目标实现或者受到该目标影响的个人和群体，即利益相关者。之所以把利益相关者界定为"人"，并将其作为体育赛事旅游目的地发展的主体主要出于以下几点考虑。

第一，体育赛事旅游目的地是一个复杂的系统，它以利益相关者诉求为主导，将资源、信息、能量汇聚在一起。然而资源和环境承载力具有有限性，在追求利益的过程中产生的冲突大大削弱了其发展的势头。利益相关者视角有利于剥离纷繁复杂的表面现象，抓住诉求与冲突这两个主要矛盾分析发展中遇到的问题。第二，体育赛事旅游目的地融合的属性使其价值链分散、竞争关系错综复杂。如何进行公平参与、合理分配，如何引导形成共同目标、减少不良竞争，这些问题的解决与利益相关者理论有着天然的适切性。第三，在当前我国体育赛事旅游目的地发展研究中，对利益相关者问题中凸显的主要矛盾（诉求与冲突）和主要矛盾的主要方面（旅游者）进行分析，有利于更具针对性的发展对策的提出。

体育赛事旅游目的地三维分析视角中"人"是指体育赛事旅游活动利益相关者，其核心包括赛事旅游者、赛事旅游目的地政府及其职能部门（旅游管理者）、赛事旅游企业（旅游经营者）和赛事旅游目的地居民。其中赛事旅游者居于本书的主导地位，他们是指为了满足身心放松、健身休闲或自我实现的需求，产生参与或观赏体育赛事的动机的一个特定的群体。满足旅游者体育赛事旅游的需求，是体育赛事旅游目的地获得源源不断生命力的关键。分析核心利益相关者的利益诉求与冲突，明确旅游者消费行为意向是本书基于"人"的视角所研究的重点问题。

二 "地"是发展的空间载体

"地"是与人类活动密切相关的无机物和有机物的自然诸要素有规律结合的地理环境，是一个地理空间的概念。但由于人类生存活动的存在，"地"开始成为被赋予了深刻内涵和意义的特殊空间。"如果一个地点（空间）充满具有意义的真实经验或发生过动人的事件，个体会对它形成一种认同感、安全感或关心等，这样的地点（空间）就转化为地方。"[①] 由于实体环境、功能活动和地方感是对一个地方进行识别的三个基本要素，所以对"地"的分析可以从三个层面来理解。第一层，实体环境，即把地方看成由建筑、自然环境等组成的物质实体，例如因举办体育赛事修建的标志性体育场馆。第二层，功能活动，即把地方看作社会关系的载体，如体育赛事旅游目的地的旅游者在参与和观赏体育赛事的过程中与体育赛事旅游目的地构成要素之间的相互联系、相互作用和相互影响。第三层，地方感，个体或者群体感受地方，并给出评价或赋予深刻意义，如旅游者对体育赛事旅游目的地的质量做出基于感知的评价。通过以上分析，基于三维分析视角的体育赛事旅游目的地中的"地"是指体育赛事旅游空间，具体而言，它是体育赛事旅游活动的物质基础和空间场所，包括自然资源和人文资源，自然资源地理环境影响着体育赛事空间活动的地域特性，人文资源地理环境制约着体育赛事旅游活动的深度和广度。

三　"业"是发展的供给主体

产业是同类经济活动的总和或具有生产相同属性的产品的企业集合[②]。任何产业的可持续发展都离不开需求与供给的平衡，只有这样才能达到最优化的产业发展状态。需求与供给都必须依附于人而存在，具体而言，在市场经济社会中人的需求的满足必须通过人的消费来实现，供给的实现也必须通过人的劳动创造，人作为市场主体的地位不容忽略。大量消费人口的存在，带动大量为了满足消费人口需求的产业人口及其相应的相关产业要素（如产品的资源、设计、研发、生产、运营及其相关技术、资本、政策等）的集聚，由此可见，产业经济的集聚是指在某种要素的刺激下，具有同类需求及行为特征的人在某一区域范围内的集聚，从而引发相关产业的各要素在该区域内的集聚，并为该

---

① Relph, E., *Place and Placelessness* (London: Pion, 1976), pp. 35-40.
② 鲍宏礼主编《产业经济学》，中国经济出版社，2018。

区域特定产业经济的发展带来整体性的优势效应，其具体包括两个方面：一是作为消费人口的各要素的集聚效应，包括需求集聚、行为集聚等产生的综合效应；二是作为产业发展必备要素的集聚效应，包括产业的资源集聚、产品集聚，以及人才、资金、科技、政策等产业发展支撑要素的集聚而产生的综合效应。它们一起构成一个产业供求两端的双重集聚系统，即"人-业"集聚系统，其中人的集聚系统是一个基于消费需求的系统，产业的集聚系统是一个基于供给的系统。

体育赛事旅游目的地三维分析视角中的"业"是指体育赛事旅游目的地由体育赛事引发的、为满足旅游者参与和观赏体育赛事需求以及旅游需求的企业的集合，涉及众多体育赛事产业和旅游业的相关产业部门的各种要素在赛事旅游目的地的集聚。通过体育赛事产业与旅游业的集聚，推动了体育赛事产业与旅游业的融合互动发展，促进了体育赛事旅游目的地的可持续发展。综上所述，体育赛事产业与旅游目的地旅游业融合发展，是本书基于"业"视角所研究的重点问题。

四 "人-地-业"是发展的机制

"人""地""业"是体育赛事旅游目的地三大构成要素，它们围绕体育赛事相互作用、相互影响的过程也是体育赛事旅游目的地的产生和发展机制。在体育赛事举办过程中，由于体育赛事的吸引力旅游者相关赛事需求被激发，形成了巨大的旅游者消费需求的集聚，从而引发了体育赛事旅游目的地空间的发展和相关产业要素的大量集聚，最后构成了体育赛事与旅游目的地旅游业完整的集聚过程。

具体而言，体育赛事旅游目的地"人"的相关活动都要依附一定的地域空间，并与相关的地理环境产生相互作用。不管是体育赛事的举办还是因赛事举办而产生的旅游者行为，抑或其他利益相关者满足利益诉求而进行的开发行为，必将会与"地"产生作用。该作用不仅体现在"地"为"人"的活动和体育赛事的举办提供简单的空间依附，还体现在提供交通、住宿、餐饮、购物等基础保障方面。同时由于体育赛事举办和"人"的活动,"地"在自身已有的自然特色和资源禀赋上进一步演化发展,成为可以满足体育赛事和旅游双重需求的赛事旅游空间。"业"是在"人"这个活动主体影响下与"地"同步发展的。体育赛事需求的规模性集中,会形成一个庞大的产业需求系统,进而产生巨大的产业经济消费效应。于是为了满足旅游者的体育赛事需求,需求的集聚会引发相关供给的大量集聚,从而形成一个庞大的供给系统,体育赛事作为旅游吸引物是引发需求侧和供给侧集聚的根源,是体育赛事旅游目的地集聚效应的核心部分,也就是体育赛事吸引力大小与产业系统中需求集聚以及供给集聚的效应大小呈正相关关系,即体育赛事吸引力越大,其可能引发的需求集聚效应和供给集聚效应也越大,反之越小。

综上所述,三维视角的提出体现了本书对体育赛事旅游目的地"人""地""业"各部分发展的探索,也凸显了对它们之间相互关系的思考。

第三节 三维分析视角下的相关理论框架

基于三维的分析视角,按照体育赛事旅游目的地理论体系化和科学化的发展要求,充分考虑体育学和旅游学的学科属性,本书以旅游者旅游活动系统和赛事旅游目的地地理环境系统为基础,以"人-地-业"为研究视角,通过跨学科的理论借鉴和融合,力求丰富体育赛事旅游目的地的理论内涵,构建较为完善和系统的体育赛事旅游目的地理论框架体系。

一 "人"视角的体育赛事旅游目的地理论

"人"是体育赛事旅游目的地"人-地-业"相互作用的主导因素,

凡是与体育赛事旅游活动相关的个体和群体都是体育赛事旅游目的地的研究对象，研究"人"的相关理论包括利益相关者理论、服务质量理论、感知理论。

利益相关者理论：利益相关者认为组织发展中应关注任何能影响组织目标实现或被该目标影响的群体或个人[1]，该理论的提出极大地挑战了以部分群体利益最大化为目标的发展理念。众多学科纷纷开始运用利益相关者理论分析利益分配、矛盾化解、利益归属等实际问题。本书将借助利益相关者理论分析体育赛事旅游目的地是如何在利益相关者的影响下不断发展的。

服务质量理论：确定质量方针、目标和职责，通过质量体系中的质量策划、监控、保证和改进来使其实现全部管理职能的一切活动。质量是产品的一种基本属性，是现代生产管理与服务活动追求的目标与行为准则，高质量的产品和服务可降低返工成本、提高顾客满意度、形成良好的企业形象和口碑，最终为企业带来竞争优势。体育赛事旅游目的地以其提供的赛事服务以及配套旅游服务质量为基础，其评价指标体系的构建可以从质量管理理论视角寻找重要的理论支撑。对于质量的描述，本书认为可以基于"质量是一组固有特性满足需要的程度"[2]，将质量评价指标体系分解为体育赛事旅游目的地所具有的一种固有特性的解析和这种固有特性满足旅游者需求程度的测量，并以此构建体育赛事旅游目的地质量评价指标体系。

感知理论：感知理论的基本思想就是认为知觉和思维过程是接收信息和评价信息的过程。在旅游相关研究中大部分学者常用感知理论来研究游客外部旅游信息转化成内部思维的过程[3]。在目的地研究中感

---

[1] Freeman, K. E., *Strategic Management: A Stakeholder Approach* (Boston: Pitman, 1984), p. 11.

[2] 柴邦衡：《ISO 9000 质量管理体系》（第 2 版），机械工业出版社，2010。

[3] Decrop, A., *Consumer Behavior in Travel and Tourism* (New York: The Haworth Hospitality Press, 2000), pp. 17-22.

知是游客对旅游目的地环境、旅游景观和社会公众等组成部分特性的描述①。由此可见，从理论上讲游客出于本能对目的地周边一切事物和环境进行感知，通过亲身的经历和体验形成对事物的特定看法、印象、情感认识，从而形成对旅游目的地的整体感知。这种感知体验的形成过程是本书探索体育赛事旅游目的地质量评价、检验赛事旅游目的地存在的固有特性以及满足其需求程度的重要来源和基础。

二 "地"视角的体育赛事旅游目的地理论

"地"是人们开展体育赛事旅游活动的空间场所和体育赛事旅游目的地"人-地-业"关系的基础因素，凡是与体育赛事旅游活动有关的地理环境，均可成为体育赛事旅游目的地的研究对象。研究"地"的相关理论包括旅游地生命周期理论、区域发展理论。

旅游地生命周期理论是描述旅游目的地发展演化的理论，Butler 认为旅游目的地发展演化的过程可以基本划分为探索、参与、发展、巩固、停滞、衰弱或复苏阶段②。不同旅游目的地生命周期的表现形式有所区别，本书将基于旅游地生命周期理论探讨体育赛事旅游目的地发展经历的模式，以期提出指导体育赛事旅游目的地市场定位、营销规划的建议，预测赛事旅游目的地未来的发展。

区域发展理论是一个庞大的理论集合，本书主要通过区域不均衡发展的核心-边缘理论、增长极理论、中心地理论，探讨体育赛事作为一种区域经济发展的新兴力量，其表现出的集聚效应以何种模式带来体育赛事旅游目的地旅游空间的发展和结构的优化。

---

① Vaughan, D. R., Edwards, J. R., "Experiential Perceptions of Two Winter Sun Destinations: The Algarve and Cyprus," *Journal of Vacation Marketing* 5 (4), 1999: 356-368.

② Butler, R. W., "The Concept of a Tourist Area Cycle of Evolution: Implications for Management of Resources," *Canadian Geographer* 24 (1), 1980: 5-12.

三 "业"视角的体育赛事旅游目的地理论

"业"是由于体育赛事的举办而引起赛事旅游目的地相关产业要素的大量集聚，包括产业发展所必需的资源、产品、市场等方面的集聚。研究"业"的相关理论为产业融合理论。

产业融合理论经历了从 20 世纪 60 年代融合现象出现到 90 年代产业融合理论逐步形成。它是指同一产业内的不同行业或者不同产业间进行的相互渗透、交叉，最终融合成一体，并逐渐形成一种新的产业的过程。本书基于产业融合理论，探讨体育赛事旅游目的地发展过程中，体育赛事产业和旅游产业融合发展的机理，通过探究二者融合发展的条件、动力、模式及路径剖析体育赛事旅游目的地体育赛事产业与旅游产业发展的内在机理。

小 结

首先，本章通过相关概念之间关系的辨析和种差加属定义法，得出体育赛事旅游目的地概念。

其次，为进一步探究体育赛事旅游目的地内部各要素之间的因果关系及其作用的规律，本章提出从"人-地-业"三维视角来分析体育赛事旅游目的地，并进一步明确了各视角的研究出发点。

"人"的视角是指，任何影响体育赛事旅游目的地的目标实现或者受到该目标影响的个人和群体，即利益相关者。旅游者是体育赛事旅游目的地的核心利益相关者，是对体育赛事旅游目的地未来发展影响最大的"人"，所以体育赛事旅游目的地利益相关者，尤其是旅游者的消费需求和行为是"人"视角所要研究的重点。

"地"的视角是指，"地"是体育赛事旅游目的地的空间承载实体，它为人的活动和产业活动提供了平台和载体，并在人和产业的活动作用下展现特殊的演化规律，探讨体育赛事旅游目的地特有的空间演化规律是"地"视角所要研究的重点。

"业"的视角是指，体育赛事作为旅游目的地旅游吸引物的根源要素，引发需求侧和供给侧要素的集聚，由于集聚进而引发融合的过程。所以体育赛事产业与旅游目的地旅游产业的融合发展是"业"视角所要研究的重点。三维视角既是审视角度，又是体育赛事旅游目的地的主要构成要素；既关注对各部分视角的探索，又关注视角之间的关系。

最后，基于"人-地-业"的分析视角，通过跨学科的理论借鉴和融合，将利益相关者理论、服务质量理论、感知理论作为"人"视角的理论支撑，将旅游地生命周期理论、区域发展理论作为"地"视角理论支撑，将产业融合理论作为"业"视角的理论支撑，目的是构建较为完善和系统的体育赛事旅游目的地理论框架体系，丰富体育赛事旅游目的地的理论内涵。

第三章

"人"——体育赛事旅游目的地
利益相关者探析

本章将回答研究目标中的第二组问题中有关"人"视角的问题，借助利益相关者理论，研究利益相关者与体育赛事旅游目的地发展的内在关系。首先，本章明确了体育赛事旅游目的地发展中的利益相关者，并对核心利益相关者进行了识别和定位。其次，通过实地考察中获得的一手资料，明确了各核心利益相关者的利益诉求和冲突，进一步剥离了纷繁复杂的现象，思考引导诉求、降低冲突促进体育赛事旅游目的地良性发展的办法，为后续发展对策的提出提供依据。

第一节　体育赛事旅游目的地利益相关者界定与分类

一　利益相关者界定

体育赛事旅游目的地是体育赛事与旅游融合并且以旅游目的地空间为载体协同发展的一个新型旅游空间形态，包含"体育赛事"和"旅游"双重发展目标。在融合属性和双重目标的引导下，体育赛事旅游目的地的发展必然涉及多个利益相关者（个人和群体），它们都具有不同的利益诉求，并且有的利益诉求点是相互冲突的。协调和均衡体育赛事旅游目的地利益相关者的利益关系，要求我们对体育赛事旅游目的地的利益相关者有一个清晰的认识，即对体育赛事旅游目的地利益相关者的概念进行界定。

通过对已有利益相关者理论的总结，本书认为利益相关者的核心思想具体体现在以下三点：第一，利益相关者参与企业管理使得企业在做决策时充分考虑利益相关者的利益，从而激发了利益相关者对企业管理的关注；第二，遵循利益相关者的利益协调机制，使企业可以更加关注对长期发展目标的追求；第三，在利益相关者利益均衡与协同下，形成企业利益相关者共同体，利益相关者的利益得到有效的保护，最终达到企业可持续发展的目标。

体育赛事旅游目的地利益相关者的核心思想具体表现为：利益相关者参与体育赛事旅游目的地管理使得决策过程充分考虑利益相关者的利益，从而激发它们对体育赛事旅游目的地可持续发展的关注；遵循利益相关者的利益管理机制，形成利益相关者共同体，是体育赛事旅游目的地可持续发展的前提。

总结上述分析，本书将我国体育赛事旅游目的地利益相关者定义为：任何影响体育赛事旅游目的地的目标实现或者受到该目标影响的个人和群体。在体育赛事活动与旅游活动实施的过程中受到影响的个人或群体都叫做体育赛事旅游目的地利益相关者。

二 利益相关者构成与分类

体育赛事旅游目的地的核心功能就是开展体育赛事旅游活动，而体育赛事旅游活动的有效推动与发展还要依赖一系列如管理、物质、技术、信息、智力等服务支持活动。这些服务支持活动一方面促进了体育赛事旅游的有效供给，另一方面协调了体育赛事旅游目的地各方面的利益关系，促进了其有序发展。从需求-供给的角度分析，体育赛事旅游目的地的利益相关者由需求和供给两部分构成，其中需求部分由赛事旅游者，供给部分由赛事旅游支持者、赛事旅游企业、赛事旅游目的地居民和其他利益相关者构成（见图 3-1）。其中，赛事旅游支持者包括体育赛事旅游目的地的管理组织和服务组织。管理组织一般包括政府机构、体育部门、旅游部门等各行政职能部门，行业协会如体育行业协会、旅游行业协会等。服务组织一般包括媒体、教育和科研机构、投资商、基础设施供应商等。赛事旅游企业包括体育赛事企业、体育场馆运营机构、旅游服务企业（行、食、住、游、购、娱）。可见如此庞大的体育赛事旅游目的地利益相关者体系，每个利益相关主体之间关系的密切程度是不一样的，具有的影响力也不同，有的群体或组织对体育赛事旅游目的地的生存和发展具有决定性的影响，有的影响则相对较弱①。

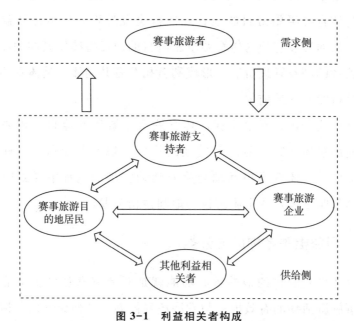

图 3-1　利益相关者构成

　　因此，本书在明确体育赛事旅游目的地利益相关者概念和构成的

---

① 夏赞才：《利益相关者理论及旅行社利益相关者基本图谱》，《湖南师范大学社会科学学报》2003 年第 3 期。

基础上，需要进一步明确体育赛事旅游目的地利益相关者之间的密切程度和层次关系，即体育赛事旅游目的地利益相关者分类。

利益相关者对旅游目的地具有某种程度的影响力或在某种程度上受到旅游目的地的影响，所以体育赛事旅游目的地利益相关者的利益关系密切程度也是不一样的。本书借鉴前人研究结论结合利益相关者细分法，按照利益主动性、利益相关者重要性、实现利益诉求紧迫性三个层面把体育赛事旅游目的地利益相关者分为三类（见图3-2）。

核心利益相关者是体育赛事旅游目的地发展中不可缺少的群体，与体育赛事旅游业有着紧密的利害关系，甚至直接左右体育赛事旅游目的地的生存和发展。它包括赛事旅游者、赛事旅游目的地政府及其职能部门、赛事旅游企业、赛事旅游目的地居民。

蛰伏利益相关者如媒体、投资商等，它们与体育赛事旅游目的地形成了较为密切的关系，在体育赛事旅游活动中承担一定的利益风险，与体育赛事旅游活动表现为一种显性契约人的关系，如果它们的利益诉求没有得到满足或受到伤害就会表现出较强的反应，从蛰伏上升为活跃状态，直接影响体育赛事旅游目的地的生存和发展。

边缘利益相关者，在体育赛事旅游目的地发展过程中，它们的重要性较低，其实现利益诉求的紧迫性也不太强，往往被动地受到影响，主要包括基础设施供应商、科研机构及学术研究人员。

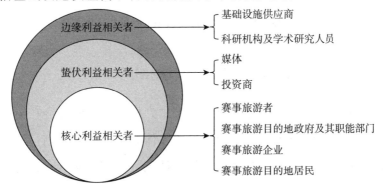

图 3-2　利益相关者分类

但需要指出的是，体育赛事旅游目的地利益相关者分类仅仅体现了我国现阶段体育赛事旅游目的地利益相关者的利益关系，体育赛事旅游目的地各个利益相关者之间的关系层次随着体育赛事旅游的发展，势必会发生变化，因此，体育赛事旅游目的地利益相关者的利益关系也呈现动态发展的趋势。

第二节　体育赛事旅游目的地核心利益相关者定位

体育赛事旅游目的地作为体育赛事旅游业运行和发展的载体，根据体育赛事旅游目的地利益相关者构成和分类标准，本书主要对赛事旅游目的地政府及其职能部门、赛事旅游者、赛事旅游企业、赛事旅游目的地居民这四个与体育赛事旅游目的地关系密切且对体育赛事旅游目的地影响较大的核心利益相关者进行分析（见图 3-3）。

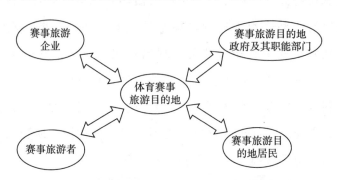

图 3-3　体育赛事旅游目的地与核心利益相关者关系

一　赛事旅游目的地政府及其职能部门

举办地体育部门、旅游部门、赛事主办机构、行业协会在体育赛事旅游发展过程中的政策制定、招商引资、体育赛事旅游规划、质量监督与规范管理、体育赛事的营销与宣传、社区发展等方面具有无可替代的协调与调控作用。

当地体育部门和旅游部门作为掌握大量资源的职能部门同时牵头制定体育赛事产生和旅游业的发展规划、行业制度和标准以及相关的政策法规等。体育部门和旅游部门以及其他各个相关职能部门的协调配合，对体育赛事旅游目的地的可持续发展具有重要意义。

体育赛事旅游作为体育赛事产业与旅游业融合发展而产生的新兴产业，迫切需要赛事旅游目的地政府及其职能部门在政策和制度环境等方面的支持和引导。积极有效的政策引领能使体育赛事旅游向着更快、更有效的方向发展，同时体育赛事产业和旅游业的互动融合发展带来的经济效益和社会效益也是赛事旅游目的地政府政绩的充分体现。因此，赛事旅游目的地政府及其职能部门是体育赛事旅游目的地核心利益相关者之一。

二　赛事旅游者

体育赛事旅游目的地的旅游者是指由于体育赛事的举办而被吸引，进而离开常住地前往赛事举办地，为满足其观赏或参与体育赛事的需要，在体育赛事旅游目的地停留期间进行旅游活动的个体。赛事旅游者的赛事旅游经历和体验与体育赛事质量、赛事旅游资源和服务状况等诸多方面密切相关，他们的满意程度直接关系到体育赛事旅游目的地的生存和发展。体育赛事旅游目的地的一切服务活动都是针对和围绕赛事旅游者的需求而提供的。因为赛事旅游者是赛事旅游业利润的源头，所以客源规模的大小和结构特征直接影响体育赛事旅游目的地利益相关者的经济收入。在体育赛事旅游目的地的发展过程中，关注赛事旅游者旅游经历的"质量"和"最佳体验"是体育赛事旅游目的地生存和发展的条件，所以必须把赛事旅游者的利益诉求摆在核心位置。

三　赛事旅游企业

体育赛事旅游目的地的旅游企业是指那些以营利为主要目的，为赛事旅游者提供各种服务满足其需要的单位和集体。目前直接参与体育赛事旅游经营的企业很多，包括体育赛事企业、体育场馆运营机构、旅游服务企业等。这些企业在参与经营的过程中，所占有的资源不同，提供的服务类型不同，所获得的利益也是不一样的。

体育赛事企业是体育赛事的运营机构，它不仅仅承担着将各项预期规划目标落到实处和办好比赛的任务，更承担着体育赛事与旅游目的地融合发展的重任。体育赛事企业与旅行社的积极合作体现在体育赛事的市场启动、体育旅游目的地的形象宣传、票务与体育赛事旅游产品的市场宣传、周边旅游景点的串联、票价的制定和让利的协同配合等。所以，体育赛事企业的市场运作行为和协作配合态度在体育赛事旅游目的地发展中具有重要的地位和作用。

体育场馆运营机构是指管理和运营体育场馆的个人或组织，体育场馆既是体育赛事资源的重要组成部分，也是吸引赛事旅游者的重要吸引物。因此，赛事举办地体育场馆运营者的水平、对赛事旅游价值的认同程度以及发展赛事旅游的意愿直接影响体育赛事旅游目的地的发展状况。

旅游服务企业主要指满足体育赛事旅游者行、食、住、购、娱五要素基本需求的交通、餐饮、宾馆、零售、娱乐等服务企业。"游"是指以参与或观赏体育赛事为首要动机的旅游活动，是赛事旅游目的地的核心部分和主导要素。"行、食、住、购、娱"是赛事旅游的配套要素，也是赛事旅游活动中不可缺少的一部分。旅游服务企业是体育赛事旅游活动中的纽带和桥梁，它们为体育赛事旅游者提供优质的服务，能招揽更多的顾客、创造更多的经济效益，是体育赛事旅游目的地发展的重要合作者。

四 赛事旅游目的地居民

体育赛事旅游目的地居民是在体育赛事旅游目的地特定的地域内，

以一定的社会关系为纽带，以同质的人口为主体，属于同一个集体的一群人。在我国许多旅游目的地的开发中，越来越多的社区居民正在冲破各种来自其他方面的利益相关者障碍，而成为真正的利益主体[①]。作为体育赛事旅游目的地的利益相关者，他们希望在体育赛事旅游企业中以从事固定职业的方式参与体育赛事旅游目的地的发展，从而实现谋求经济利益、提高收入水平、增加就业机会的目的。体育赛事旅游目的地要想获得可持续发展，必须将当地居民列入核心利益分配中，让大部分当地居民的利益诉求得到最大限度的满足，这样有利于消除体育赛事旅游目的地的潜在阻碍。当地居民在体育赛事旅游目的地发展中不仅是积极的参与者，而且是利益的受益者，更是核心利益的相关者。

第三节 体育赛事旅游目的地核心利益相关者的利益诉求与冲突分析

体育赛事旅游目的地发展过程中存在相互依存、相互影响的多个利益相关个人、群体或者组织。根据利益相关者理论，不同利益相关者的利益诉求指向不同，某一利益相关者的利益诉求的实现有可能影响另一利益相关者的利益诉求的获得，更准确地说，由于不同利益相关者的自利性倾向及其对利益诉求的过度追求，可能会产生不同利益相关者之间的利益冲突，如果这些利益冲突不能得到协调和有效的解决，将会影响体育赛事旅游目的地的可持续发展。因此，对相互影响较大的体育赛事旅游目的地核心利益相关者的利益诉求和利益冲突进行分析研究，是解决体育赛事旅游目的地利益相关者问题的关键。现将体育赛事旅游目的地核心利益相关者的利益诉求和利益冲突分析如下。

---

① 杨建美：《社区与旅游的整合研究——以昆明市团结乡龙潭村为例》，云南师范大学硕士学位论文，2003。

一　四个利益诉求

核心利益相关者各自的本质属性和特点决定了各自利益诉求的差异性。本书根据不同划分维度总结了其主要利益诉求（见表3-1）。

表3-1　核心利益相关者的主要利益诉求

类别	不同维度的主要利益诉求
赛事旅游目的地政府及其职能部门	政治利益：公共形象和决策管理能力 经济利益：发展当地经济、增加地方税收、保障赛事旅游企业的长期生存和发展 当前利益：改善地方的基础设施、增加就业机会 长远利益：提高当地居民的满意度、支持度、参与度
赛事旅游企业	经济利益：追求经济利益的最大化 长远利益：渴望良好的政策环境 精神利益：提升企业的品牌形象
赛事旅游目的地居民	经济利益：共享体育赛事旅游的经济收益和社会福利、获得更多就业机会，改善个体经济状况、提高生活质量 社会利益：期待基础设施、教育、治安等社会环境的改善 长远利益：希望参与经营活动、保护当地传统文化习俗和自然环境
赛事旅游者	精神利益：获得满足需求的赛事旅游产品及服务、高质量的赛事旅游体验、精神和文化享受 共同利益：赛事旅游目的地政府及其职能部门提供良好的旅游环境和氛围、赛事旅游企业提供物美价廉的产品，与赛事旅游目的地居民友好相处

（1）赛事旅游目的地政府及其职能部门的利益诉求

赛事旅游目的地政府及其职能部门在整体利益诉求上与体育赛事旅游目的地的发展目标是基本一致的，既希望通过体育赛事的举办和体育赛事产业与旅游业的融合发展，优化资源配置，实现赛事旅游目的地社会、经济、环境持续协调发展。从政治利益诉求看，体现为提升政府及其职能部门公共形象和决策管理能力。从经济利益诉求看，体现为增强旅游目的地市场的竞争力，带动当地经济的发展，增加地方税收，保障赛事旅游企业的长期生存和发展。从当前利益诉求看，体现为改善地方的基础设施、为赛事旅游目的地居民提供更多的就业机会。从长远利益诉求看，提高当地居民对体育赛事旅游的满意度、支持度、参与度等，稳定社会秩序。

（2）赛事旅游企业的利益诉求

从经济利益诉求看，经济利益诉求是赛事旅游企业最核心的利益诉求，企业生存与发展的根本是经济效益，因而赛事旅游企业的经营活动大部分建立在实现利润最大化的过程中。从长远利益诉求看，体现为政府提供宽松的政策环境、采取有效措施规范不正当竞争、赛事旅游目的地居民支持并参与赛事旅游企业的经营活动、提供赛事旅游企业需要的人力资源。从精神利益诉求看，体现为通过提升赛事旅游者满意度，进而不断提升赛事旅游企业的品牌形象。

（3）赛事旅游目的地居民的利益诉求

赛事旅游目的地居民是赛事旅游目的地发展的参与者和受益者，他们的满意度、支持度、参与度直接影响体育赛事旅游目的地的可持续发展。从经济利益诉求看，体现为共享体育赛事旅游的经济收益和社会福利，获得更多的就业机会，改善个体经济状况，提高生活质量。从社会利益诉求看，体现为期待赛事旅游业发展带动的基础设施、教育、治安等社会环境的改善。从长远利益诉求看，体现为希望参与体育赛事旅游目的地的经营活动，同时保护当地传统文化习俗和自然环境。

（4）赛事旅游者的利益诉求

赛事旅游者是赛事旅游产品的需求方，体育赛事旅游目的地经济效益的实现，根本上取决于赛事旅游者的满意度和消费的规模、结构和水平。从精神利益诉求看，体现为赛事旅游者获得满足需求的赛事旅游产品及服务、高质量的赛事旅游体验、精神和文化享受。从共同利益诉求看，体现为赛事旅游目的地政府及其职能部门能够提供良好的旅游环境和氛围，赛事旅游企业提供以赛事旅游者利益为导向的物美价廉的赛事旅游产品和优质的旅游服务，与赛事旅游目的地居民友好相处。

二 六组利益冲突

体育赛事旅游目的地是各利益相关者相互交织的复杂系统，不同利益相关者的利益诉求不同。体育赛事旅游目的政府及其职能部门利益诉求为发展当地经济和展示决策管理能力，赛事旅游企业利益诉求为实现经济利益的最大化，赛事旅游者利益诉求为获得高质量的赛事旅游体验，赛事旅游目的地居民利益诉求为共享赛事旅游的经济收益和社会福利。各利益相关者在追逐自身利益的过程中必然会产生利益冲突，对于体育赛事旅游目的地核心利益相关者的利益冲突分析（见图3-4）是本书提出体育赛事旅游目的地核心利益相关者管理的重要依据。

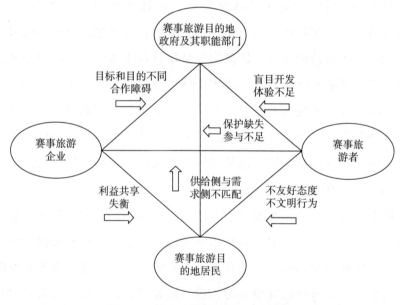

图 3-4　核心利益相关者的利益冲突

（1）赛事旅游目的地政府及其职能部门与赛事旅游企业

体育赛事旅游目的地政府及其职能部门与赛事旅游企业之间具有相互依存、相互影响的关系。赛事旅游目的地政府及其职能部门对赛事旅游业发展目标的实现离不开赛事旅游企业运营的成功，而赛事旅游企业的成功运营更需要赛事旅游目的地政府及其职能部门提供政策法规等方面的支持与保障。但是赛事旅游目的地政府及其职能部门与赛事旅游企业在体育赛事旅游目的地发展的目标和目的上存在分歧。具体而言，赛事旅游目的地政府及其职能部门具有宏观调控的功能，其主要目的是改善赛事旅游目的地经济发展条件，提高资源的综合使用效率，增加赛事旅游目的地居民就业，提高经济收入。因此，赛事旅游目的地政府及其职能部门就会对赛事旅游企业的经营活动进行监督，要求它们在追求经济利益最大化的前提下，具有社会责任感。赛事旅游目的地政府及其职能部门追求的是经济效益、社会效益和生态效益的全面协调发展。然而，赛事旅游企业追求的是经济效益并尽可能实现利益的最大化，它们更多地考虑投入与利润，之后才考虑社会效益和生态效益。因此，在体育赛事旅游目的地发展过程中，赛事旅游目的地政府及其职能部门与赛事旅游企业的冲突主要表现为它们在发展目标和目的上不同。

（2）赛事旅游目的地政府及其职能部门与赛事旅游目的地居民

赛事旅游目的地政府及其职能部门与当地居民之间存在保护与支持的关系。赛事旅游目的地政府及其职能部门是当地居民合法权益的保护者和切身利益的代表者，而赛事旅游目的地政府及其职能部门赛事旅游决策的良好实施和执政业绩的提升也离不开当地居民的支持。部分赛事旅游目的地政府及其职能部门在招商引资中存在遗漏给予赛事旅游目的地居民政策扶持和补贴政策的情况。赛事旅游目的地居民缺少与赛事旅游目的地政府及其职能部门的有效沟通渠道，参与体育赛事旅游目的地发展的渠道不畅通。这可能使他们感到没有得到足够的重视和平等对待，因而对参与体育赛事旅游目的地发展的积极性不高。因此，赛事旅游目的地政府及其职能部门对当地居民的利益保护缺失与体育赛事旅游目的地居民对体育赛事旅游目的地发展的参与不足是它们之间存在的主要的利益冲突。

（3）赛事旅游目的地政府及其职能部门与赛事旅游者

赛事旅游目的地政府及其职能部门认识到体育赛事旅游业的快速发展能够给当地经济发展带来机遇，囿于科学决策、前期规划设计、科学评估等能力的不足，较易出现盲目开发、赛事旅游产品及服务同质化过高的情况。某些赛事旅游目的地政府及其职能部门的管理和服务水平还不能适应在体育赛事举办期间由于大规模的赛事旅游者的集聚所造成的拥挤现象，赛事旅游者未能获得高质量的旅游体验。因此，赛事旅游目的地政府及其职能部门的决策和管理水平与不能满足赛事旅游者对高质量的赛事旅游体验的需求是它们之间主要的利益冲突。

（4）赛事旅游企业与赛事旅游目的地居民

赛事旅游企业在体育赛事旅游目的地开发和经营过程中为当地居民提供了一定的就业机会和经济收入，同时当地居民的传统特色文化所形成的赛事旅游软环境也有利于赛事旅游企业的开发和经营，它们之间存在互利和共享的关系。但是，有些赛事旅游企业在经济效益最大化的驱使下，易忽略赛事旅游目的地居民的实际利益，较少优先雇用当地居民和给予当地居民承包饭店、旅游设施等的优惠，这可能使赛事旅游目的地居民产生不满情绪。部分赛事旅游目的地居民利用熟悉地域环境的优势，可能做一些影响赛事旅游企业和体育赛事旅游目的地形象的不当行为。因此，赛事旅游企业与赛事旅游目的地居民之间利益共享失衡的现象是它们之间主要的利益冲突。

（5）赛事旅游企业与赛事旅游者

赛事旅游企业与赛事旅游者的关系是通过赛事旅游产品和服务的需求与供给来体现的。其中赛事旅游企业根据赛事旅游者的偏好和需求开发赛事旅游产品，为赛事旅游者提供服务，从而获得利益。同时，赛事旅游者获得高质量的赛事旅游体验，满足精神和物质需求，让渡货币价值，二者的双向需求得以实现。在此过程中，赛事旅游者会对赛事旅游产品和赛事旅游企业服务水平的满意度形成一种积极的反馈，提升体育赛事旅游目的地的形象，促进赛事旅游企业的发展。但是，部分赛事旅游企业过度追求自身利益，在缺乏科学规划和调研、没有深度挖掘当地特色的文化资源的情况下，移植或复制其他地区的文化特色，使得体育赛事旅游目的地开发建设中缺乏当地文化特色，赛事旅游产品过度商业化，这些都可能造成赛事旅游者对赛事旅游企业经营的不满。此外，由赛事旅游企业提供的赛事旅游设施、线路、讲解、娱乐活动、购物活动等，都是体育赛事旅游目的地服务质量的核心要素，也是影响赛事旅游者体验的重要因素。可见，赛事旅游企业期望经济利益最大化与赛事旅游者期望获得高质量的旅游体验之间的供需不匹配矛盾是二者主要的利益冲突。

（6）赛事旅游目的地居民和赛事旅游者

赛事旅游目的地居民的生活方式、传统文化被看作体育赛事旅游目的地的核心吸引物，能满足赛事旅游者的精神文化需求。赛事旅游目的地居民通过出售富有赛事旅游目的地文化特色的产品和服务获得相应的回报。但是，为了获取较高的利润，部分赛事旅游目的地居民可能采取不正当手段赚取收益，在交易中可能存在诚信缺失现象，严重损害赛事旅游者的利益。有些赛事旅游者的不文明行为对赛事旅游目的地文化与环境造成损害，引发赛事旅游目的地居民的不满和抵触情绪，直接影响赛事旅游者的旅游体验以及对赛事旅游目的地的感知和印象。因此，体育赛事旅游目的地居民的不友好态度与赛事旅游者的不文明行为之间的矛盾是二者的主要利益冲突。

第四节　体育赛事旅游目的地核心利益相关者
均衡管理机制

通过对体育赛事旅游目的地核心利益相关者利益诉求和利益冲突

的分析，发现只有深入分析它们相互间利益冲突产生的根源，才能构建体育赛事旅游目的地核心利益相关者管理机制，进而推动体育赛事旅游目的地可持续发展。

分析体育赛事旅游目的地核心利益相关者利益诉求与冲突产生的根源，对于构建体育赛事旅游目的地核心利益相关者管理机制具有前提性意义。目前核心冲突的根源归纳起来主要有以下四个方面。

第一，核心利益相关者的自利性和赛事旅游资源的稀缺性。体育赛事旅游开发改变了目的地原有的利益主体格局，新利益主体的加入不仅改变了体育赛事旅游目的地核心利益相关者的数量，也从根本上改变了核心利益相关者的地位和关系结构。体育赛事旅游资源本身具有稀缺性的特点，各核心利益相关者在满足自身利益诉求的本能驱使下，争夺有限的体育赛事旅游资源，会不可避免地引发不同程度的冲突。

第二，赛事旅游目的地政府及其职能部门主导作用的局限性和滞后性。赛事旅游目的地政府及其职能部门具有协调、立法、规划、投资等方面的职能，在体育赛事旅游目的地发展中拥有不可替代的主导地位，但是这并不意味着赛事旅游目的地政府及其职能部门的主导作用是万能的。首先，当赛事旅游目的地政府及其职能部门面对信息不足或信息扭曲时，就会导致理性有限，引发决策失误。其次，赛事旅游目的地政府及其职能部门认识问题、制定决策以及执行的过程具有滞后性。从问题的产生到被纳入关注视野，从被政府认识到最后给出解决方案，从政策公布到付诸实施都需要时间，所以当赛事旅游目的地政府及其职能部门真正意识到某一问题时，这一问题可能已经引发了冲突。

第三，赛事旅游者和赛事旅游目的地居民的利益诉求缺乏有效的表达渠道。从我国实践来看，大部分体育赛事旅游目的地的发展主要采用政府主导模式，赛事旅游者和当地居民很少有机会参与到体育赛事旅游目的地的发展规划当中。体育赛事旅游目的地发展政策和管理信息不对称导致最终获得的经济和社会收益与预期相差甚远。赛事旅游者根本需求的满足和当地居民的支持和参与是体育赛事旅游目的地可持续发展的重要组成部分，缺乏顺畅的表达渠道和沟通平台，使赛事旅游目的地政府及其职能部门和赛事旅游企业在政策规划、决策制定、产品开发中忽略当地居民的合法权益，引发利益冲突。

第四，缺乏有效的监督和管理机制。由于体育赛事旅游目的地核心利益相关者利益诉求的多元化，利益冲突日益增多。有效的监督和管理机制可以引导体育赛事旅游目的地各核心利益相关者建立统一的目标体系，形成公平参与、分配和利益交换的机制，寻找广泛的利益共同点，减少相互之间的机会主义行为，促进体育赛事旅游目的地良性可持续发展。

我们要从根本上解决体育赛事旅游目的地核心利益相关者的利益冲突问题，就必须从根源下手，通过制度安排和机制创新，引导核心利益相关者合理选择利益目标，自觉调整利益诉求，严格规范利益行为，科学理性处理利益关系，最终实现均衡的利益格局和利益秩序。因此均衡的管理理念在构建管理机制的过程中十分重要。均衡理念是指在资源的配置过程中，当没有谁可能在不损害他人福利的前提下进一步提升自己的福利时，即达到了均衡的状态。显然，在现实的体育赛事旅游目的地发展过程中，各核心利益相关者的博弈并不一定是均衡状态，由于各核心利益相关者的利益诉求存在矛盾和冲突，引发核心利益相关者之间的非合作博弈。为了尽可能减少体育赛事旅游目的地可持续发展过程中核心利益相关者的利益冲突，应该遵循均衡原则。若要实现各核心利益相关者利益的相对均衡，必须通过创新性的制度安排和机制设计确保每个核心利益相关者的利益诉求保持在合理的范围内，在利益相对均衡的基础上有效地激发各核心利益相关者的权力意识及参与体育赛事旅游目的地良性发展的积极性和主动性。因此，利益均衡原则是体育赛事旅游目的地管理的基本原则。

利益相关者管理是指企业的经营者为综合平衡各个利益相关者的

利益诉求而进行的管理活动，即企业的经营管理活动要为综合均衡各个利益相关者的利益需求而进行。从系统论的观点看，体育赛事旅游目的地与其利益相关者构成了一个完整的有机系统，其运营和发展有赖于系统内各利益相关者的支持。每个利益相关者的利益最大化不等于体育赛事旅游目的地系统的整体利益最大化。依据利益均衡的原则，实施体育赛事旅游目的地核心利益相关者管理的目的就是促进体育赛事旅游目的地系统的整体利益最大化。结合利益相关者管理理论，本书认为体育赛事旅游目的地核心利益相关者管理是指：为了平衡体育赛事旅游目的地发展过程中各核心利益相关者的利益诉求，追求所有核心利益相关者的整体利益和体育赛事旅游业的综合效益而进行的管理活动。其强调以下三方面的特征：利益相关者的多元化特征、运作方式的协同特征、目标的可持续特征。其根本目的是鼓励各核心利益相关者在利益均衡的基础上通过沟通交流、谈判协商，最终满足各自的利益诉求，从而实现体育赛事旅游目的地均衡管理的目的。

依据各核心利益相关者在体育赛事旅游目的地发展中的不同角色定位及利益诉求特征，构建体育赛事旅游目的地核心利益相关者利益均衡管理机制（见图3-5）。

体育赛事旅游目的地核心利益相关者利益均衡管理机制的核心理念是建立以赛事旅游目的地政府及其职能部门为引导，赛事旅游企业执行，赛事旅游目的地居民参与，赛事旅游者满意的利益共赢共同体。在制度安排和机制创新上具体表现为加强利益沟通机制，实现利益协调机制，健全利益补偿机制，完善利益监控机制。只有这样才能在各核心利益相关者之间建立一种平衡关系和制约机制。

一 加强利益沟通机制是利益均衡管理的前提

体育赛事旅游目的地核心利益相关者的沟通是有效管理的前提，通过沟通桥梁的建立，利益相关者可以有效了解对方的利益诉求、关注

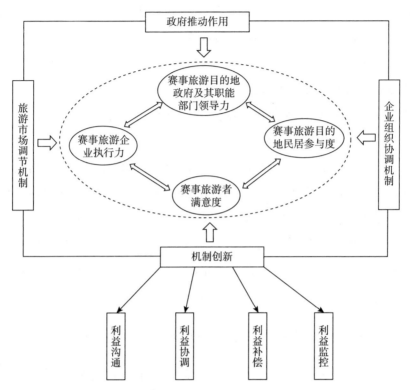

图 3-5　核心利益相关者利益均衡管理机制

焦点和真实意图。在充分沟通的基础上，通过一致的利益目标，协调利益相关者之间存在的问题，实现体育赛事旅游目的地系统的整体利益最大化。为此，赛事旅游目的地政府及其职能部门应该设置专门的机构或建立规范化、制度化的反馈渠道，不断地拓展各核心利益相关者利益的制度化表达空间，积极主动地与利益相关者沟通，回应他们的诉求并将他们的利益诉求整合到体育赛事旅游目的地管理的具体工作中。在具体的制度安排上应力求兼顾多重利益，特别是赛事旅游目的地居民和赛事旅游者等群体的利益。

二　实现利益协调机制是利益均衡管理的关键

在体育赛事旅游目的地核心利益相关者利益均衡管理机制中，协调的含义更加宽泛，更多地强调各核心利益相关者通过发挥合作的协同效应实现各自利益诉求和整体利益的最大化。例如，在旅游目的地的基础设施和环保建设方面，赛事旅游目的地政府及其职能部门、赛事旅游目的地居民和赛事旅游企业可以通过协调机制，把基础设施和环保建设与旅游目的地的体育赛事旅游开发和运营联系起来，各核心利益相关者可以在资源共享、体育赛事旅游产品线路开发、旅游目的地形象塑造、体育赛事旅游市场营销与推广等方面协调合作。赛事旅游目的地政府及其职能部门和赛事旅游企业根据赛事旅游者的需求对赛事旅游产品和服务进行调整，赛事旅游者又可以把自己的需求状况、对赛事旅游目的地的形象感知等情况反馈给赛事旅游目的地政府及其职能部门和赛事旅游企业，以促进体育赛事旅游目的地的形象定位、产品线路设计和营销推广等管理活动的有效实施。

三　健全利益补偿机制是利益均衡管理的重点

利益补偿机制是指在体育赛事旅游目的地发展过程中通过向利益相关者中的弱势群体提供适当的利益补偿以改善其生存状况，实现强弱势群体之间利益大体均衡，使各利益相关者可以用相对平和的心态展开协调合作，最终实现"合作共赢"[1]。例如，当赛事旅游者受到欺诈行为的侵害或人身安全受到侵害时则需要赛事旅游目的地政府及其职能部门或赛事旅游企业等相关责任人对其进行补偿。赛事旅游目的地居民是利益补偿的重要对象，由于他们在体育赛事旅游目的地发展中处于弱势地位，在体育赛事旅游决策、监督、参与等方面均处于不利地位，利益诉求容易受到侵害。因此，赛事旅游目的地政府及其职能部门和赛事旅游企业应该通过提供技能培训、现金补充、提供参与体育赛事旅游经营机会等方式对其进行补偿。

---

[1]　王兆峰、腾飞：《西部民族地区旅游利益相关者冲突及协调机制研究》，《江西社会科学》2012 年第 1 期。

四 完善利益监控机制是利益均衡管理的根本

在体育赛事旅游目的地运行和发展过程中，由于每个利益相关者的利益诉求不一致，利益冲突始终存在，例如，赛事旅游企业对旅游目的地过度开发造成的环境破坏问题、赛事旅游目的地政府及其职能部门的"政府失灵"问题、市场资源的恶性竞争问题等。因此，赛事旅游目的地政府及其职能部门应从维护各核心利益相关者的利益出发，建立有效的行为监控机制，将每个核心利益相关者的行为置于合理的制度与规范的约束之下，同时加强核心利益相关者以外的非政府组织的协调力量。非政府组织是指由社会学家、经济学家及专业技术人员等组成的民间社会团体①。非政府组织往往具备两个功能，即提供服务与政策倡导。提供服务是指非政府组织以资金支持、技术援助、教育培训等方式为体育赛事旅游目的地带来更多的发展。政策倡导意味着非政府组织可以通过专业分析和专业数据提供建议、咨询，并参与体育赛事旅游目的地发展政策的制定，进而对体育赛事旅游目的地政治、经济、社会等方面的政策产生积极而深远的影响。非政府组织进一步保证了利益相关者中弱势群体的利益不被侵犯，同时提高了体育赛事旅游目的地核心利益相关者管理的有效性和可行性。

小 结

体育赛事旅游目的地的利益相关者之间存在不同利益诉求和利益冲突，核心利益相关者之间的利益诉求和利益冲突影响着体育赛事旅游目的地的良性有序发展。本章主要基于利益相关者理论，从"人"的视角解决了三个问题。

---

① 黄海珠：《民族旅游多元利益主体非和谐因素探讨——以广西龙胜平安村为例》，《广西社会科学》2006 年第 10 期。

　　首先，确定了我国体育赛事旅游目的地利益相关者的定义，它可以分为核心利益相关者、蛰伏利益相关者、边缘利益相关者三类。其中，核心利益相关者是体育赛事旅游目的地发展不可缺少的群体，与体育赛事旅游业有着紧密的利害关系，甚至可以直接左右体育赛事旅游目的地的生存和发展。它包括赛事旅游目的地政府及其职能部门、赛事旅游者、赛事旅游企业、赛事旅游目的地居民。

　　其次，通过对各核心利益相关者的识别和定位，对核心利益相关者的四个利益诉求和六组利益冲突的表现进行了详细分析，从利益诉求和利益冲突两方面明确了体育赛事旅游目的地核心利益相关者出现的问题与矛盾，为进一步理清现实中纷繁复杂的现象，提出核心利益相关者均衡管理理念提供前提。

　　最后，提出以均衡管理理念构建体育赛事旅游目的地核心利益相关者管理机制的思想，通过加强利益沟通、实现利益协调、健全利益补偿、完善利益监控，从核心利益相关者管理角度推动体育赛事旅游目的地可持续发展。

第四章

"地"——体育赛事旅游空间研究

本章将回答研究目标中的第二组问题中有关"地"视角的问题。为此本章首先从赛事旅游空间的视角明确其构成要素和相互关系。然后进一步从各要素的成长和作用关系中探究体育赛事的举办推动赛事旅游空间发展演变的过程和赛事旅游空间的发展模式，以期更透彻地研究赛事旅游空间发展中的内在规律，为后续发展对策的提出提供依据。

第一节　体育赛事旅游空间及构成要素的识别

从人文地理学视角解释，空间是在世界活动的人的反映，通过人的活动，空间被赋予意义。空间之所以能够成为旅游空间，主要是因为空间包含各种事件的累积。这些累积记载在一些物质载体上或形成某种精神风貌成为人们延续历史传统的一部分，同样也成为旅游资源或旅游产品。这种空间逐渐演化为具有旅游价值的空间，即旅游空间。旅游空间主要体现在为满足旅游者观光游览、参与体验等旅游需要，所划分的自然和社会的特定区域。

大型体育赛事作为旅游目的地的特殊事件，其举办往往带来物流、人流、信息流的集聚。具体而言，赛事专项资金的投入促进了当地的基础设施建设，完善了内外交通，集聚了服务产业。体育赛事作为特殊的旅游吸引物，吸引了旅游者在短时间内的高密度集聚。这些旅游空间要素形成、变化的过程，对旅游目的地旅游空间的发展具有极大的调节作用，同样也带来体育赛事举办地城市旅游空间即体育赛事旅游目的地旅游空间的产生与不断发展。本书认为体育赛事旅游目的地旅游空间是指体育赛事旅游活动在地理空间上的反映，它包含具有赛事旅游意义的实体（如体育赛事场地和场馆、体育赛事综合体等）与赛事文化的实体空间，体现了赛事旅游活动的空间属性和相互关系，为旅游者提供观赏和体验体育赛事、体育休闲、旅游参观等服务，简称赛事旅游空间。

研究旅游空间结构必须首先以认识和判断旅游空间结构的构成要素为基础。总结已有研究，学者们并未对旅游目的地旅游空间构成的基本要素形成统一的认识，针对旅游目的地旅游空间构成要素，众多国内外学者提出了各自的看法和观点。Gunn 提出旅游目的地旅游空间系统应包含四个要素，即吸引物、服务社区、区内通道及对外通道[1]。Pearce 认为旅游目的地旅游空间应包括五大要素，即吸引物、支持设施、基础设施、交通及住宿[2]。卞显红提出城市旅游空间构成包含六种基本要素，分别为目的地区域、旅游节点、旅游区、旅游客源市场、旅游循环线路及旅游出入通道[3]。"三体"理论[4]认为一个完整的旅游目的地旅游空间系统应该包含主体（旅游者）、客体（如旅游吸引物等一切能够满足旅游者需求的客观物质实体）以及媒体（旅客、资金、信息等要素进出的载体及通道），"三体"理论从哲学层面为研究赛事旅游空间提供了研究基础。首先，"三体"理论是对已有研究的概括和总结，作为旅游空间系统构成要素研究的集大成者，清晰明了地从哲学思

---

[1] Gunn, C. A., *Vacation Scape: Designing Tourist Region* (Lodon: Taylon & Francis Press, 1988), pp. 128-156.

[2] Pearce, D. G., "Form and Function in French Resorts," *Annals of Tourism Research* 5 (1), 1978: 142-156.

[3] 卞显红：《城市旅游空间结构及其空间规划布局研究》，南京师范大学硕士学位论文，2002.

[4] 吴必虎：《旅游系统：对旅游活动与旅游科学的一种解释》，《旅游学刊》1998 年第 1 期。

辨的角度展现了旅游空间要素的应有构成；其次，体育赛事旅游目的地
是旅游目的地中的特殊类型，其空间构成要素应具有普通旅游目的地
空间的基本特征；最后，"三体"理论更容易清晰明了地呈现体育赛事
作为核心吸引物在赛事旅游空间构成和发展过程中的重要作用。因此，
界定体育赛事旅游空间的基本构成要素应从主体、客体、媒体出发，体
育赛事旅游空间构成要素应包含旅游者、旅游吸引物、旅游企业及旅游
通道（见图 4-1）。以下将对体育赛事旅游空间各构成要素进行详细阐
述，并说明各要素在旅游空间演变过程中的作用。

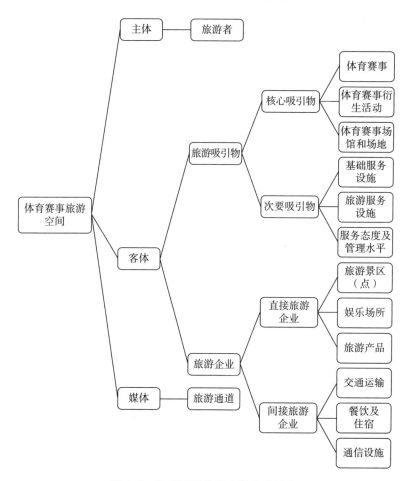

图 4-1　体育赛事旅游空间构成要素

一 旅游者

目前旅游者的定义很难统一，但旅游界普遍认为旅游者是由于就业和移民以外的因素，暂时离开常驻地去异地访问的人，是以获得精神愉悦体验为目的的特定人群。体育赛事旅游者是以观赏或参与某项体育赛事为动机，暂时离开常驻地前往体育赛事举办地，在此期间进行游览、娱乐、消遣等相关旅游活动的特定人群。从体育赛事的角度，这些人被称为"赛事观众"或者"体育赛事旅游者"，从旅游的角度则统称为"旅游者"。旅游者是体育赛事旅游目的地最基本的组成要素，引领赛事旅游目的地旅游空间的发展。他们的需求变化对体育赛事及相关旅游活动的开展、赛事旅游空间内企业提供产品种类的增加和服务质量的提升、旅游通道的逐步完善均起着主导作用。

体育赛事旅游空间作为满足旅游者赛事旅游需求的客观物质实体，其构成要素的演变和发展均围绕旅游者展开。体育赛事具有促进人们身心放松、健身休闲和自我实现等功能，激发旅游者产生观赏或参与体育赛事的动机，体育赛事的产品价值、服务价值以及旅游目的地吸引物特性等都对旅游者产生吸引作用，旅游者对体育赛事旅游空间产生的作用正是基于旅游者内在需求推动力和赛事外在吸引力的共同作用而发挥的。体育赛事旅游空间中的客体及媒体的重构均以激发旅游者消费需求、提升旅游者在体育赛事旅游活动中的体验为导向。在体育赛事的举办过程中，面对数量庞大的旅游者及多样化的旅游者需求，为了给旅游者提供良好的参与和观赏赛事体验，需要加强酒店、餐厅、交通枢纽、购物等服务设施及体育赛事场馆场地建设，需要不断完善出入赛事旅游空间的通道等。这些基于满足旅游者消费需求所进行的一系列规划与布局，都将对体育赛事旅游空间的形成与发展产生积极的影响。

二　旅游吸引物

体育赛事旅游吸引物包括体育赛事、体育赛事衍生活动、体育赛事场馆和场地以及能够体现体育赛事文化内涵的其他事物，是赛事旅游目的地旅游吸引物体系中的重要组成部分。具体来讲，体育赛事旅游吸引物系统涵盖两个方面，一是核心吸引物，即体育赛事、体育赛事衍生活动、与赛事元素紧密结合极具现代建筑艺术风格和观赏价值的体育赛事场馆和场地；二是次要吸引物，即提升满意度及愉悦度的其他服务要素，包括赛场内外基础服务设施、赛场周边旅游服务设施、工作人员的服务态度及管理水平等。

由于核心吸引物所依托的体育赛事资源具有差异性，所以形成的体育赛事旅游空间也具有不同特色，本章大体将核心吸引物资源分成最常见的五类。第一，体育赛事资源，又可将参与方式分为"观赏型"和"参与型"两种。前者包括"法网""澳网"等拥有百年历史的"固定型"赛事和每4年一届的奥运会、足球世界杯等"流动型"赛事。后者包括世界著名的纽约、柏林、东京马拉松赛事。第二，体育传统项目资源，如潍坊国际风筝节、玛曲格萨尔赛马大会。第三，自然地理资源，如珠峰、戈壁沙漠、泰山、青海湖和太湖。第四，体育场馆资源，其中有些是通过举办多种比赛从而具有特殊意义的场地，有些则是具有参观游览价值的历史遗迹或文化园区。前者如鸟巢，后者如古希腊奥林匹克遗址、北京奥林匹克园区等。第五，如果说前四类都是基于"单一资源"的核心吸引物资源，那么还有基于赛事、传统项目、自然条件等"复合资源"的核心吸引物资源，如欧洲、北美以及崇礼、亚布力等众多"冰雪胜地"。不同学者对赛事旅游核心吸引物资源的划分会有不同的看法，本书仅呈现实践中最常见的分类。

以体育赛事为核心的赛事旅游吸引物对旅游空间的集聚作用较为显著，此集聚作用主要表现为两个方面。首先，体育赛事场馆在空间上的集聚。专业标准的比赛场馆和赛道是赛事举办的重要物质保障。随着赛事的发展和科技的进步，各项体育赛事的场馆或者场地在不断变迁、重建、拓展，它们开始具备更多的复合属性。休闲娱乐功能的提升、造型和外观的改善使赛事场馆成为举办城市标志性景观建筑物和专业化休闲旅游中心，直接影响体育赛事旅游目的地旅游空间形态（结构）的不断发展和扩展。为举办 2008 年北京奥运会修建的"鸟巢"和"水立方"就是最鲜明的例子。第 29 届奥运会主体育场"鸟巢"能容纳 10 万名观众，看台是一个完整的没有任何遮挡的碗状造型，它就像古罗马的竞技场一样，是比赛和观赛这两种最重要活动的完美结合，赋予了体育场不可思议的戏剧性和无与伦比的震撼力。"水立方"是国家游泳中心，在第 29 届奥运会期间承担游泳、跳水、花样游泳等比赛。它的膜结构在建筑结构中首次出现，创意新奇是世界之最。奥运会结束以后，"鸟巢"和"水立方"也成为知名的旅游吸引物，成为集体育赛事举办、健身、休闲、旅游观光于一体的国际先进水平的体育赛事综合体。在北京奥运会结束后的一年期间，"鸟巢"日均游客量达到 2.3 万人次，共带来 350 万人次的游客和 2.1 亿元的收益。而"水立方"也吸引了 270 万名游客，获得 8000 万元的收益。因北京奥运会举办而修建的"鸟巢""水立方"在北京奥林匹克公园的集聚，对北京城市旅游空间的核心轮廓进行了重塑，进一步提升了北京奥林匹克公园区域空间在北京城市旅游空间发展中的集聚功能。由此可见，体育赛事特别是大型体育赛事的举办，打破了原有旅游目的地旅游空间的格局，促进了旅游目的地旅游空间的重塑与集聚。

其次，旅游目的地旅游产品与服务的集聚。随着旅游目的地旅游经济的不断发展，旅游需求衍生出多样化和层次化的特征。参与或者观赏体育赛事已成为旅游者最基本的旅游需求。因此，体育赛事旅游空间在赛事场馆所形成的基本旅游空间结构的基础上，不断增加富有旅游目的地特色及文化内涵的新的旅游吸引物，围绕体育赛事场馆边缘进行拓展，进而形成既能满足旅游者赛事需求又能满足休闲娱乐需求双重功能的空间。

墨尔本公园是澳网公开赛和奥运会网球比赛举办地。它与周边的墨尔本奥林匹克城联动开发，吸引了周边包括音乐广场、板球场、国家体育博物馆在内的众多休闲娱乐主体的集聚，形成旅游目的地中极具代表性的休闲娱乐旅游空间。山东省日照市以打造"水上运动之都"为契机，采取体育赛事景观与城市景观融合发展的战略，规划了占地39.2平方千米的奥林匹克水上运动公园，成为我国唯一能够同时举办海洋、湖泊和室内水上项目比赛的体育赛事功能区。通过以世界帆船锦标赛基地、游泳馆等赛事地标式建筑为核心的赛事旅游吸引物，与奥林匹克公园的灯塔景区、万平口海滨生态广场、水上运动基地等城市旅游吸引物的集聚发展，日照市旅游空间从海滨延伸到城市的中心，形成了立体化城市旅游空间，城市旅游空间开始朝着标识化、规模化、复合化和多功能化的方向发展。

三 旅游企业

旅游企业是旅游空间领域不可缺少的客体，它最主要的功能是满足旅游者的多种需求，尤其是提供各类体育赛事旅游产品和服务。按照提供产品和服务的类别，可以分为两大类：一是直接旅游企业，提供各类旅游产品和服务；二是间接旅游企业，提供与旅游者需求相关的其他产品和服务。旅游企业通过向旅游者提供产品和服务，丰富旅游者在观赏或参与体育赛事以外的旅游体验，已经发展成为旅游目的地旅游空间不可缺少的重要元素之一。

在体育赛事旅游空间形成过程中，旅游企业的集聚作用主要表现为，提升旅游者在赛事旅游空间内满足旅游需求的能力，如了解周边旅游景点的旅游信息，满足食、住、行、购、娱等多样化的需求，且该集聚作用的形成是一个渐进发展的过程。体育赛事旅游空间形成初期，体育赛事旅游吸引物系统吸引力较弱，这一阶段旅游企业的集聚往往是政府管理部门或行政部门的主导性集聚，其目的在于通过政府的主导作用更大程度地提高体育赛事旅游目的地对旅游者的吸引力。政府会通过专项财政资金着力完善基本的赛事旅游服务设施，如市政交通线路的铺设、体育场馆和赛道的建设等。体育赛事旅游空间形成中期，随着体育赛事旅游吸引物系统吸引力的不断增强，旅游者的数量不断增加，体育赛事旅游空间中的旅游者在体育赛事体验活动中产生了对食、住、行、购、娱等更高层次的需求，而这些需求则导致以市场盈利为主要目的的旅游企业的自发集聚，由于资本和企业的逐利性，赛事旅游企业开始更多地投入人力、物力和财力。例如，法网公开赛举办地罗兰加洛斯球场周边设有不同档次的酒店，旅游者可以根据自身住宿需求选择最合适的酒店。体育赛事旅游空间形成后期，由于赛事旅游吸引物系统强大的集聚作用，协同的系统规划开始出现，如山东省日照市对东部海岸和奥林匹克水上公园的各项功能进行了系统规划，该公园具备水上运动风格的地标式酒店，建设有集景观和生活服务功能于一体的潮汐塔，配备集餐饮、休闲娱乐和购物服务于一体的购物广场和滨海景观公共配套服务设施，不仅可以为旅游者提供多样化的休闲娱乐体验活动，也可以进一步提升体育赛事旅游目的地旅游空间的吸引力。

四　旅游通道

旅游通道既是体育赛事旅游空间与旅游客源市场的重要通道，也是连接赛事场馆和各类旅游休闲活动区域的重要通道，更是旅游者自由流动的重要通道。旅游者在给定的时间约束下，在旅游交通上消耗的时间越少，游览观光体验的时间就可以越多。在赛事旅游目的地旅游空间发展过程中，旅游交通通达性越好，覆盖的景区、景点的数量就越多，旅游者的数量也就越多。所以公路、地铁、轻轨等现代快速旅游交通通道及设施不仅升级了旅游空间的区位条件和扩大了作用范围，也影响了旅游空间形态结构的扩散。特别在体育赛事举办期间，大规模进出赛事旅游空间的旅游者对交通通道的便捷性与快速程度提出了更高的要求，赛事举办地通过加强空间边缘地铁站和城市公交枢纽的对接，保持旅游通道的畅通。可见便利快捷的立体化旅游交通通道增强了旅游目的地旅游空间的辐射能力，为承办体育赛事、便捷旅游者出行奠定了基础。当然旅游通道并不仅仅指交通通道，也指包含信息、技术等要素在内的所有信息传递和资源交互的载体，如体育赛事信息传播的媒体、电台、自媒体等。

第二节　体育赛事旅游空间要素的内在关联性

体育赛事旅游空间是一个动态的系统，系统内各要素之间的相互影响、相互关联、相互作用，对体育赛事旅游空间的形成与发展起着十分重要的作用。旅游者、旅游吸引物、旅游企业、旅游通道四个基本要素共同作用构成体育赛事旅游空间（见图4-2）。

旅游者是核心要素，一切体育赛事旅游目的地旅游空间要素的布局及其相互作用均以旅游者需求为导向，旅游者是体育赛事旅游空间发展的原始推力。具体而言，旅游者的需求推动了旅游吸引物的不断生成和完善，进而推动了体育赛事旅游目的地的发展。同时旅游吸引物尤其是体育赛事是激发旅游者旅游需求的内源动力，通过观赏和参与体育赛事，旅游者获得愉悦感、休闲感，进而满足自身最根本的赛事旅游需求，旅游吸引物在这样的过程中不断地吸引客源并扩大客源市场。

旅游企业是主要供给者，它以提供旅游产品和旅游服务为主，通过提供与体育赛事文化内涵一致的多样化产品以及其他配套服务，充分满足旅游者不断提升的各类旅游消费需求，提升其在旅游过程中的满意度和重游意向。同时旅游企业的集聚提供了更多的赛事服务和相关旅游服务，完善了旅游吸引物的服务功能，提高了吸引力。旅游吸引物的特殊吸引力也丰富和拓展了旅游企业旅游产品的内涵，增加了产品的品类。

旅游通道作为连接体育赛事旅游者、旅游吸引物以及旅游企业的媒介，为旅游者空间移动以及三者之间信息有效传递提供了保障。市政交通、公路建设、铁路航空等出行设施和工具提高了赛事旅游目的地的可进入性和可到达性，为旅游者的空间位移提供了强有力的保障，也为旅游吸引物的建设和旅游企业物资的运输提供了渠道。此外，信息的传递和流动在旅游者、旅游企业和旅游吸引物中形成信息流，该信息流将来自旅游者的需求传递给旅游企业和旅游吸引物，促进旅游企业赛事旅游产品、服务的升级和旅游吸引物的集聚。同时该信息流也将旅游企业和旅游吸引物的信息传递给外界，以此来提高赛事旅游目的地的吸引力和美誉度。

综上所述，体育赛事旅游目的地的四大构成要素相互影响、相互关联，构成了体育赛事旅游目的地空间，并在这样的互动中促进体育赛事旅游目的地空间的发展。

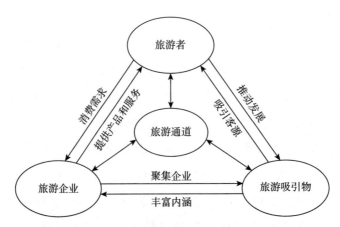

图 4-2　体育赛事旅游空间要素的内在关联性

第三节　体育赛事旅游空间演变

体育赛事旅游空间作为一个动态的系统，是随着旅游者、旅游吸引物、旅游企业、旅游通道等基本要素的发展而发展的。各要素之间作用方式的变化带来体育赛事旅游空间的演变。体育赛事旅游空间各构成要素在不同的发展阶段呈现不同的状态。依据旅游地生命周期理论，旅游目的地生命周期随旅游产品的生命周期同步发展和衰落。因此，旅游目的地要实现不断发展，就要更新换代主导旅游产品，不断满足旅游者的多元化旅游需求。基于以上分析，体育赛事旅游空间与旅游吸引物也经历了由不发达状态逐渐向发达状态过渡，由不成熟向成熟方向演变的过程。本书根据旅游地生命周期理论及体育赛事旅游空间要素不同发展阶段的特征，将目前我国体育赛事旅游目的地旅游空间发展演变过程分为起始阶段、发展阶段、成熟阶段、巩固阶段（见表4-1）。

表 4-1　体育赛事旅游空间发展演变过程

阶段	旅游者	旅游吸引物	旅游企业	旅游通道
起始阶段	简单的观赛需求	体育赛事	政府主导性集聚	外部通道尚未完善
发展阶段	参与体育赛事和赛事文化活动的需求	赛事文化衍生活动不断丰富	政府以主导性集聚为主，企业以自发性集聚为辅	外部通道增多，旅游交通功能逐渐完善
成熟阶段	参与其他休闲娱乐活动、体验活动的需求	多样化休闲娱乐项目出现	企业以自发性集聚为主，政府以主导性集聚为辅	内部和外部通道更加成熟完善
巩固阶段	综合性、多重性体育休闲娱乐体验需求	以体育赛事及体育场馆为核心的综合性旅游吸引物系统形成	企业自发性集聚	形成成熟的内外旅游通道立体网络

一 起始阶段

在起始阶段，体育赛事旅游空间处于发育过程。体育赛事是一种单一的、一次性的事件，本身发展水平较低，影响范围较小。赛事的衍生活动以自发为主，旅游者仅仅单纯地以观看比赛丰富休闲、娱乐生活为主要目的，对体育赛事尚未形成极强的期望值。体育赛事场地和场馆作为体育赛事举办的重要的物质实体，仅作为赛事举办的场地或者场馆，功能单一。该空间内几乎没有旅游服务设施，体育赛事旅游空间内现有旅游企业仅为满足旅游者基本服务需求的餐饮行业，交通通道尚未发展完善。

总体来讲，该阶段的主要特点为：第一，体育赛事旅游空间范围小，区域内赛事旅游吸引物数量少、规模小；第二，体育赛事旅游空间的开发与客源市场以及区域外的旅游景点联系松散，旅游吸引物以体育赛事为主，旅游开发还处于资源与产品共生的阶段；第三，体育赛事旅游空间内的旅游流向单一，交通系统构建不够完善；第四，体育赛事旅游资源综合吸引力较低，吸引远程客源市场的能力远不及吸引近程客源市场的能力，且易受外界环境因素的影响；第五，体育赛事旅游产业链还未完全形成，对区域经济发展的带动作用有限。

二 发展阶段

在发展阶段，随着体育赛事的不断发展，体育赛事吸引力不断提升，赛事文化活动不断丰富。赛事文化内涵的丰富和多样化对旅游者具有更强的吸引力，旅游者参与体育赛事和赛事文化活动的意愿不断提升，不再以观看体育赛事为唯一旅游目的。体育赛事旅游空间内服务设施和旅游企业开始出现自发性集聚。随着旅游者数量的增多，旅游交通功能不断完善，形成多条连接体育赛事旅游空间与旅游客源地市场的外部通道。体育赛事旅游吸引物系统逐步演化形成"次要吸引物"的旅游目的地"中心地"。政府作为提供体育公共服务的主要力量,成为体育赛事旅游空间发展的助推力,积极改善旅游交通状况、加快旅游基础设施建设。

总体来讲,该阶段的主要特点为:第一,体育赛事旅游空间内部旅游者活动范围扩大,赛事旅游吸引物的数量增加,但仍处于分散状态,未形成规模效应;第二,体育赛事旅游空间与客源地及旅游景点、景区的联系加强、可达性增强,但互通性仍然较弱;第三,体育赛事旅游空间内的旅游流仍呈现单向流动的趋势;第四,体育赛事旅游空间内的硬件设施得到完善,同时软件设施也得到增强,但这种完善和增强远远不能满足体育赛事旅游空间在该阶段快速发展的需求;第五;由于赛事旅游吸引物系统吸引力还不够强大,该阶段的赛事旅游客源市场仍以近程客源市场为主,赛事旅游企业规模较小,并呈现"散、弱、差"的局面。

三 成熟阶段

在成熟阶段,旅游者旅游需求呈现多样化的趋势,赛事旅游吸引物系统外延不断拓展。赛事文化活动体系不断完善,赛事精彩程度不断提升,休闲娱乐项目不断出现。逐步形成以体育赛事及赛事文化活动为主体,各类休闲、旅游活动并存的体育赛事旅游吸引物系统。赛事旅游空间逐渐呈现以赛事旅游吸引物为核心向边缘扩散的态势。旅游企业在利益驱动下不断在体育赛事旅游空间内及周边集聚,原有低级简单的服务和设施也逐渐被高级专业的服务和设施取代。赛事的赛后旅游活动初步形成,并在原有的基础上增加了新的旅游吸引物集聚体,连接旅游空间等要素的旅游通道更加成熟完善。

总体来讲,该阶段的主要特点为:第一,由于赛事旅游吸引物的集聚,开始出现品类丰富的集观赛、参赛、休闲、体验于一体的赛事旅游吸引物系统,体育赛事旅游空间内旅游者数量急剧增加,达到赛事旅游容量的临界值，开始出现自然环境和人文环境问题；第二，体育赛事旅游空间内各吸引物通过旅游线路进行连接，开始形成赛事特色旅游线路；第三，体育赛事旅游空间内的旅游流开始呈现交互流动的趋势；第四，体育赛事旅游空间内的"食、住、行、游、购、娱"各类服务企业形成集聚，软硬件服务体系不断完善，体育赛事旅游产业链开始形成，赛事旅游对区域经济发展的带动作用增强，开始逐渐成为区域经济发展的新兴增长点；第五，赛事旅游吸引物吸引力增强，不仅可以吸引近程客源市场，对远程客源市场也具有较强的吸引力。

四 巩固阶段

在巩固阶段，体育赛事旅游空间承担着满足更多旅游者的休闲娱乐需求的作用，成为具有强大吸引力的休闲旅游综合区域。以体育赛事及体育场馆为核心的旅游吸引物系统与周边旅游景点不断互动融合，形成从旅游景点向旅游景区的扩展。旅游者带着观赏或者参与体育赛事、体验休闲娱乐活动的多重旅游目的进入体育赛事旅游空间。随着体育赛事吸引物系统外延的不断拓展，多元化、多样化体育娱乐活动不断成熟，综合性旅游吸引物系统逐渐形成。市场开始在体育赛事旅游空间的发展中起到主导作用，各种类型的旅游企业进一步自发性集聚，各利益相关主体的需求都能得到有效的满足。旅游交通通道逐渐由线到面扩展，体育赛事旅游空间逐渐与其他旅游空间相互联动发展。

总体来讲，该阶段的主要特点为：第一，体育赛事旅游空间内更多的吸引物被建立，更多的景点、景区得到开发，体育赛事旅游吸引物的综合吸引力进一步提高，旅游者人数突破旅游容量临界值，并开始出现环境问题；第二，赛事旅游区域开始统一规划发展，主旅游圈发展完备，次级旅游圈亟待形成，各赛事旅游圈联系日趋紧密；第三，各级旅游圈之间旅游流的集聚和扩散效应得到最大范围的发挥；第四，体育赛事旅游空间内基础设施和路径系统进一步完善，形成了成熟完备的赛事旅游服务网络体系。

综上所述，体育赛事旅游空间因赛事旅游空间构成要素的发展而发展，并在起始阶段、发展阶段、成熟阶段、巩固阶段表现出不同的特点，研究体育赛事旅游目的地的可持续发展需要针对不同的阶段进行针对性的政策制定。

第四节　体育赛事旅游空间的发展模式

体育赛事旅游目的地是不断发展、不断变化的，与此同时体育赛事旅游目的地的空间结构也随之不断地调整，目的是适应这种不断更新过程。体育赛事旅游目的地结构要素在空间上的不同分布与组合，使得体育赛事旅游空间有着丰富多样的内部形态和结构。体育赛事旅游空间在不同发展阶段展现出不同的空间结构特色，因此相应旅游发展的重点以及模式必然存在差别。具体而言，在体育赛事旅游的不同发展阶段，体育赛事旅游资源的分布差异、赛事旅游吸引物系统吸引力大小的不同等因素，会使体育赛事旅游空间结构呈现明显的差异。纵览当今体育赛事旅游空间的发展我们可以看出，主体体育赛事的数量、主体体育赛事之间相互影响的形式、政府是否对体育赛事旅游空间发展进行干预都会影响其发展，形成不同的发展模式和表现形式。因此，要对体育赛事旅游空间的结构进行优化，只有了解其发展过程中存在哪些模式、不同的模式又有何种特殊的表现形式，才能针对不同的模式采取相应的优化措施与发展对策。

一　核心-边缘发展模式

在核心-边缘理论中任何区域的空间系统都可以看作由核心与外围

两个子系统所构成[1]，可以将其分别称为核心区域和边缘区域。在体育赛事旅游目的地，究其根源，核心区域和边缘区域的区别是由体育赛事旅游资源具有普遍地域差异性决定的。这种差异性使某些地域因具有不同于其他地域的优质赛事资源和旅游资源得以被优先开发，因而基础设施和旅游客源基础比其他区域更好。随着赛事旅游资源开发的深入，该区域也往往形成旅游空间集聚态势，具有比边缘区域更强的吸引力、集聚力和竞争优势，逐步形成一定旅游地域空间内的旅游发展中心，而周边旅游资源不具备优势，未得到优先开发的区域相比之下发展就受到抑制，核心-边缘的空间结构就是在这个过程中形成的。随着赛事旅游核心区域的旅游资源进一步深度开发，赛事旅游吸引力进一步提升，硬件设施及基础服务进一步完善，赛事旅游核心区域中的客源、旅游设施、无形资产等形成一定的规模优势，并逐步形成扩散的趋势，旅游吸引物的吸引力逐步增强，使核心区域对边缘区域的旅游带动作用不断加强，核心区域带动边缘区域发展模式的联动效应开始显现。体育赛事旅游目的地的核心-边缘发展模式因赛事旅游资源的分布情况又具体表现为单核驱动发展形式和多核互动发展形式。

1. 单核驱动发展形式的表现

在体育赛事旅游目的地旅游空间的发展中，单核驱动发展形式是指以单一体育赛事为核心，其他赛事旅游空间都依附于核心赛事的旅游空间结构发展形式。体育赛事举办地围绕主体赛事特点，突出赛事独特性，对赛事旅游空间进行科学的规划。规划、修建场馆，丰富满足赛事旅游者需求的服务设施，逐步形成具有鲜明特色的赛事旅游核心区域。相关市场利益主体在经济利益的驱使下围绕在单核核心区域周边，呈现其他相关主体附属于单核核心区域的赛事旅游空间结构。随着单核核心区域的发展和成熟，它对周边发展的驱动作用已逐渐显现出来，

---

[1]　崔功豪、魏清泉、陈宗兴编著《区域分析与规划》，高等教育出版社，1999。

其驱动作用主要体现在以下几个方面：第一，边缘区域开始利用核心区域主体赛事的品牌效应和品牌资本，对本区域的相关赛事旅游产品进行设计和营销推广；第二，边缘区域以核心区域的主体赛事为中心开始进行基础设施（如场馆、车站、交通路线等）以及配套服务设施（如酒店、餐饮、购物、娱乐等）的规划建设；第三，核心区域的赛事专业人才开始向边缘区域流动，相关人力资源在空间上出现了由单核核心区域向边缘区域扩散的现象。

北京为举办 2008 年奥运会建设的奥林匹克公园，如今已成为北京著名的赛事景观群，奥林匹克公园的建成就是核心-边缘模式下单核驱动发展形式的典范。

在奥林匹克公园内不仅建设了主体赛事场馆"鸟巢"和"水立方"，还建设了奥林匹克体育中心，其中配备了相关附属场馆和参赛人员公寓。随着对该主体赛事核心区域的进一步开发，核心区域对边缘区域发展的驱动效应开始显现，围绕奥林匹克体育中心和奥林匹克公园开始出现集休闲、娱乐、购物于一体的大型购物中心如奥森中心、高端酒店如盘古七星酒店、高档住宅区、大型会展中心如国家会议中心等。基础设施和软件服务的提升使奥林匹克公园的知名度和影响力都得到了提升。据不完全统计，2008 年奥运会结束后的一年期间，奥林匹克公园总游客接待量达到 500 万人次，对周边区域经济的带动达到了空前的高度。"鸟巢—水立方—奥体中心"赛事旅游专线开始成为各大旅游公司的新型产品，主体赛事核心区域通过对区域旅游业的驱动不仅带动了空间的发展，也带动了区域经济的发展和社会的进步。

2. **多核互动发展形式的表现**

多核互动发展形式是指由于体育赛事及相关产业能量效应呈现差异性，各自对体育赛事旅游空间发展的影响效应不同使得体育赛事旅游空间呈现多核发展的形式。具体而言，赛事旅游效应明显的空间为主功能核，根据能量效应可以分为不同的等级，不同等级功能核通过产业交叉与带动推进互动发展。一级功能核是体育赛事旅游空间的核心区域，集中了体育赛事旅游要素，一级功能核区域对二级功能核区域具有推动作用。由一级功能核和二级功能核共同构成的核心区域对边缘区域的发展具有推动作用，而边缘区域也为核心区域提供基础服务要素的支持。一级功能核区域、二级功能核区域和边缘区域之间通过便利的交通进行联系，实现人流、物流、信息流的交互。总体来讲，多核互动发展形式的互动主要体现在两个方面，第一，核心区域各级功能核之间的互动。一级功能核区域集聚了赛事旅游要素之后，对二级功能核区域产生辐射带动作用，使得二级功能核区域不断发展壮大。第二，核心区域和边缘区域的互动。各级功能核整体吸引力的增加使整个核心区域的能量效应增强，自然对边缘区域产生辐射带动作用，促进边缘区域的基础性服务要素进一步集聚。体育赛事旅游空间是在核心区域各级功能核之间的互动及核心区域和边缘区域的互动中发展起来的。

潍坊国际风筝节赛事旅游园区建设就是多核互动发展形式的代表。在潍坊体育赛事旅游目的地建设中，体育赛事旅游空间是由滨海国际风筝放飞场这个一级功能核以及杨家埠民间艺术大观园与浮烟山国际风筝放飞场两个二级功能核构成的赛事旅游核心区域和边缘区域组成的。滨海国际风筝放飞场是潍坊国际风筝节主体赛事的比赛场地，每年有上百支来自世界各地的放飞队伍会在此地参加比赛，主体赛事所在的一级功能核区域为周边的杨家埠民间艺术大观园和浮烟山国际风筝放飞场带来了客源、影响力和美誉度，为二级功能核区域提供了发展的机遇和资源，边缘区域为核心区域提供了基础服务保障，各区域之间互动交流、优势共享、发展壮大。

二 增长极发展模式

旅游经济的增长是不同步的，增长首先会出现在某些产业或节点，而这些产业部门往往又处于特定的地理空间。增长极可以是城市旅游中心区域，也可以是著名旅游景区（点）及能对城市旅游发展产生重要推动作用的地区。增长极通过城市旅游发展轴线向外扩散并对整个城市旅游业发展产生重大的影响。体育赛事旅游产业增长极是由集聚在某一特定区域的具有体育赛事比较优势、竞争优势、资源与区域优势的企业及其相关联的机构所构成的。由于该增长极吸引力强，具有良好的投资环境、较高的效益回报，旅游服务基础设施完善，吸引了同一空间的资金和人才向增长极集聚，进一步弱化了周边区域对外来旅游投资的吸引力，因此，该增长极是具有"经济增长"和"地理集聚"双重属性的复合体。

核带面发展形式在本质上是增长极理论在体育赛事旅游空间中的特殊应用。随着体育赛事旅游空间的发展，增长极数量不断增多，各增长极之间联动发展的需求日益增强，并逐步建立了完善的交通体系，从核状的增长极汇集成赛事旅游增长带。赛事旅游增长带具有增长极的所有特点，但增长带的作用范围更广，最终以带成面实现整个区域的发展。核带面发展形式其实就是以体育赛事特别是大型体育赛事及其相关产业为核心，发展具有赛事特色的旅游、度假、地产等功能带，逐步形成多个功能集聚面。在这个过程中各增长极之间多是利用体育赛事旅游目的地本身具有的交通优势如沿江、沿海或拥有重要的对外交通干线，以空间线性的方式推进结合。

上海体育赛事旅游空间的形成就是核带面发展形式的典型，2008年至今上海已基本形成较高级别的体育赛事集群，该赛事集群以上海F1大奖赛（中国站）、汇丰高尔夫赛、ATP 1000大师赛、世界田联钻石联赛、斯诺克上海大师赛和上海国际马拉松为核心，基本实现了上海各区"一区县，一品牌"。因六大标志性体育赛事自身的要素集聚能力，以六大体育赛事为发展核心，以沿海、沿江为延伸，开始形成以各类商业赛事为补充，相关餐饮、住宿、娱乐休闲联动发展的赛事旅游产业带，进而发展成集高端房地产、银行产业、赛事旅游产业、休闲度假于一体的产业集群。

三 中心地发展模式

中心地理论认为旅游中心地由自然发生和派生的吸引力相结合，形成旅游吸引力，其空间所在地即旅游中心地[1]。旅游中心地的形成是一个动态演变的过程，旅游中心地派生的吸引力，如娱乐、休闲等往往是随着"自然发生的吸引力"发展到一定程度后由市场趋利性导向发展而来的，其本质就是由满足旅游者旅游需求而引发的各要素集聚过程。

中心地发展模式充分体现了体育赛事在体育赛事旅游空间发展过程中的主导地位，围绕体育赛事进行产业布局和规划，经过长期的发展和积累，逐渐形成著名的以体育赛事为中心的体育赛事旅游空间。在这个发展模式中主要强调政府的干预和规划，如温布尔登网球城，以"温网"为核心，发展网球旅游、休闲、观赛、博览等产业模式。中心地域以网球产业为核心，其他配套服务产业围绕这个中心地进行布局，形成众星拱月态势的中心地发展模式。

综上所述，体育赛事旅游空间发展的三种模式，依照体育赛事本身所体现出的特殊性以及其对体育赛事旅游目的地旅游空间发展的影响，分别体现了体育赛事在体育赛事旅游空间演化中的表现形式。核心-边缘发展模式中不管是单核驱动发展形式还是多核互动发展形式均强调单一主体赛事对体育赛事旅游空间发展的影响；增长极发展模式中的核带面发展形式，体现了多元主体赛事对体育赛事旅游空间发展的影响。以上两类体育赛事旅游空间发展模式主要强调的是在赛事发展前期政府未做刻意规划的前提下，体育赛事旅游空间呈现的发展模式。而中心地发展模式区别于前两种发展模式，它并不强调主体赛事的单一

---

[1] 陆大道：《区域发展及其空间结构》，科学出版社，1995。

性和多元性，而是从政府是否对赛事发展进行了规划和干预的角度来阐述体育赛事旅游空间的发展模式。

小　结

体育赛事旅游目的地旅游空间是在四个基本构成要素相互影响、相互作用的基础上不断发展的。赛事旅游核心吸引物的吸引力大小不一，它对其他三要素的影响存在差异，导致体育赛事旅游空间呈现不同的发展阶段和模式。不同发展阶段和模式的特点不同，存在的问题各异，对此部分的分析有利于深入剖析空间发展中的规律，为针对性发展对策的提出提供依据。本章主要从体育赛事旅游空间视角探究了四个主要问题。

首先，对体育赛事旅游空间进行了界定，认为它是体育赛事旅游活动在地理空间上的反映，在旅游目的地范围内包含具有赛事旅游意义的实体（如体育赛事场馆和场地、体育赛事综合体等）与赛事文化的实体空间，它体现了赛事旅游活动的空间属性和相互关系，为旅游者提供观赏和体验体育赛事、体育休闲、旅游参观等服务。

其次，提出体育赛事旅游空间包括旅游者、旅游吸引物、旅游企业和旅游通道四要素，并针对体育赛事旅游空间核心吸引物分类进行了专题探讨，认为可依据所依托资源的差异性分为五类：依托观赏型和参与型体育赛事资源的核心吸引物、依托体育传统项目资源的核心吸引物、依托自然地理资源的核心吸引物、依托体育场馆资源的核心吸引物、依托复合资源的核心吸引物。四要素之间相互关联、相互作用的关系带来了体育赛事旅游目的地空间的动态发展演变。

再次，基于旅游地生命周期理论，从体育赛事旅游空间成长的时间序列详细阐述了当前我国体育赛事旅游目的地空间构成要素的发展程度，揭示了其在空间演化的起始阶段、发展阶段、成熟阶段、巩固阶段呈现的不同状态及特点。

最后，借用区域发展理论，从体育赛事旅游目的地发展的空间序列对体育赛事旅游目的地发展模式进行探究，探寻体育赛事在旅游目的地旅游空间发展过程中展现的核心-边缘、增长极、中心地三种发展模式，并辅以实例具体讨论了各种模式的表现形式。

第五章

"业"——体育赛事产业与旅游产业
互动融合机理

　　本章将回答研究目标中的第二组问题中有关"业"视角的问题，借助产业融合的一般范式，研究体育赛事产业与旅游产业互动融合的内在关系。体育赛事产业与旅游产业的融合是体育赛事旅游目的地得以产生和发展的基础，也是其融合本质的根本体现，研究二者的互动融合机理有利于深入了解体育赛事旅游目的地产生和发展的内在逻辑，为发展对策的提出奠定理论依据。

　　产业经济学理论认为，产业是同类经济活动的总和或具有生产相同属性的产品的企业集合。基于对前人研究的总结，本书将借用丛湖平和罗建英对体育赛事产业即赛事产业的定义：以赛事组委会为生产者，以运动员、教练员、裁判员等的劳动和各类运动设备等资本为投入品，生产可供人们观赏的各类人体运动的动作组合产品及其衍生产品的生产部门的集合①。将旅游产业定义为：以旅游者为对象，为其旅游活动创造便利条件并提供其所需商品和服务的综合性产业②。

　　体育赛事产业与旅游产业具有融合发展的天然属性，它们都是围

---

① 丛湖平、罗建英：《体育赛事产业区域核心竞争力形成机制研究》，浙江大学出版社，2011。
② 尹华光、姚云贵、熊隆友：《旅游产业与文化产业融合发展研究》，中国书籍出版社，2017。

绕满足需求者的动机和消费需求而开展的经济活动，在市场需求、技术进步、资源共享、政策支撑等因素的推动下，体育赛事产业与旅游产业相互打破产业边界，以体育赛事资源为核心，以旅游产业相关要素为载体，通过产业之间的渗透、重组和延伸使得体育赛事产业与旅游产业相互交叉、相互渗透，逐步形成新的旅游产品形式和新的旅游产业形态。二者互动融合而形成的体育赛事旅游产业是顺应二者发展要求的新产物，顺应社会经济市场转型升级的趋势。

第一节　体育赛事产业与旅游产业互动融合发展的条件

一　时空伴生性

回顾旅游发展和体育赛事的变迁，体育赛事对旅游的渗透和旅游对体育赛事的吸纳表现出一体化的发展轨迹，这种一体化的伴生性发展，具体可以从时间维度和空间维度两个方面进行阐述。

从时间维度上讲，体育赛事与旅游活动的伴生性可以追溯到古希腊时的古奥运会。古奥运会在夏季举办，每四年一次，为期五天。奥运会举办期间吸引来自古希腊各地的运动员、政治家、贵族以及各国外交使节云集奥林匹亚。他们在参与和观赏奥运会的同时还聚集在一起泡温泉和洗浴。在罗马帝国时期，体育竞技比赛变得更加社会化，社会文明发展带来接待服务设施的完善，休闲娱乐等消遣活动成为奥运会期间除观看体育竞技比赛外的另一社会潮流，这些消费者构成了最早的体育赛事旅游者。1984年的美国洛杉矶奥运会是大型体育赛事商业营销运作的一个成功典范，标志着原有的"体育竞赛"概念被打破。体育赛事活动从此不再仅是运动员、裁判员参与的活动，观众、媒体、赞助商等其他相关利益主体都有机会加入体育赛事活动中，体育赛事不再仅仅是一种身体活动的竞赛，其内涵和外延发生了巨大变化，开始成为一种宏大的社会经济文化活动，体育赛事的旅游价值不断显现出来。体育赛事特别是大型体育赛事举办期间可以吸引运动员、裁判员、媒体记者和数以百万的观赛者，推动餐饮、住宿、交通等旅游产业的发展。数据显示，参加 2012 年厦门国际马拉松比赛的外籍运动员及非厦门本地的国内运动员为厦门住宿、餐饮等贡献了 2756.17 万元的消费额，比赛期间游客为厦门市旅游业带来了 4735.50 万元的收入，综合经济效益达 2.91 亿元[①]。综上所述，体育赛事产业与旅游产业随着体育赛事的发展和内涵的丰富，在时间维度上展现出越来越密切的相伴共生态势。

从空间维度上讲，体育赛事的举办为举办地旅游产业增添了新的内容，体育赛事特别是大型体育赛事举办期间带来的赛事项目和产品如比赛项目、开闭幕仪式、体育场馆以及体育主题公园都能生成新的旅游吸引物，成为举办地著名景点。2008 年北京奥运会的主要场馆"鸟巢"和"水立方"是最具代表性的体育场馆，现在已经成为北京新兴的旅游景点。奥运会结束后世界各地旅游者到北京旅游，不仅要参观故宫、长城等传统旅游景点还要到奥运场馆游览体验。体育赛事不仅能够推动旅游目的地旅游产业的发展，而且体育赛事赛前和赛中声势浩大的推广活动和众多媒体大规模、长时间的报道能够提升赛事举办地的知名度，而知名度的提升会显著提高体育赛事举办地成为人们旅游目的地的概率。这不仅会在赛事举办期间给旅游目的地带来大量的客源，对旅游产业的可持续发展也会产生积极的影响。与此同时，随着体育赛事举办地旅游产业的发展，各项基础设施逐步得到发展和完善。餐饮、住宿，尤其是交通和通信设施的完善为体育赛事的顺利举办提供了强有力的支持。由此可见，在空间上体育赛事产业为旅游产业提供新的吸引物、丰富其产品内涵，而旅游产业为体育赛事产业提供基础保障，二者存在相伴共生的客观现实情况。

---

① 《厦门市 2012 年国民经济和社会发展统计公报》，中国统计信息网，2018 年 12 月 24 日，http://www.tjcn.org/tjgb/13fj/26497.html。

体育赛事产业与旅游产业在时空上的伴生性关系，反映了它们之间相互促进、相互发展的内在关系，为体育赛事产业与旅游产业的融合提供了条件。

二　产业关联性

产业关联是指国民经济各个产业部门在社会生产过程中形成的直接和间接的相互依存、相互制约的经济联系[①]。体育产业与旅游产业均属于产业关联性很强的产业，产业关联度高，产业融合现象就突出。美国经济学家曾经对本国的体育产业关联度进行测算，在美国现有的 42 个经济产业部门中，体育产业的关联度被列为第 8 位[②]，且体育产业与其他相关产业的关联度测算结果显示，体育产业与旅游产业的关联度最高，关联度为 0.210（见表 5-1）。

表 5-1　体育产业与相关产业的关联度

关联产业	旅游产业	服装产业	交通通信	建材产业	食品产业	机械产业
关联度	0.210	0.120	0.123	0.110	0.014	0.008
关联强弱	强	强	强	强	强	强

资料来源：熊旭航《体育产业：新的经济增长点》，《企业经济》2001 年第 11 期。

体育赛事产业是体育产业中的核心产业，作为内容产业，体育赛事产业与旅游产业的关联丰富了旅游产品的品类、优化了旅游产品的品质、拓展了旅游产业的内涵，是对传统旅游产业结构和产品体系的创新。体育赛事作为构成旅游吸引物的组成部分，还可以给旅游目的地带来丰富的品牌资产，帮助旅游目的地塑造独特的形象。厦门国际马拉松比赛是具有厦门特色的知名品牌赛事，每年 1 月在适宜的温度和湿度下厦门国际马拉松赛将厦门环岛路沿线旅游景点串联起来，融合发展成

---

① 李善同、钟思斌：《我国产业关联和产业结构变化的特点分析》，《管理世界》1998 年第 3 期。
② 张保华等：《中国体育产业在国民经济中的地位和作用研究》，《体育科学》2007 年第 4 期。

为世界上最美丽的沿海岸线的马拉松赛道景观。大部分马拉松跑者选择去参加厦门国际马拉松比赛，不仅仅是因为他们喜爱这项体育赛事，也是因为美丽的厦门马拉松赛道景观符合他们心目中旅游目的地的形象。体育赛事提供新型的旅游内容成为旅游产业的一种新常态进而催生体育赛事产业与旅游产业融合发展的新生态，其融合发展的深度和广度是一般产业无法比拟的。旅游产业是一个包容性很强的产业，它以旅游目的地区域空间为"容器"，可以成为体育赛事举办的平台和载体。当旅游目的地成为体育赛事举办地时，这种地域空间包容性具体表现为：在赛事的举办过程中旅游者的"吃、住、行"都涉及旅游产业的要素，在共享这些旅游产业要素的过程中赛事的内容元素和旅游要素融合，成为直接提供给赛事旅游者的融合型产品和服务。

可见，体育赛事产业的内容性与旅游产业的空间包容性是体育赛事产业与旅游产业关联性的具体表现。体育赛事产业不仅为旅游产业提供了广阔、丰富的内涵，同时对旅游产业具有较强的促进和带动作用，二者之间的产业关联性，为双方融合发展、互利共赢创造了机遇。

三 要素共享性

在详细探讨要素共享性之前，有必要提前明确体育赛事的哪些要素与旅游目的地的哪些要素存在共享。体育赛事生产要素又叫体育赛事资源是指生产体育赛事产品所需的各种投入因素或条件的总和，按照其存在的属性可从自然要素和社会要素两个方面分析，自然要素主要包括气候和地理环境，社会要素主要包括人力、财力、物力、信息等。详细来讲人力中的体育赛事观众规模和数量直接影响体育赛事的经济效益、财力中的专项资金是体育赛事顺利举办的重要保证、物力中的场馆及基础设施作为体育赛事举办的物质基础直接影响体育赛事产品的质量、信息中的体育赛事传播媒介有助于提高游客对体育赛事的关注度，它们既是体育赛事生产的核心要素又在体育赛事与旅游业融合中扮演着重要的角色。

旅游目的地既是旅游接待的载体和旅游活动的中心，又是旅游者所需要的旅游吸引物和服务设施的综合体。旅游目的地把旅游的所有要素都集中于一个有效的框架内，通过各构成要素之间相互密切的配合成为一个旅游者愿意选择且具有吸引力的目的地。旅游目的地的构成要素包括旅游者、旅游通道、旅游企业、旅游吸引物四个部分，具体而言旅游者要素中的客源市场由对旅游产品具有购买力的现实和潜在旅游消费者构成，旅游通道要素中的交通设施与信息沟通途径是客源市场和目的地之间的连接纽带，旅游企业要素中的软件服务、硬件设施和媒体宣传等支持服务，旅游吸引物中的旅游产品，在体育赛事产业与旅游产业融合中均扮演着重要的角色。

综上所述，要素共享性是指体育赛事生产要素与旅游目的地构成要素之间的共享。具体而言是指体育赛事生产要素中的赛事观众（人力）、专项资金（财力）、场馆及基础设施（物力）、赛事传播媒介（信息），旅游目的地构成要素中的客源市场（旅游者）、交通与信息（旅游通道）、软件服务与硬件设施（旅游企业）、旅游产品（旅游吸引物）之间的共享，以下我们将详细阐述体育赛事生产要素与旅游目的地构成要素共享的过程（见图 5-1）。

体育赛事的顺利举办需要大量专项资金的支持，当前专项资金的获取渠道主要包括政府出资和社会融资。在赛事的赛前筹备阶段，围绕赛事的举办需要进行修建道路、改造桥梁等一系列交通基础设施维护工作，使得赛事观众和参与者的交通出行更加方便快捷。不可忽略的是交通出行也是旅游目的地构成的重要因素，体育赛事举办聚集的生产要素在潜移默化的过程中影响了旅游目的地的发展，使旅游目的地可进入性增强，增加了旅游目的地游客数量。广东省为举办 2001 年第九届全运会投入 120 亿元，修建了珠江大桥、全封闭的环城高速公路、新国际机场等交通设施，这些大量的交通设施建设资金的投入，为亚运会的顺利举办提供了强有力的支持，同时使广州市交通出行便捷性得到了进一步提高，也使广州市的旅游交通出行得到了改善。专项资金的投入还完善了赛事举办地的软件服务与硬件设施，旅游目的地的支持要素系统也得到了提升。专项资金为打造高品质赛事提供了保障，而赛事提供的特色体育赛事产品丰富了目的地旅游产品的内涵与种类。

大型体育场馆建设美化了市容市貌，极具科技和艺术特色的体育场馆生成了新的旅游吸引物，直接或间接地优化了旅游目的地形象。潍坊国际风筝节将诸多风筝元素融入潍坊市的基础设施建设中，在公交车停靠点等待区粘贴的艺术年画，以及在潍坊人民广场、潍坊世界风筝博物馆广场地砖、座椅上的风筝造型，都是体育赛事生产要素与旅游目的地构成要素共享的具体体现。许多旅游目的地依托体育赛事的推动力，进行软件服务水平的提高和硬件设施的改善。湖南汨罗市依托汨罗龙舟节，在"十一五"期间，先后筹措资金5000万元，完成了汨罗江风光带、龙舟路、龙舟竞渡中心、友谊河西侧（罗城路—人民路）的旅游风光带建设，赛事观众和参与者不仅被精彩的龙舟赛事所吸引，还能看到周围的美丽景色，进而提高赛事观众和参与者的满意度。

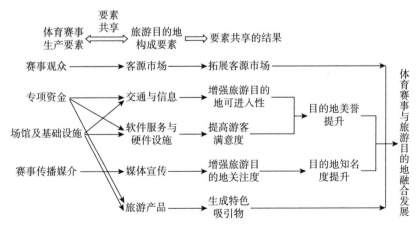

图5-1　体育赛事生产要素与旅游目的地构成要素共享示意

赛事传播媒介作为体育赛事生产中所依托的重要信息资源，在赛事的宣传中起着重要的作用，它与体育赛事旅游目的地构成要素系统中的媒体宣传要素相互共享，提高了体育赛事和目的地本身的关注度，进而提高了体育赛事旅游目的地知名度。受体育赛事吸引而来的观众，改变了游客结构，扩充了旅游目的地的客源市场，增加了游客数量。

体育赛事生产要素与旅游目的地构成要素共享是相互作用的，在这个过程中旅游目的地的知名度、美誉度、吸引力提高，潜在客户增加，体育赛事和旅游目的地在此基础上开始不断融合发展。

第二节 体育赛事产业与旅游产业互动融合发展的动力

体育赛事产业与旅游产业互动融合发展的动力，是指推动二者融合并朝一定方向和深度发展的动力性因素，包括内在动力和外在动力。内在动力是二者融合的根本动力，它指融合发展过程中，产生于两个产业内部，致使其运动发展状态发生变化的力量，主要包括需求的多样性与个性化和逐利性。外在动力是二者融合的推动力，它指来源于体育赛事产业与旅游产业的外部力量，主要包括技术创新和政府政策（见图5-2）。体育赛事产业与旅游产业互动融合发展的动力性因素是多方面、多维度的，共同促进了体育赛事产业与旅游产业的融合发展。

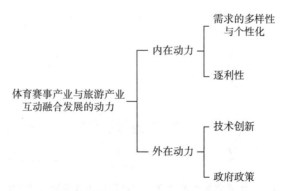

图5-2 体育赛事产业与旅游产业互动融合发展的动力性因素

一 内在动力

1. 需求的多样性与个性化

需求是人们为了满足某种欲望或意愿购买某种产品的要求。体育赛事产业与旅游产业都是以市场需求为导向，直接面向消费者提供最终产品和服务的综合性产业。目前旅游市场上的主要矛盾表现为旅游供给和旅游需求之间的矛盾，其中旅游需求是矛盾的主要方面。旅游需求是人们为了满足某种欲望或者意愿而购买某种产品的需求，具体表现为旅游者的购买行为。旅游者需求的满足不仅包括从旅游消费中获取物质需要的满足，更重要的是获取心理与精神的满足。国内外旅游消费需求变化趋势和特征的研究结果表明，人均年收入在 5000 美元时旅游行业逐渐进入度假经济时代，人们的休闲需求和消费能力日益增强并出现多元化趋势。2018 年我国人均 GDP 超过 1 万美元，旅游消费呈现两个主要特征。

第一，多样性。从当前旅游市场的发展可以看出传统型、文化型、生态型旅游的规模不断扩大，内涵日益丰富。但由于人的旅游需求是随着其被满足程度的变化不断变化的，在满足了旅游活动最基本的需求后，人们必然会提出更高的要求。当前消费者在满足旅游活动的食、住、行、游、购、娱六要素的最初需求时，便不再满足于以游览、观光为主的旅游活动了，他们会在体验生活、扩大社交、休闲健身等方面提出新的需求。为迎合旅游消费需求的多样性发展态势，发掘旅游市场巨大的潜力，体育旅游、探险旅游、养生养老旅游等专项旅游迅速发展起来。

第二，个性化。当前消费者已不满足于初级层次的观光旅游，而是追求集体验、娱乐、文化休闲于一体的更高层次的旅游消费。旅游消费结构逐渐由单一观光旅游向度假、康体、商务等复合型结构转变。这促使旅游市场进一步细分，个性化的旅游产品迅速涌现。体育旅游、度假养生旅游等个性化旅游形式不断涌现，更好地满足了不同人群的个性化旅游消费需求。因此，为了适应当今旅游需求变化和消费升级的趋势，旅游业必须与相关产业融合，提供多样性、个性化、复合性的旅游产品和服务。而体育赛事产业恰好能充分满足旅游者参与和体验的个性化旅游消费需求，在优化旅游产业构成要素的基础上，将体育赛事生产要素加入其中，充分发挥二者的独特性从而相互融合发展，能更好地满足旅游者多样性的消费需求。

不可否认的是，体育赛事资源刚好可以满足当前多样性和个性化旅游需求。体育赛事之所以可以作为旅游资源，是因为它能够吸引赛事观众参与和体验体育赛事活动。在体育赛事中休闲健身、娱乐体验、扩大社交等的多样性需求都可以得到满足，且体育赛事种类繁多，既有参与型体育赛事又有观赏型体育赛事，既有在户外进行的比赛又有在室内进行的比赛，消费者还可以依据个人的运动竞技水平选择参与专业类体育比赛或业余类体育比赛，这样丰富的赛事种类也满足了消费者的个性化需求。体育赛事的时空特征使它呈现一种动态性，不仅拓宽了旅游资源的范围，还有效弥补了旅游目的地传统旅游资源的不足，进一步拓展了旅游产品的内涵和拓宽了服务范围。体育赛事产业因可以满足旅游产业的多样性需求和个性化需求，促进了二者的融合。体育赛事产业与旅游产业融合是一种以体育赛事和旅游为共同需求动机的融合型旅游形式，又可以被称为"赛事引致旅游"，它是由于在旅游目的地举办体育赛事，吸引赛事观众、旅游者造访这些旅游目的地进而引发的旅游活动。赛事旅游者和其他旅游形式的游客群体最大的区别在于赛事旅游者在整个体育赛事旅游过程中既参与或观赏体育赛事，又在赛事举办地游览；既达到了强身健体娱乐身心的目的，又感受到大自然的魅力。赛事旅游者逐渐体会到体育赛事的旅游对他们价值观和生活方式的影响，进而形成了对体育赛事旅游产品的进一步需求。

2. 逐利性

体育赛事产业和旅游产业的逐利性表现在以追求效益最大化为目标，围绕特定产品或服务而不断投入和产出的动态运行过程中。从追求效益最大化的主体分析，可概括为资本的逐利性、企业的逐利性以及政府的逐利性，这种逐利的特征推动了体育赛事产业与旅游产业融合的发生。

逐利性是资本的本质属性。具有良好市场前景和经济效益的体育赛事产业和旅游产业成为众多资本追逐的热点。《国务院关于加快发展体育产业促进体育消费的若干意见》出台后，资本的热潮也涌向体育产业，表现为对体育产业的核心部分体育赛事资源和体育 IP 的追捧。例如，2015 年万达集团在体育产业中的投资遍及全球，以 10 亿欧元收购瑞士盈方体育传媒集团、4500 万欧元收购马德里竞技俱乐部 20% 的股份以及 6.5 亿美元收购世界铁人三项赛。万达集团将收购海外顶级赛事品牌、垄断体育赛事稀缺资源作为实现其"全球最大体育产业企业"这一目标的关键策略，认为通过资本的运作和并购能够有效地扩大品牌影响力和提升国际化程度。万达集团在国内全面推广铁人系列赛事、签约推广大使、创办铁人训练营等行为，极大地推动了我国户外体育运动的发展，也将进一步推动体育赛事产业与旅游产业的融合发展。资本的逐利性催生不同级别、不同项目的体育赛事发展壮大，带来丰富的赛事资源，引导社会形成体育文化的潮流，推动基础设施完善与潜在旅游客源市场不断丰富壮大，为体育赛事产业与旅游产业的融合提供推动力。

企业的逐利性。企业作为产业的微观经济单位，是市场和经济运行的主体，企业对经济利益的追逐和对投资回报最大化的追求，既是企业生存和发展的前提，也是融合行为的根本出发点和内在驱动力。旅游企业为寻求更多的发展机遇，不断寻找其他领域可以吸纳的元素。体育赛事元素因为可以提升旅游产品的品位和丰富其内涵，成为旅游产业最值得深度挖掘的内容资源。旅游企业的介入扩大了体育赛事企业的市场空间，丰富了产品内容，扩大了客源市场，让体育赛事企业的发展找到了优质的载体，通过体育赛事内容的表现形式，将体育赛事产品转化为旅游产品，有效实现了体育赛事的价值增值。以体育赛事旅游综合体为例，从单一的体育场馆向体育赛事旅游综合体的思维转变，就是企业逐利下产生的融合行为的典范。传统的体育场馆只服务于体育赛事的举办，其经营理念过于集中于门票经济与广告赞助的单一思维，基本不从商业创新角度考虑周边的配套设施和自身发展的情况。而体育赛事旅游综合体除了可以满足体育赛事举办，还发掘餐饮、住宿、旅游、娱乐、购物等休闲旅游活动。逐利性引导企业寻找体育赛事与旅游的交叉领域，通过产业内要素的渗透融合，增强自身持久盈利能力。可见，旅游企业和体育赛事企业的逐利性是体育赛事产业与旅游产业融合的内在动力。

政府的逐利性，是指政府为了追求利益最大化，干预并推动体育赛事产业和旅游产业融合行为。体育赛事产业与旅游产业作为综合性和关联性很强的产业，单纯依靠市场配置资源实现良性发展的力量有限，因而需要政府的力量来推动和干预。体育赛事产业和旅游产业为了更大的利益及自身的可持续发展，在特定的空间中对资源、产品、市场等进行联合开发和营销，推动两个产业生产要素的流动，这种融合行为以政府的逐利性为动力，满足了双方利益最大化的需要，也促进了特定区域内共同利益的最大化。政府的逐利性还体现在追求体育赛事产业与旅游产业融合综合效益的最大化上。体育赛事产业与旅游产业通过体育赛事旅游活动，以较少的要素投入获得较多的经济产出成果，促进体育赛事企业和旅游企业利润的扩大，政府税收增加，居民收入提高；赛事旅游者获得身心愉悦和精神满足，体育赛事和旅游企业形象提升，旅游目的地居民就业机会增加，社区环境得到改善，自然文化遗产得到保护，民族民间传统文化得到弘扬发展；区域内城镇建设更加美化，生态环境得到改善。综上，政府的逐利行为会推动体育赛事产业与旅游产业融合发展。

二 外在动力

1. 技术创新

技术进步和创新使体育赛事产业与旅游产业融合成为可能，也是二者融合发展的催化剂。

在互联网信息技术应用方面。目前的体育赛事需求和旅游需求总体呈现多样性和个性化的特征，多元化的消费需求亟须丰富的产业形态与之进行匹配。大量分散的体育赛事与旅游消费需求，只有通过采用以互联网为代表的信息技术结合大数据信息分析技术才能更有效地为政府和企业提供决策依据。互联网信息技术对体育赛事产业与旅游产业融合发展的影响还体现在催生了新的产业组织形态和新的产品营销方式。携程旅游 App、途牛旅游 App 等旅游企业销售客户端开始针对赛事举办地提供酒店、机票、火车票、城市主题景点游览套票的个性化营销。大麦网、永乐票务在销售体育赛事门票的同时也进行赛事套票、住宿及观光产品的联合营销。

在新技术催生的高科技设备方面。新技术孵化了大量的高科技设备和装备。人工造雪技术在自然降雪不足的情况下可以保证雪场的正常雪量和厚度，当前人工造雪的松软度、雪质、平整度等均能达到比赛标准。这种新技术的应用扩大了冰雪活动的地域范围，使得南方很多旅游目的地可以突破地域和气候的限制将冰雪运动元素融入自身旅游产品开发体系当中。自 2000 年以来，大规模人工造雪技术越来越多地被运用到冰雪旅游活动中，人工造雪技术在冰雪赛事旅游活动中占据越来越重要的地位，冰雪赛事旅游活动的推广进入新的阶段。同样，技术的不断进步促使帆板、攀岩等户外体育比赛项目融入旅游产业。

在体育场馆智慧化、信息化方面。体育场馆智慧化是利用软硬件集成技术、互联网技术升级体育场馆的方法，可以应用于篮球、足球、羽毛球、网球等不同场馆或比赛场地。通过在体育场馆架设智能摄像头，对参赛者的技术动作位置等影像进行捕捉，实现场内屏幕直播和场外网络直播，并提供回看赛事录像、播放精彩集锦及数据统计等功能。体育场馆智慧化升级为参赛者提供了展示自己的舞台，让每个参赛者都能体验到体育明星的待遇。体育场馆信息化是利用一套场馆后台工具，包括基于智能场馆管理系统（SaaS）、客户关系管理系统（CRM）和企业资源计划系统（ERP）等技术支持系统为场馆提供场地、财务、产品、供应链等多个方面整体经营管理的全套解决方案，大幅度降低场馆所需的人工成本，提高经营效率。体育场馆智慧化和信息化的创新发展，带来了场馆外形的改变和内部构造的升级。充满特色和极富个性的设计不仅满足了观赛者和参赛者的体验需求，也勾起了一部分非赛事关注者的猎奇感。智慧化和信息化的体育场馆发展成集赛事特色和旅游观光特色于一体的吸引物，扩大了受众群体范围，促进了体育赛事产业与旅游产业的融合发展。

2. 政府政策

产业政策的颁布为体育赛事产业与旅游产业融合发展提供了外部动力，政府产业政策主要涉及产业结构、产业组织、技术进步、行业标准等，是国家根据产业发展目标制定的促进产业发展的具体政策，这些政策制定的目的是通过市场机制调节实现产业供求平衡最终促进其快速可持续发展。体育赛事产业与旅游产业都是对外部环境尤其是政策环境的敏感度较高的产业领域。为了满足群众日益增长的多样性需求和个性化需求，政府积极出台相应政策鼓励体育赛事产业与旅游产业融合。自 2009 年以来，体育产业和旅游产业宏观政策集中出台，创造了鼓励产业融合的政策大环境，激发了体育赛事产业与旅游产业的创新与融合。自 2008 年北京奥运会结束后，政府政策对体育产业和旅游产业的发展就已经初露融合的导向，从创新和培育新的旅游消费点到全面推进赛旅融合，国家的政策方向开始越来越明确指向体育产业与旅游产业的融合，体育赛事产业作为体育产业中最具活力的元素，其与旅游产业的融合将成为未来旅游产业转型升级的必经之路。体育产业与旅游产业相关政策梳理如表5-2所示。

表5-2 体育产业与旅游产业相关政策梳理

时间	政策名称	关键内容
2009 年 12 月	《促进中国体育旅游发展的倡议书》	创新体育旅游产业融合发展机制
2009 年 12 月	《关于加快发展旅游业的意见》	推进旅游与体育产业相融合，发展体育旅游，以体育赛事为平台培育新的旅游消费点
2010 年 3 月	《关于加快发展体育产业的指导意见》	协调推进体育产业和相关产业互动发展，促进体育旅游、体育会展、体育影视等相关业态的发展
2014 年 8 月	《关于促进旅游业改革发展的若干意见》	积极推动体育旅游，加强竞赛表演、健身休闲与旅游活动的融合发展
2014 年 10 月	《关于加快发展体育产业促进体育消费的若干意见》	促进融合发展，积极拓展业态，丰富体育产业内容，促进康体结合
2014 年 12 月	《在华举办国际体育赛事审批事项改革方案》	按照"计划报批，分类审批"的方法进行审批管理
2016 年 5 月	《关于推进体育旅游融合发展的合作协议》	共设"全国体育旅游工作领导小组"，研制《全国体育旅游发展纲要》，探索建立体育旅游统计指标体系和标准体系
2016 年 12 月	《关于大力发展体育旅游的指导意见》	加强体育旅游产业融合发展，培育复合型、特色化体育旅游产品，打造有重要影响力的体育旅游目的地
2018 年 12 月	《关于加快发展体育竞赛表演产业的指导意见》	坚持融合发展，坚持"体育+"和"+体育"做法
2019 年 1 月	《进一步促进体育消费的行动计划（2019—2020 年）》	丰富体育消费业态、培育体育消费观念、提升体育运动技能、拓展体育消费空间
2019 年 9 月	《关于促进全民健身和体育消费推动体育产业高质量发展的意见》	实施"体育+"行动，促进融合发展，开展运动促进健康指导。鼓励体旅融合发展，实施体育旅游精品示范工程，加快体教融合发展
2021 年 2 月	《冰雪旅游发展行动计划（2021—2023 年）》	打造冰雪赛事旅游目的地，以高水平冰雪赛事和群众性冰雪赛事活动带动，扩大冰雪赛事旅游参与人口

续表

时间	政策名称	关键内容
2021 年 4 月	《"十四五"文化和旅游发展规划》	结合传统体育、现代赛事、户外运动，拓展文旅融合新空间
2021 年 10 月	《"十四五"体育发展规划》	打造国家体育旅游示范基地、示范区，建设京张体育文化旅游带，打造乡村体育旅游精品线路
2022 年 1 月	《京张体育文化旅游带建设规划》	将举办重大赛事和全民健身结合起来，全面释放冬奥会品牌效应；打造体育文化旅游融合发展新名片，培育区域经济社会发展新动能和特色支柱产业
2022 年 10 月	《户外运动产业发展规划（2022—2025 年）》	推进户外运动与旅游深度融合；因地制宜打造以长三角运动休闲体验季、粤港澳大湾区户外运动系列赛事等为代表的地方性品牌户外赛事与节庆活动
2023 年 5 月	《关于开展 2023 年国家体育旅游示范基地申报工作的通知》	进一步促进体育与旅游深度融合，顺应居民消费差异化、多元化、品质化升级趋势，更好满足人民群众对美好生活的向往
2023 年 5 月	《关于推进体育助力乡村振兴工作的指导意见》	深化体旅农商融合发展；打造乡村特色户外运动消费场景；培育乡村体育产业多元化业态
2023 年 9 月	《关于释放旅游消费潜力推动旅游业高质量发展的若干措施》	推进文化和旅游深度融合发展，丰富"赛事+旅游"业态。实施体育旅游精品示范工程，培育"跟着赛事去旅行"品牌项目，打造一批具有影响力的体育旅游精品线路、赛事和基地。加强滑雪旅游度假地建设
2023 年 11 月	《国内旅游提升计划（2023—2025 年）》	推进"旅游+"和"+旅游"，促进旅游与文化、体育、农业、交通、商业、工业、航天等领域深度融合

资料来源：1. 国家体育总局；2. 文化和旅游部；3. 国务院；4. 国家发展改革委。

第三节　体育赛事产业与旅游产业互动融合发展的路径

路径多指从起点通往终点的道路，本书将体育赛事产业与旅游产业融合路径定义为能够实现体育赛事产业与旅游产业融合发展的途径与方式。体育赛事产业与旅游产业的融合发展是产业发展的必然趋势，体育赛事产业与旅游产业的融合有利于体育产业、旅游产业乃至整个第三产业的可持续发展。实践证明，选择一条对的融合路径对有效实现二者的融合发展十分必要。然而，从已有的文献资料研究成果看，融合路径的种类繁多，从不同的角度可划分出不同的融合路径，如根据时间视角可将融合路径分为前向、过程和后向三类；根据空间视角可将融合路径分为客源地、旅游通道、目的地三种。何种分类方式才能充分体现体育赛事产业与旅游产业融合路径的特点呢？基于前文对体育赛事产业与旅游产业融合发展的条件分析可以总结出，体育赛事产业与旅游产业资源要素的共享性和产业的关联性产生了最初融合的可能，因此，资源、产品和市场是两个产业之间最具相通之处的领域，从资源、产品和市场三个领域出发研究体育赛事产业与旅游产业的融合是合适的路径选择。

一 资源融合路径

资源融合路径是指体育赛事以旅游资源的形式融入旅游产业，即通过对体育赛事资源进行创新性开发，不断丰富旅游资源类型形成新的旅游产品。而对于体育赛事是旅游资源的分析，可以从以下几方面进行详细阐述。第一，体育赛事是旅游资源是因为体育赛事具有吸引力，是旅游吸引物，这种吸引物直接被认为是旅游中的一类以体育赛事为特色的旅游资源。第二，体育赛事是旅游资源是因为任何一项体育赛事活动的举办，都具有极强的吸引力，具有直接形成或引发旅游活动的功能，这些旅游活动可被称为体育赛事引致旅游活动，体育赛事引致旅游活动会聚集各种人流、物流、信息流，各种要素的集聚实际上就是资源的集聚。第三，体育赛事是旅游资源是因为在举办地自身旅游资源禀赋缺乏的情况下，由于体育赛事拥有足够的吸引力，依然能够产生以赛事元素为主的体育旅游产品，如体育会展、体育节庆等，吸引大量的旅游者前往体育赛事举办地进行旅游，将本不具有旅游资源优势的地方开发为令人向往的旅游目的地。

体育赛事是举办地开展旅游活动最重要的旅游资源，且其提供的产品新奇有趣，满足了游客的好奇心，提升了游客的体验感，很多体育赛事产品既能为无运动基础的普通游客提供体验的机会，又能为具有专业运动需求的游客提供专业训练产品。体育赛事的多样性使得体育赛事资源和旅游资源不断融合。2019 年，泰山世界地质公园成功举办了泰山国际自行车挑战赛暨山东省第七届全民健身运动会自行车万人骑行（泰山站）活动。泰山世界地质公园通过推出山地自行车赛事品牌积极打造"山地运动休闲"旅游品牌，形成具有区域特色的体育赛事品牌，力争成为全国具有影响力的"山地运动生态旅游区"，不断挖掘具有区域特色的户外体育赛事，充分发挥泰山区域地理优势，同时借助泰山优良的生态环境资源以及文化古迹资源不断融合优化当地旅游资源，打造品牌效应，提高知名度。体育赛事产业与旅游产业通过资源融合路径拓展了旅游资源的广度和深度。

二　产品融合路径

体育赛事产业与旅游产业的产品融合路径是指在二者资源融合的基础上实现"赛旅合一"的方法和途径。随着体育休闲体验时代的到来，人们越来越注重生活方式和精神层面的满足。体育赛事旅游目的地如果要借助体育赛事作为特色的旅游资源产生旅游经济效益，满足当前消费者的需求，就必须将体育赛事和旅游资源转化为体育赛事旅游融合型产品。目前，体育赛事产业与旅游产业的产品融合路径有两种：共生路径和提升路径。

1. 共生路径

共生路径是指以一种或多种产品为核心，根据核心产品和实际需要，通过产品的上、下延伸，使不同的企业结合在一起的途径。在共生路径中体育赛事产品与旅游产品处于一种相对的"共存状态"。该路径的主要目的在于将体育赛事产品纳入旅游产品系统中，充实和丰富旅游产品体系，增强旅游产品的吸引力。厦门国际马拉松赛事举办期间同时举办了马拉松博览会、马拉松形象大使选拔赛、马拉松市长论坛、马拉松文艺晚会、我心中的"厦门·马拉松"等多种多样的旅游活动，丰富了厦门以往仅仅以观光游览为主的旅游产品体系，使体育赛事产品和旅游产品形成了组合产品。厦门国际马拉松赛事的举办，推动了厦门旅游产业的发展，为厦门赢得了良好的口碑。体育赛事产业与旅游产业产品融合的共生路径是发展旅游目的地体育赛事旅游、促进旅游目的地体育赛事产业与旅游产业融合发展值得借鉴的有益经验。

2. 提升路径

提升路径是指以体育赛事产品为核心打造新型赛事旅游产品的途径。在提升路径中体育赛事元素取代了原来旅游元素的核心地位，并在其主导下形成了具有体育赛事特色元素的新型旅游产品。海南省海口市为建设国际旅游岛，提升海口市整体旅游水平，由骏豪集团投资兴建了观澜湖高尔夫旅游度假区，以高尔夫运动为主题，融合水上、户外、室内、球类、棋类等多项体育活动，先后举办了高尔夫世界职业个人邀请赛、欧米茄观澜湖高尔夫世界杯、观澜湖马拉松等多项赛事活动，吸引了大量的旅游者。该度假区承办的体育赛事成为最具吸引力的元素，依托旅游度假区中丰富的旅游资源，其成为以高尔夫赛事为亮点、以旅游度假休闲为品牌的新型赛事旅游度假区，高尔夫赛事旅游也被列为海南六大旅游主打产品之一。

三 市场融合路径

市场融合路径是指体育赛事产业和旅游产业双方在客源市场上出现市场叠加现象时，以资源融合和产品融合为基础，通过精准把握市场需求，有效整合市场营销渠道，适应和满足市场供给需求，达到双方互惠互利、融合共赢，形成更大的竞争优势、获得更大的市场空间。体育赛事产业为了增强其可持续发展的竞争力，寻找发展契机，通过体育赛事市场主动与旅游市场融合，扩大体育赛事综合效益和发展空间，形成体育赛事产业与旅游产业融合的、相互促进的发展格局。体育赛事产业与旅游产业之间的市场融合路径模糊了两个市场的边界，增强了两个市场的联系，同时也促进了两个产业的可持续发展。资源融合、产品融合，其实都是市场选择的结果。

1. 精准把握市场需求

体育赛事旅游作为体育赛事产业与旅游产业融合发展的一种新型旅游业态，主要是在旅游市场的需求下应运而生的，任何新型旅游业态的产生都应当符合旅游市场需求及其发展规律。所以，在进行融合时，不仅需要考虑二者自身的发展需求，还要考虑二者的市场需求。体育赛事产业与旅游产业的融合是在激烈的市场竞争中，基于双方经济活动的资源共享性、产品的同质性、客源的互补性，通过延伸、渗透、重组，力求在两者的融合过程中降低交易费用，达到互惠互利，最终在竞争中实现共赢的目的。基于此，必须首先进行科学的市场调查，及时了解市场的需求变化，准确判断体育赛事旅游需求的发展趋势。在了解旅游者的需求以及对体育赛事旅游产品偏爱程度的基础上，为合理优化赛事旅游资源以及开发赛事旅游产品提供指导和依据。除此之外，体育赛事产业与旅游产业都必须对各自的产品特点和资源优势有清晰的认识，合理利用两个产业的旅游价值优势来吸引旅游者。了解市场的发展动态，以旅游者消费需求为导向，把体育赛事产业与旅游产业融合的优势和特点转化为体育赛事旅游产品的内涵和亮点。唯有这样才能开发出新型的、能够满足旅游市场需求的体育赛事旅游产品，体育赛事旅游这种新型旅游业态才能吸引消费者，达到真正的市场融合。

2. 有效整合市场营销渠道

随着旅游产品和体育赛事产品的融合，传统的营销方式将受到融合趋势的挑战。营销观念、营销目标、营销方法都需要创新。因此，体育赛事旅游产品就需要根据各自产品的特点，通过整合营销渠道，最终面对消费者。营销渠道整合就是淡化两个市场产品各自营销渠道的专用性，增强兼容性。通过营销渠道实现体育赛事产业与旅游产业无缝对接，扫清两个市场因分割、营销渠道狭窄等因素而产生的融合发展障碍。营销渠道的整合，是实现体育赛事产业与旅游产业融合发展的重要路径。在传统的旅游产品营销中，旅行社只是设计组合销售线路产品，同时提供预订服务。当体育赛事产品与旅游产品融合后，越来越多的体育赛事产品开始通过旅行社进行产品策划、包装和推广，体育赛事市场因此得到极大的拓展。在2000年悉尼奥运会的举办过程中，澳大利亚旅游委员会与营销伙伴奥运赞助商维萨卡合作，将精彩的体育赛事与极具特色的悉尼旅游产品通过广播、电视、互联网等渠道传播到世界各地。此外，与美国奥运转播公司NBC合作，在超级碗等大型赛事举办期间免费播放题为"澳大利亚的颜色"的宣传片，将澳大利亚旅游产品立体、全面、形象、生动地展示在赛事观众眼前，促使他们在观赏体育赛事的间隙，去参观悉尼的著名旅游景点。将悉尼奥运赛事与旅游产品营销计划整合起来，利用全球媒体关注悉尼奥运会的黄金机遇进行旅游产品整合营销，悉尼旅游产业获得长足的进步，获得"世界最佳旅游目的地"称号。悉尼奥运会被策划推广为特色赛事旅游产品进行销售，就是营销渠道整合的有力体现。

综上所述，本书根据体育赛事产业与旅游产业最具融通之处的三个领域详细阐述了资源、市场、产品三种融合路径。但值得一提的是融合路径的选择并不是按照资源—产品—市场这样的直线型方式独立进行的，而是在某一具体融合过程中这三种融合路径间存在相互交叉、共同作用的关系。还有一些具体融合形式是多种路径融合的，由某一融合路径作为主导。总之，体育赛事产业与旅游产业是通过资源融合路径、产品融合路径、市场融合路径三种形式来实现体育赛事与旅游的优化配置，进而为体育赛事产业与旅游产业的融合发展提供更广阔的市场空间。

第四节　体育赛事产业与旅游产业互动融合发展的模式

模式一般被认为是系统内部或系统之间各相关要素的组合方式以及运作流程的范式。本书将产业融合模式定义为产业针对特定对象进行的，具有某种特色的融合方式的概括性描述。虽然产业融合的本质是相同的，但是由于融合互动方式不同，融合程度存在差异，体育赛事产业和旅游产业的融合模式可以总结为三种，即渗透融合模式、延伸融合模式、重组融合模式。此三种模式在现实中并不是完全厘清的，多是以一种模式为主导，为方便理解，在详细介绍中，本书将辅以实例进行佐证。

一　渗透融合模式

体育赛事产业与旅游产业的渗透融合模式是通过相互渗透本产业领域中的优势资源和拳头产品，促进本领域业态与对方领域业态融合，从而形成新的产业形态的发展模式。在渗透融合模式中渗透是双向的，既包括体育赛事产业向旅游产业的渗透，也包括旅游产业向体育赛事产业的渗透。

1. 体育赛事产业的旅游开发

体育赛事产业向旅游产业的渗透主要是体育赛事资源经过运营和营销转化为旅游产品。体育赛事产业向旅游产业的渗透融合发展是通过所依托的旅游目的地景区进行的。这些景区自身已经具有一定的旅游产业基础和旅游影响力，旅游形式正在逐渐由单一观光型旅游向体验、休闲、参与、度假型旅游转变，将体育赛事元素渗透到旅游产业当中，有利于旅游产业转变发展方向促进自身可持续发展。体育赛事的介入丰富了旅游目的地的旅游产品种类，调整了旅游目的地的旅游产品结构，增强了旅游目的地旅游产业的竞争力和吸引力，改变了旅游产业收入结构单一的尴尬局面，促进旅游产业向多元化、多极点的增长方式发展，形成了全新的产业发展模式。

墨尔本不仅拥有有40多年赛事历史沉淀的墨尔本马拉松赛事，且本身就是拥有优美的自然风光和人文景观的世界著名的旅游城市。墨尔本充分利用举办体育赛事的契机进一步促进旅游产业的发展，通过赛事产业向旅游产业的渗透，打造了以体育赛事为主要形式的融合型体育旅游新模式。墨尔本马拉松赛事的起点和终点都设置在举办过奥运会开闭幕式的墨尔本标志性地标墨尔本板球场（MCG）。参赛者从MCG旁的巴特曼大道出发，穿过联邦广场，经过南岸徒步区，沿着蜿蜒流动的亚拉河畔，一路前行的同时还能欣赏维多利亚艺术中心、弗林德斯、墨尔本中央火车站、圣保罗教堂这些经典的城市建筑。所有来墨尔本参加比赛的参赛者都会得到身体的放松和心灵的愉悦。墨尔本马拉松在赛道设置、比赛赛程、基础设施配备的方方面面，真正将体育赛事与旅游融为一体，使墨尔本马拉松赛事成为一个集参赛、体验、观光、健身于一体的新型赛事旅游产品。体育赛事产业向旅游产业渗透提高了体育赛事综合影响力和知名度，借助体育赛事传播渠道影响了广泛的消费群体，旅游产业因体育赛事元素的注入而变得丰富多彩。

2. 旅游产业向体育赛事产业的渗透

旅游产业向体育赛事产业的渗透主要体现在赋予体育赛事综合体旅游服务的功能，并以此为空间载体发展旅游产业，实现二者的融合发展。

随着消费者需求的日益增长和多元化，多层次体育需求与体育发展不充分不平衡的矛盾日益突出，承接体育赛事功能单一的体育场馆已经不能完全满足各收入阶层的消费者对体育服务的强烈需求。同样，旅游业以观光为目的旅游消费模式已经逐步被以观光度假、康体休闲、会展商务等为目的的综合型旅游消费模式取代，体育赛事旅游综合体便是在这一背景下的融合发展产物。"体育赛事综合体"实际上来自我们所熟悉的"体育服务综合体"，它是体育服务综合体系统中的一个子系统。体育赛事综合体基于一定的体育赛事资源和空间实体，以体育赛事为核心，以体育场馆设施为载体，提供体育特色购物、体育文化娱乐、体育主题酒店、体育个性餐饮等多种旅游服务。它将旅游业态高效融入以体育场馆为核心的特定空间内，实现集聚人流、紧凑布局、集约用地，最终达到提高体育赛事产业与旅游产业资源利用率的目的。上海梅赛德斯-奔驰文化中心便是该种融合发展模式的典型范例，该场馆是目前国内容量最大、现代化程度最高的篮球场馆，不仅能举办篮球比赛，还能举办冰球比赛、超大型庆典、演唱会等多种活动，除核心场馆外，文化中心还设有音乐俱乐部、电影剧院、溜冰场、美食街、儿童乐园、NBA 互动馆，以及近 2 万平方米的商业零售、文化休闲娱乐区。赛事观众在赛事活动间歇和空闲时间都可转化为旅游消费者，到文化中心进行休闲娱乐。由此可见，体育赛事的举办汇聚了人气，旅游元素的渗透融合集聚了财气，进而支撑着体育赛事综合体的运营和可持续发展。将旅游多种功能主动融入体育赛事的产业渗透融合模式，有利于促进二者向更高级的产业形态发展。

二 延伸融合模式

体育赛事产业与旅游产业的延伸融合模式是指体育赛事产业将其价值链延伸到旅游产业，使旅游产业被赋予新的附加功能和更强的市场竞争力，该延伸融合模式主要是体育赛事产业向旅游产业的单向延伸。

美国迪士尼主题公园是延伸融合模式的成功典范。该主题公园非常重视体育赛事与园区旅游产业的融合，在洛杉矶迪士尼主题公园，园区内修建了大量的体育活动设施，其中主要包括 1 个田径中心、1 个室内球类综合运动馆、12 个网球场、4 个棒球场、4 个垒球场和 1 个假日健康中心。这些场馆可以举办马拉松、游泳、网球、高尔夫球、骑马、击剑等 20 项体育比赛。奥兰多迪士尼主题公园也通过举办体育赛事来吸引更多旅游者，如一年一度的马拉松赛、世界三项全能锦标赛、迪士尼杯足球赛、男女混合橄榄球赛、排球锦标赛等，为了吸引更多的旅游者，迪士尼主题公园为赛事参与者提供免费游览迪士尼景点一天的机会，提升了不同年龄和不同体育爱好者的旅游积极性。随着美国业余体育联合会迁入迪士尼主题公园，每年有 50 多项体育赛事在迪士尼主题公园举办。美国迪士尼主题公园以主题公园为载体，凭借体育赛事产品的强大吸引力，不仅丰富了迪士尼主题公园旅游资源的内涵，而且满足了旅游者的体验需求，以此促进了体育赛事产业与旅游产业的深度融合，这种将体育赛事延伸到主题公园的产业形态既丰富了旅游产品，又提升了旅游体验，形成了"体育赛事+主题公园"这一体育赛事旅游新兴业态。

三　重组融合模式

体育赛事产业与旅游产业重组融合模式是指由于二者之间关系紧密，在一定的条件和环境下，在共同利益的驱动下，体育赛事产业与旅游产业各自独立的产品或服务通过重组融合的方式而产生新的产品或服务的过程。该融合模式最突出的表现就是，通过重组模式形成体育节庆旅游，并以此为纽带和平台来实现体育赛事产业与旅游产业的融合发展。

在重组融合模式下，体育赛事依托节庆旅游平台，将自身特色资源与旅游资源融合。通过引导产品进行重组整合，打造以体育赛事为引领，以各种文化创意、旅游体验活动为辅助的全新体育赛事旅游产业创新业态。借助"体育赛事+节庆旅游"平台聚集的大量人流、物流、信息流，有效地传播体育赛事旅游产品，提升举办地的旅游形象，进而推动体育赛事产业与节庆旅游业的快速、健康和可持续发展。

潍坊国际风筝节是享誉国际的高级别风筝盛会，该风筝节总共包括三大板块：以潍坊国际风筝赛事为核心的风筝竞赛板块，以民俗风情、文化交流为核心的旅游观光板块，以风筝博览会为核心的经贸洽谈板块。该三大板块就是基于最早的风筝节庆通过重组融合发展而来的。潍坊的风筝艺术追溯起来已有上百年的历史，风筝节庆更是从明清时期就延续下来的习俗，说到风筝无人不会联想到潍坊，更不会忽略潍坊国际风筝节。潍坊国际风筝节以其强大的影响力享誉国内外，迅速成为潍坊的品牌与代言，仅三四十年历史的潍坊国际风筝节如今已代替了有上百年历史的风筝节庆，成为潍坊的代名词。体育赛事的入驻带来了强大吸引力，提高了地方知名度，并迅速与地方原有的特色节庆重组，成为新兴"体育赛事+旅游节庆"的发展模式，以风筝赛事为主导，以民族风情体验和经贸博览为辅助的新三大板块，是重组模式下体育赛事产业与旅游产业融合的新业态。

小　结

体育赛事旅游目的地是体育赛事产业和旅游产业互动融合的产物，融合的不同路径和模式影响了二者融合的深度。探究互动融合机理可以深入了解融合产生的条件与动力，发掘不同融合深度下融合路径和模式的表现形式，为后续提出发展对策奠定基础。本章主要探讨体育赛事产业与旅游产业互动融合的机理问题，对该问题的阐述主要从四个方面进行。

首先，本书分析了体育赛事产业与旅游产业得以融合的条件，认为二者之间存在的时空伴生性、产业关联性、要素共享性是融合得以产生的条件。

其次，本书详细描述了二者融合的动力系统，包括内在动力（需求的多样性与个性化和逐利性）、外在动力（技术创新和政府政策），内在动力和外在动力共同推动体育赛事产业与旅游产业的融合发展。

再次，基于二者融合发展的条件分析总结出资源、产品和市场是两个产业之间最具相通之处的领域，并从资源、产品和市场三个领域出发对体育赛事产业与旅游产业的融合进行了探究。

最后，详细总结了体育赛事产业与旅游产业融合的三个一般模式，即渗透融合模式、延伸融合模式、重组融合模式。

基于旅游者感知的体育赛事旅游目的地质量评价指标体系

从"人-地-业"三维视角的理论分析中我们可以看出，体育赛事旅游目的地是以核心利益相关者群体为主导，以体育赛事旅游目的地空间为承载，以体育赛事产业和旅游产业融合为内容，在社会发展的潮流推动下演变而来的。然而理论的阐述和对其内部本质规律的剖析还不足以对体育赛事旅游目的地的整体形象进行深刻的描绘，本书在第六章、第七章将辅以实证，以定量分析的方法，期待从实践中总结出具有普适性的结论，进一步对理论研究进行补充。本章将回答研究目标第三组问题中的如何构建体育赛事旅游目的地质量评价指标体系。本评价指标体系的构建主要解决三个问题。第一，通过规范的数理统计分析，验证本书构建量表的科学性与规范性。同时探讨三维视角下的质量评价应包含哪些关键指标以及各指标的层次结构如何。第二，确定评价指标的权重。第三，讨论该质量评价指标体系的适切性和独特性。本质量评价指标体系还将作为第七章中构建旅游者行为意向分析模型的感知质量变量来源，为进一步的实证研究提供支撑。

体育赛事旅游目的地的质量评价是衡量当前质量和引导未来发展的有效工具。质量的提升为良性发展提供助推力。构建基于旅游者感知的体育赛事旅游目的地质量评价指标体系，不仅能拓展旅游目的地质量评价指标体系研究的视角，为探讨赛事旅游目的地质量提升与发展对策提供依据，也对了解和识别当前旅游者对赛事旅游目的地质量的需求特征和需求动态以及保障旅游者体验等方面都有十分积极的现实意义。

从"人"的视角分析中可以总结出，旅游者是体育赛事旅游目的地的核心利益相关者，它扮演了市场经济当中的需求方角色，在体育赛事旅游目的地的发展中具有不可忽略的主体资格与重要地位。在实践中我国体育赛事旅游目的地多采用政府主导发展模式，在很大程度上忽略了旅游者的需求期待与体验诉求，导致体育赛事产品和体育赛事旅游产品的单一化、同质化。赛事旅游者作为体育赛事旅游目的地最终的消费者，是其质量评价最具权威性的主体。从"地"的视角分析中可以总结出，赛事旅游目的地空间是在体育赛事的集聚效应下对原有空间发展的重构，体育赛事对赛事旅游目的地空间发展的影响很大一部分来源于赛事独特的吸引力和影响力。从"业"的视角分析中可以总结出，体育赛事产业与旅游产业融合形成了体育赛事旅游新业态，它以赛事元素为核心的赛事旅游产品特色，为体育赛事产业与旅游产业的可持续发展开辟了新纪元。

通过以上总结，本书从旅游者的角度入手构建一个基于旅游者感知的体育赛事旅游目的地质量评价指标体系，即以"人"的视角为主导，以"地""业"的视角为辅助，探讨基于旅游者感知的体育赛事旅游目的地质量评价指标体系，提出以"人"即旅游者为评价的权威主体，关注"地""业"即体育赛事与体育赛事旅游目的地形象的契合以及核心赛事服务与相关旅游服务的三维构建理念。

第一节　质量评价指标的初步构建

一　确立深度访谈提纲

"人-地-业"三维视角下的体育赛事旅游目的地质量评价应包含赛事旅游目的地"地"的特征和"业"的特征。我们从文献总结可以看出，旅游目的地质量评价的根本就是该旅游目的地提供的环境和服务。因此，体育赛事旅游目的地质量评价的根本应是其提供的赛事旅游产品与赛事旅游发展环境。此外体育赛事旅游目的地赛事形象与旅游形象的契合度和相互关系也是影响其质量的重要因素。

基于此，本书从体育赛事质量、赛事与旅游发展质量、形象质量、旅游目的地辅助服务质量四个方面设计了访谈主题，依照每一个访谈主题细化成具体的访谈提纲（见附录 A）。

第一大类——体育赛事质量，反映体育赛事本质特征的一些固有特性满足旅游者需求的程度。本书认为，体育赛事旅游目的地的核心吸引物是体育赛事，该问题的设置主要是了解受访者心目中体育赛事旅游目的地的相关赛事应该具有何种特征，为体育赛事质量评价指标的设置提供参考与支持，使本书构建的体育赛事旅游目的地质量评价指标体系与其他类型的旅游目的地质量评价指标体系区别开来，具体体现体育赛事的特点。在具体操作上，本书邀请受访者回忆一个曾经亲身到他地参与或观看体育赛事的经历进行交流，以保障访谈的效果（对应深度访谈提纲问题 1）。

第二大类——赛事与旅游发展质量，反映体育赛事旅游目的地体育赛事和相关旅游活动的发展环境（自然环境和社会环境）的一些固有特性满足旅游者需求的程度。本书主要从体育产业发展环境和旅游发展环境两个方面进行问题的设置，目的是了解受访者对这两个方面的需求和要求。具体操作上是请受访者对其选择交流的赛事举办地的体育产业发展环境和旅游发展环境做出点评（对应深度访谈提纲问题2~3）。

第三大类——形象质量，反映体育赛事旅游目的地的体育赛事形象与目的地形象的一些固有特性满足旅游者需求的程度。本书主要从认知形象和情感形象方面针对体育赛事和目的地形象以及两者之间的形象契合关系设置了问题，旨在了解受访者对赛事形象和目的地形象以及两者之间形象契合关系的认知与情感。具体操作上是请受访者就其选择交流的赛事举办地从认知和情感方面给出点评（对应深度访谈提纲问题4）。

第四大类——旅游目的地辅助服务质量，反映体育赛事旅游目的地各类辅助服务设施一些固有特性满足旅游者需求的程度。本书主要从旅游者对目的地"食、住、行、购、娱"的需求角度出发，设置了五个方面的问题，旨在了解受访者的相关需求和要求。具体操作上是请受访者就选择交流的赛事举办地的上述五个方面进行点评。本处只考虑旅游六要素中的五要素，而将"游"这一要素放在赛事与旅游发展质量中，主要是考虑到体育赛事旅游目的地中赛事与旅游融合的属性，重点突出体现此独特性（对应深度访谈提纲问题5~9）。

此外，本书还设置了两个问题，即深度访谈提纲的第10题用来了解受访者其他的需求或要求，并对该体育赛事旅游目的地质量进行总体评价；第11题用来获取受访者的基本信息。深度访谈实施时间在2018年11月至2019年4月，按照深度访谈法的详细介绍严格执行，在此不再赘述。

二 评价指标体系构建的原则

体育赛事旅游目的地质量评价指标体系是一个多指标系统，本书按照体育赛事旅游目的地系统结构特征和旅游者旅游需求规律，逐级分层地设定指标，以期达到清晰透彻、由表及里地阐述体育赛事旅游目的地评价指标体系内涵的目的。该评价指标体系中每一层指标都是上一层指标的延伸，而上一层指标则是通过下一层指标的测量结果体现。在该评价指标体系中，基于旅游者感知的体育赛事旅游目的地质量为评价的第一个层次又称总目标。然后将深度访谈的四大类问题扩充产生的各方面作为一级评价指标，即第一个层次。问卷上需要受访者进行打分和评价的具体题项形成二级评价指标。为保证评价指标体系构建的科学性和可靠性，本书确立了以下四个基本原则。

1. 旅游者需求导向性原则

旅游者是体育赛事旅游目的地最重要的核心利益相关者，本书构建的质量评价指标体系是基于旅游者感知视角的，更应该尊重旅游者作为最终消费者的真实需求。本评价指标体系构建的根本出发点也是为了掌握当前体育赛事旅游目的地质量，并为未来体育赛事旅游目的地的进一步发展提供策略。因此，认清旅游者认为重要的问题和需求是本书在评价指标遴选与体系构建时的关键任务。本书根据深度访谈进一步细化四大类问题，从而保证体育赛事旅游目的地质量评价体系既符合理论研究的框架，又符合旅游者的实际需要。

2. 评价指标有限性原则

以问卷调查法获取的旅游者评价数据，从理论上讲其评价指标并无数量上的限制。但是，过多的调查指标会降低问卷调查的效率和效果。因此，对评价指标进行必要的提炼和浓缩，提高评价指标的覆盖性、通用性非常必要。同时，评价指标的数量又不能过少，过少和过于概括的评价指标不仅缺乏科学性而且对实践的指导意义不大。因此，本书遵循有限性的原则合理设置指标数量。

3. 评价指标有效性原则

本质量评价指标体系的构建并不是为单一体育赛事旅游目的地而构建的，而是有较广泛的适用范围，是能兼顾体育赛事旅游目的地的共同特征的普适性质量评价指标体系。因此，评价指标的遴选与体系构建必须遵守有效性原则。

4. 评价指标可靠性原则

本书将深度访谈中受访者提及的较为集中和频次较高的需求进行分类、归纳和提取，综合成为可测量的体育赛事旅游目的地质量评价指标。为保证评价指标体系构建的科学性与严谨性，本书邀请了5位体育旅游领域的专家共同参与讨论评价指标体系的构建。通过比较和修订精简语言表述、明确指标指向、减少歧义和重复采用、增加括号内容提高个别抽象事物的可理解性，提高评价指标的实际测量效果。

三　评价指标体系构建的初步结果

通过对深度访谈记录的分析，本书提取了出现频次较高的项目（见附录 B）。在 5 位专家的共同参与下，本书充分考虑评价指标体系的内容效度、指向意义、理解歧义、文字表述等因素，并适当对重复或不够明确的指标进行调整，对应深度访谈时的四大类问题并将构建的评价指标进行汇总。体育赛事旅游目的地评价指标体系初步设立 56 个评价指标，其中赛事质量 19 个题项、赛事与旅游发展质量 8 个题项、形象质量 6 个题项、旅游目的地辅助服务质量 23 个题项（其中餐饮质量 4 个题项、住宿质量 6 个题项、交通质量 5 个题项、购物质量 4 个题项、娱乐质量 4 个题项）（见表 6-1 至表 6-4）。

表 6-1　赛事质量评价指标构建初步结果

编号	评价指标描述	编号	评价指标描述
1	参赛运动员知名度高或竞技水平优异	5	赛程设置合理
2	参赛双方对抗性强或赛事进程精彩激烈	6	裁判员或相应评分标准公正、专业
3	赛事呈现高超的技战术水平或独特的技艺	7	场地布局合理
4	观众与运动员的互动程度高	8	设施先进、齐全

续表

编号	评价指标描述	编号	评价指标描述
9	环境舒适、卫生间干净整洁	15	安检严格、安全保障好
10	赛事相关信息容易获取	16	通信信号好，上网方便
11	引导识别符号（出入口、卫生间等）规范醒目	17	周围交通、停车便捷
12	咨询点提供的信息咨询便捷准确	18	周围就餐、购物方便
13	倒卖赛事门票情况少	19	服务人员态度热情
14	观众出入场便利		

表6-2 赛事与旅游发展质量评价指标构建初步结果

编号	评价指标描述	编号	评价指标描述
20	政府鼓励赛事举办	24	旅游资源保护好
21	赛事产品开发注重内涵	25	旅游资源开发潜力大
22	赛事资源开发潜力大	26	旅游市场运行规范
23	具有特色旅游资源禀赋	27	旅游发展政策好

表6-3 形象质量评价指标体系初步结果

编号	评价指标描述	编号	评价指标描述
28	赛事与旅游活动提高了该地的知名度	31	赛事与旅游结合给人带来愉悦的体验
29	体育赛事形象与旅游形象契合度高	32	赛事与旅游结合给人带来独特的氛围
30	赛事与旅游结合给人带来深刻的印象	33	赛事与旅游结合给人带来更强的吸引力

表6-4 旅游目的地辅助服务质量评价指标体系初步结果

编号	评价指标描述	编号	评价指标描述
34	餐饮种类多，可选择性多	41	住宿环境安全可靠
35	餐饮特色突出（地方菜和老字号）	42	客房舒适、卫生整洁、设施齐全
36	餐饮价格合理，明码标价	43	住宿服务规范、热情周到
37	餐饮环境及服务好	44	对外交通网发达，可进入性好
38	住宿类型多样，选择多	45	对内交通完善，出行方便
39	住宿预订方便可靠	46	公共交通安全准点
40	住宿价格合理	47	公交换乘方便

编号	评价指标描述	编号	评价指标描述
48	出租车服务规范	53	娱乐活动丰富多彩
49	大型购物中心和超市分布广，选择多	54	娱乐活动特色鲜明
50	商品种类丰富，国际时尚品牌齐全	55	娱乐场所价格合理，服务热情周到
51	商品质量有保障	56	知名表演或嘉年华活动多
52	购物场所服务热情，价格合理		

从初步构建的指标结果可以看出，赛事质量、赛事与旅游发展质量、形象质量都关注体育赛事与旅游相关的质量维度，而旅游目的地辅助服务质量则是基于旅游的"食、住、行、购、娱"构成的五维度。为继续明确体育赛事旅游目的地质量评价的核心，突出赛事旅游元素的影响，也为了后续章节中对赛事核心质量与游客行为意向研究的探究。本书将赛事质量19个题项、赛事与旅游发展质量8个题项、形象质量6个题项，共33个评价指标归于赛事核心质量量表（简称核心质量量表）；将餐饮质量4个题项、住宿质量6个题项、交通质量5个题项、购物质量4个题项、娱乐质量4个题项，共23个评价指标归为辅助服务质量量表（简称辅助质量量表）。

为了与正式问卷区分，本书在预测问卷的评价指标编号前添加字母Y。选用李克特五点尺度法，对每个评价指标进行赋值，其中1~5分别表示"完全不同意、比较不同意、一般、比较同意、完全同意"，受访者根据自己的经历与实际感受对各指标进行逐一评价（见附录C）。

第二节　质量评价指标体系的预测与修订

一　预测数据的收集与筛选

2019年4月2~4日，本书选择2019世界斯诺克中国公开赛期间在北京国家奥林匹克体育中心体育馆周围人员较为集中的地方实施了问卷发放与回收工作，并结合问卷星进行网络发放。在发放问卷之前先询问问卷填写者是否为外地游客再进行发放，赛前、赛后共发放问卷 300 份，其中问卷星发放 180 份，纸质版问卷发放 120 份。

在剔除无效问卷的过程中，主要采用 SPSS 20.0 软件的数据分析方法和人工筛选相结合，具体标准如下。

第一，查看题目回答缺失值情况。具体操作方法是在 SPSS 软件数据验证功能的基本审查中设置最大缺失百分比，如果一份问卷有 15%以上的题目没有回答，则可以判定该问卷无效。

第二，查看测谎题情况。预测问卷中第一部分第 6 题为本问卷的测谎题，要求问卷填写者针对赛事旅游期望态度做出是或否的回答，如果问卷中测谎题出现明显偏离事实情形，即回答为否定的则视为可疑的无效问卷。具体操作是在 SPSS 软件数据验证中为单变量设置分析规则来实现。

第三，查看同质题目回答是否协调。通过判断子维度内具有逻辑关系题目的得分是否接近进行判定。预测问卷中感知形象子维度的第 30~33 题为同质题目，如果一份问卷在第 30 题、第 31 题上得分很高，而在第 32 题、第 33 题上得分却很低，则视为无效问卷。具体操作是在 SPSS 软件数据验证中定义交叉变量规则来实现（编辑逻辑表达式进行规则定义，使题项均分之间差值小于等于 2）。

第四，查看所选选项的规律性和一致性。对于有明显规律的勾选情况，一旦出现则视为无效问卷。对于全部题项结果相同的问卷直接视为无效，对于超过半数结果相同的问卷需结合测谎题判定问卷有效性。

综上，本次预调查共回收有效问卷 245 份，问卷有效率为 81.7%。

二 探索性因子分析

本书对收集的样本进行基本的人口学统计描述，是验证性因子分析前的基本步骤。预测样本的男女比例合理，分别为 43.3%和 56.7%；

在年龄结构上以中青年为主，其中 77.6% 的被调研者年龄在 19~29 岁；91.8% 的被调研者的月收入主要集中于 0~5000 元，属于中等收入水平；从被调研者的职业来看主要集中于学生群体，占比为 62.9%；被调研者的受教育程度偏高，其中大专及本科占比为 84.1%（见表 6-5）。

表 6-5　人口学特征结构（$N = 245$）

单位：人，%

变量	属性	频数	占比
性别	男	106	43.3
	女	139	56.7
年龄	18 岁及以下	12	4.9
	19~29 岁	190	77.6
	30~55 岁	23	9.4
	56 岁及以上	20	8.2
月收入	2000 元及以下	159	64.9
	2000~5000	66	26.9
	5000~10000	11	4.5
	10000 元以上	9	3.7
职业	公务员或事业单位人员	13	5.3
	公司职员或工人	21	8.6
	学生	154	62.9
	个体经营者	5	2.0
	退休人员	21	8.6
	其他	31	12.7
受教育程度	初中及以下	14	5.7
	高中及中专	20	8.2
	大专及本科	206	84.1
	研究生及以上	5	2.0

1. 信度检验

本书的量表是基于已有的相关理论、深度访谈和专家修订形成的。由于同一理论在不同领域中的细分维度有所差别，本书的量表基于初步开发时可能存在的主要维度进行了预设，即四大类问题，最终维度的确认仍然以探索性因子分析的最终结果为准，本书会在因子命名的部分详细阐述是否接受预设的细分维度。

对于预调查问卷的分析，首先采用 Cronbach's α 系数对其进行可靠性分析。在 SPSS 中对问卷进行信度检验，测量量表题项的内在一致性（见表 6-6、表 6-7）。一般来说，Cronbach's α 系数最好在 0.7 以上，0.6~0.7 为可接受范围，如果系数在 0.6 以下就要对量表题项的内部一致性表示怀疑。通过预测问卷的分析数据可以看出，本书创制的两个量表的整体 Cronbach's α 系数均在 0.9 以上，大部分变量的 Cronbach's α 系数在 0.8 以上，仅购物质量的信度系数约为 0.7，数据表明本问卷的问题设计与划分具有较好的内部一致性，且根据检验，除 Y4 和 Y13 外各个变量下的各个题项的 CITC 均大于 0.5，删除 Y4 和 Y13 后的 Cronbach's α 系数均不超过变量对应的 Cronbach's α 系数值，因此各个题项均具有可靠性。

表 6-6　核心质量量表的信度检验结果

预设变量	题项数（个）	Cronbach's α 系数	整体 Cronbach's α 系数
赛事质量	19	0.846	
赛事与旅游发展质量	8	0.882	0.945
形象质量	6	0.870	

表 6-7　辅助质量量表的信度检验结果

预设变量	题项数（个）	Cronbach's α 系数	整体 Cronbach's α 系数
餐饮质量	4	0.875	
住宿质量	6	0.850	
交通质量	5	0.899	0.940
购物质量	4	0.709	
娱乐质量	4	0.859	

2. 核心质量量表的探索性因子分析

首先进行 KMO 检验和 Bartlett's 球形检验，KMO（0，1）越接近于 1 说明变量之间的相关性越强，因子分析的效果越好。检验结果显示，在 Bartlett's 球形检验给出的近似卡方为 5053.231 的情况下，KMO 值为 0.924，sig. 值为 0.000，表明量表具有良好的结构性，可以进行因子分析。本书采用最大方差正交旋转法提取特征根大于 1 的公因子，结果显示核心质量量表的 33 个题项，聚集在 7 个维度上，这 7 个维度的方差贡献率总和为 68.847%，说明这 7 个维度反映了原始变量提供的 69% 的信息。从探索性因子分析（EFA）结果可以看出，各评价指标按照载荷大小在 7 个特征根大于 1 的因子上发生了聚合，其中所有评价指标因子载荷都高于 0.5。其中 Y16 虽达到了本书规定的载荷要求，被单独列为一个公因子，但因子分析要求每一个公因子至少有三个实际测量指标才能科学、有效地反映预期结果，因此本书决定删除 Y16（见表 6-8）。

表 6-8　核心质量量表的探索性因子分析结果（$N=245$）

编号	成分						
	1	2	3	4	5	6	7
Y24	0.821						
Y23	0.792						
Y28	0.727						
Y25	0.705						
Y29	0.704						
Y26	0.701						
Y27	0.699						
Y9		0.803					
Y11		0.791					
Y7		0.708					
Y12		0.706					
Y8		0.680					

续表

编号	成分						
	1	2	3	4	5	6	7
Y10		0.654					
Y14			0.778				
Y15			0.708				
Y19			0.693				
Y13			0.690				
Y18			0.630				
Y17			0.621				
Y3				0.754			
Y1				0.713			
Y2				0.709			
Y6				0.608			
Y5				0.592			
Y4				0.531			
Y33					0.751		
Y31					0.732		
Y32					0.700		
Y30					0.674		
Y21						0.756	
Y20						0.744	
Y22						0.718	
Y16							0.773

注：提取方法为主成分分析法；旋转方法为凯撒正态化最大方差法，旋转在 7 次迭代后已收敛。

3. 辅助质量量表的探索性因子分析

辅助质量量表的结构效度检验采用 KMO 值和 Bartlett's 球形检验，得到 KMO 值为 0.937，Bartlett's 球形检验近似卡方为 3315.693，sig. 值 0.000，表明量表具有很好的结构性。采用最大方差正交旋转法提取特征根大于 1 的公因子，结果显示辅助质量量表的 23 个题项聚集在 4 个维度上，这 4 个维度的方差贡献率总和为 63.21%，说明这 4 个维度反映了原始变量提供的 63% 的信息。

从旋转分析矩阵表中可以看出 Y38、Y49、Y51、Y52 的成分系数均小于 0.5，Y50 被归属在因子 9 中，但通过对各个题项实质性内容的考虑，Y50 成分系数虽然高于 0.5 但考查内容与因子 9 中其余题项的内容存在较大差别，不能单纯从统计数据角度归属在因子 9 中。综合考虑后，决定删掉 Y50，即在对辅助质量量表的探索性因子分析中删去 Y38、Y49、Y50、Y51、Y52，不对其进行考察和分析（见图 6-9）。

表 6-9　辅助质量量表的探索性因子分析结果 （$N = 245$）

编号	成分			
	7	8	9	10
Y43	0.782			
Y42	0.757			
Y40	0.742			
Y41	0.741			
Y39	0.693			
Y51				
Y52				
Y45		0.708		
Y44		0.708		
Y46		0.700		
Y48		0.687		
Y47		0.659		
Y35			0.730	
Y34			0.708	
Y36			0.649	
Y37			0.647	
Y50			0.547	
Y38				
Y49				

编号	成分			
	7	8	9	10
Y54				0.801
Y56				0.769
Y53				0.767
Y55				0.659

注：提取方法为主成分分析法；旋转方法为凯撒正态化最大方差法，旋转在6次迭代后已收敛。

三　因子的命名与指标修订

1. 因子命名

从以上分析可以看出，各评价指标按照因子载荷大小在10个特征根大于1的因子上发生聚合，且评价指标的因子载荷都在0.5以上。为方便进行探索性因子分析，本书曾对量表可能存在的细分维度进行了预设，以下我们将基于核心质量量表和辅助质量量表两个量表的探索性因子分析结果，对聚合在10个因子维度上的评价指标分别进行命名。

本书确定了18个评价指标用于测量赛事质量，探索性因子分析法将这18个评价指标划分为3个因子，其中第一个因子为维度4，主要聚合了Y3、Y1、Y2、Y6、Y5、Y4。这6个评价指标体现的是体育赛事在精彩程度、赛事水平、参赛运动员知名度、裁判员或评分标准、赛程设置、赛事互动程度等方面的赛事核心特征，因此本书将其命名为"F1赛事基本质量"因子。第二个因子为维度2，主要聚合了Y9、Y11、Y7、Y12、Y8、Y10。这6个评价指标体现的是体育赛事场地、设施、赛事信息、引导标识、信息咨询等赛事场馆内部环境的特征，因此本书将其命名为"F2赛事内部环境质量"因子。第三个因子为维度3，主要聚合了Y14、Y15、Y19、Y13、Y18、Y17。这6个评价指标体现的是体育赛事周边就餐、观众进出场、通信、停车、交通、安检等赛事场馆外部环境的特征，因此本书将其命名为"F3赛事外部环境质量"因子。

本书确定了 10 个评价指标用于测量赛事与旅游发展质量，探索性因子分析法将这 10 个评价指标划分成了 2 个因子，其中第一个因子为维度 6，主要聚合了 Y21、Y20、Y22。这 3 个评价指标体现的都是体育赛事发展环境方面的质量特征，因此本书将其命名为"F4 赛事发展质量"因子。第二个因子为维度 1，主要聚合了 Y24、Y23、Y28、Y25、Y29、Y26、Y27。这 7 个评价指标体现的都是旅游发展质量方面的特征，因此本书将其命名为"F5 旅游发展质量"因子。

本书确定了 4 个评价指标用于测量体育赛事与旅游活动互动后带来的目的地感知形象的认知，按照探索性因子分析法对评价指标的公因子进行分析，评价指标 Y33、Y31、Y32、Y30 聚合在维度 5 上，这 4 个评价指标体现的都是感知形象方面的特征，因此本书将其命名为"F6 感知形象"因子。

至此体育赛事核心质量量表的 6 个因子命名完毕，共包括 32 个测量题项，6 个因子分别为 F1 赛事基本质量、F2 赛事内部环境质量、F3 赛事外部环境质量、F4 赛事发展质量、F5 旅游发展质量、F6 感知形象。

本书确定了 18 个评价指标用于测量基于旅游者感知的体育赛事旅游目的地的餐饮、住宿、交通、购物、娱乐方面的特征，探索性因子分析法将这 18 个评价指标划分成了 4 个公因子。其中第 1 个因子为维度 9，主要聚合了 Y35、Y34、Y36、Y37 这 4 个评价指标，体现的都是体育赛事旅游目的地餐饮方面的质量表现，因此本书将其命名为"F7 餐饮"因子。第二个因子为维度 7，主要聚合了 Y43、Y42、Y40、Y41、Y39，这 5 个评价指标体现的都是体育赛事旅游目的地住宿方面的质量表现，因此本书将其命名为"F8 住宿"因子。第三个因子为维度 8，主要聚合了 Y45、Y44、Y46、Y48、Y47，这 5 个评价指标体现的都是体育赛事旅游目的地交通方面的质量表现，因此本书将其命名为"F9 交通"因子。第四个因子为维度 10，主要聚合了 Y54、Y56、Y53、Y55，这 4 个评价指标体现的都是体育赛事旅游目的地娱乐方面的质量表现，因此本书将其命名为"F10 娱乐"因子。

至此辅助质量量表的 4 个因子命名完毕，共包括 18 个测量题项，4 个因子分别为 F7 餐饮、F8 住宿、F9 交通、F10 娱乐。

2. 指标修订

为了进一步提高各因子的内部一致性和可信度，本书对各评价指标进行了进一步的修订，具体操作遵循以下标准：评价指标的纠正项目总相关系数应不小于 0.3 且最好大于 0.5，另外删除某项评价指标后的 Cronbach's α 系数相对总体系数应有大幅度的提升。

经过对两个量表 10 个因子进行纠正项目的总相关系数和信度检验后（各因子的 CITC 与信度检验结果见附录 D），从结果可以看出，除评价指标 Y4、Y13 的修正项目的相关系数分别为 0.497 和 0.423 之外，其余 48 个评价指标的修正项目的相关系数均大于 0.5。评价指标 Y4、Y13 的修正项目的相关系数徘徊在 0.5 临界值的附近，删除这两项评价指标后的 Cronbach's α 系数分别为 0.833 和 0.816，并未超过整体的 Cronbach's α 系数 0.835 和 0.819，因此本书保留这两项评价指标。

综上所述，本书在主成分因子分析生成的评价指标载荷的基础上进行了逐一筛查，最终得到 10 个评价因子和 50 个评价指标，修订后量表总信度为 0.967。可见，本书构建的各评价指标在测量方面具有较高的信度和效度，为后续研究工作开展的科学性和有效性打下了基础。

3. 修订前后因子的比较分析

根据文献综述和对"人-地-业"理论分析的总结，本书在因子分析之前对评价指标体系可能存在的因子维度进行了预设，即依据深度访谈提纲的四大类 8 因子的预设维度制定了预调查问卷。基于 245 份预测样本数据，本书采用探索性因子分析法对预设指标的划分维度和指标信效度进行了分析。分析结果显示，探索性因子分析的结果与根据文献资料和深度访谈对指标评价体系的预设有差异，以下将进行详细比较（见图 6-1、图 6-2）。

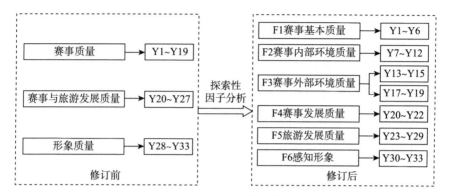

图 6-1　核心质量量表修订前后对比

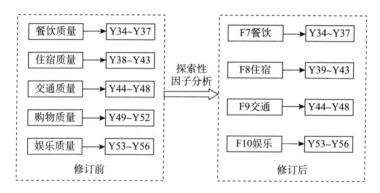

图 6-2　辅助质量量表修订前后对比

从因子划分方面来看，在预设维度中本书将基于旅游者感知的体育赛事旅游目的地质量评价指标体系预设为 8 个因子，即赛事质量、赛事与旅游发展质量、形象质量、餐饮质量、住宿质量、交通质量、购物质量、娱乐质量，而在探索性因子分析之后，依据主成分分析结果，赛事质量因子被详细划分为赛事基本质量、赛事内部环境质量、赛事外部环境质量 3 个因子，赛事与旅游发展质量因子被详细划分为赛事发展质量、旅游发展质量 2 个因子，购物质量因子因不具有有效性而被删除。综上所述，在探索性因子分析之后基于游客感知的体育赛事旅游目的地从原先的四大类 8 个预设因子变为分析后的 10 个因子。其中赛事质量因子得到极大的细化，购物质量因子被删除，基于旅游者感知的体育赛事旅游目的地质量评价体系显示出鲜明的以赛事质量为核心、以赛事与旅游相关服务质量为辅助的特有属性，体现了"地"即赛事旅游空间的赛事独特性和产业融合特征。

从具体评价指标方面来看，探索性因子分析剔除了6个不具有信效度的测量指标，分别是Y16、Y38、Y49、Y50、Y51、Y52，这从侧面证明了预调查问卷测量题项的整体科学性较高。值得注意的是，原本划分到形象质量因子的Y28赛事与旅游活动提高了该地的知名度、Y29体育赛事形象与旅游形象契合度高，经探索性因子分析后被划分到旅游发展质量因子中，这从侧面进一步印证了赛事与旅游的融合为赛事旅游目的地旅游业的发展提供了强大的助力。

综上所述，探索性因子分析后的10个评价因子和50个评价指标进一步细化了对赛事质量的测量维度，降低了普通旅游服务指标的比例，突出了体育赛事旅游目的地质量评价区别于一般旅游目的地质量评价的独特性。以下将以50个评价指标为正式调查问卷题项进行验证性因子分析。

第三节 质量评价指标体系正式调查与权重

一 正式调查与数据收集

1. 正式问卷的设计

本书以旅游者在体育赛事旅游目的地的实际体验和直观感受为基础，让旅游者对问卷中的50个测量题项做出最真实的选择，以测量旅游者对体育赛事旅游目的地质量的评价。在测量尺度上采取李克特五点尺度法（Likert-5）来计量，其中5代表"完全同意"、4代表"比较同意"、3代表"一般"、2代表"比较不同意"、1代表"完全不同意"。本书将每个评价指标用陈述句表达出来，尽可能地减少或消除旅游者因为评价指标数目过多、涉及面过广而造成的理解偏差。旅游者只需要根据自己的真实感受在完全同意、比较同意、一般、比较不同意、完全不同意这 5 个选项间做出选择即可（见附录 E）。

参照相关研究，本书在问卷中设置了性别、年龄、月收入、职业、受教育程度 5 个人口学特征指标。其中性别设置男、女 2 个选项；年龄设置 18 岁及以下、19～29 岁、30～55 岁、56 岁及以上 4 个选项；月收入设置 2000 元及以下、2000～5000 元、5000～10000 元、10000 元以上4 个选项；职业设置公务员或事业单位人员、公司职员或工人、学生、个体经营者、退休人员、其他 6 个选项；受教育程度设置初中及以下、高中及中专、大专及本科、研究生及以上 4 个选项。本书设置的人口学特征指标旨在获取调查样本的基本结构与类型特征，保证调查样本的覆盖性和代表性，也为后续开展不同类型游客行为差异性检验提供便利。

此外，根据下一章研究需要，本书在问卷中添加旅游者满意度评价、感知价值评价、行为意向的题项。最后，还对问卷的格式、措辞与表述等方面做了修订，修订后的问卷将用于正式调查（见附录 E）。

2. 样本采集地区的选择

本书选择 2019 年 4～10 月在我国举办的具有较强影响力的体育赛事，包括参与型体育赛事 2 个，分别为潍坊国际风筝节、泰山国际登山节；观赏型体育赛事 2 个，分别为南京世界女排联赛总决赛、北京男篮世界杯总决赛。赛事举办地涉及 2 个一线城市（北京、南京）、1 个二线城市（潍坊）、1 个三线城市（泰安）。其中，潍坊、泰安两地的体育赛事为常年赛事，具有很强的区域影响力和赛事知名度，北京、南京两地作为奥运会和青奥会的举办地在大型体育赛事举办过程中具有优于其他城市的办赛条件和相关经验。潍坊、泰安、南京、北京 4 个城市都具有独特的旅游资源禀赋，是我国著名的旅游目的地城市，本书选取以上 4 个具有较强代表性的体育赛事旅游目的地作为研究案例，通过对体育赛事旅游目的地旅游者的系统随机抽样，保障研究样本的覆盖面与代表性和评价指标体系及结构方程模型的有效性、合理性、可靠性。

3. 样本回收

2019 年 4~10 月，笔者及团队人员亲赴各赛事现场，实施了问卷发放与回收工作，并结合问卷星进行了网络发放。在发放问卷之前先询问问卷填写者是否为外地游客再进行发放。潍坊国际风筝节发放问卷 250 份、南京世界女排联赛总决赛发放问卷 250 份、北京男篮世界杯总决赛发放问卷 250 份、泰山国际登山节发放问卷 250 份。

在剔除无效问卷的过程中，主要采用 SPSS 20.0 软件的数据分析方法和人工筛选相结合的方式，具体操作流程如下：查看题目回答缺失值情况—查看测谎题情况—查看同质题目回答是否协调—查看勾选选项是否具有规律性。最终，正式调查共回收有效问卷 739 份，问卷有效率为 73.9%。因为验证性因子分析本质上是结构方程模型的一种，所以根据采用结构方程模型（SEM）开展研究的基本要求即协方差分析的基本原理，该方法多用于大样本分析，统计分析的稳定性指标的适配性与样本数量呈正相关。通常的结构方程模型研究，其样本数量多介于200~500 个[①]，本书回收的调查样本数量符合结构方程模型研究的基本要求。

在进行验证性因子分析之前，本书先对收集的样本进行基本的人口学统计描述。在正式样本的被访者基本信息中，男性和女性人数大体相当，男性稍多，占比为 53.6%；在年龄方面，30~55 岁人数最多，占比为 50.3%，19~29 岁人数次之，占比为 24.2%；在月收入方面，5000~10000 元档次人数最多，2000~5000 元档次人数次之，两部分之和占总样本的 68.7%；在职业方面，全职上班族（公务员或事业单位人员、公司职员或工人）总占比为 52.7%，个体经营者占比为 21.8%，学生占比为 16.1%；在受教育程度方面，被访者普遍学历较高，具有大专及

[①] 张丽：《结构方程模型应用中样本和参数估计问题探析》，《科教文汇（下旬刊）》2017 年第 3 期。

以上学历的占比为 75.1%（见表 6-10）。

表 6-10　人口学特征结构（$N=739$）

单位：人，%

变量	属性	频数	占比
性别	男	396	53.6
	女	343	46.4
年龄	18 岁及以下	127	17.2
	19~29 岁	179	24.2
	30~55 岁	372	50.3
	56 岁及以上	61	8.3
月收入	2000 元及以下	133	18.0
	2000~5000 元	140	18.9
	5000~10000 元	368	49.8
	10000 元以上	98	13.3
职业	公务员或事业单位人员	182	24.6
	公司职员或工人	208	28.1
	学生	119	16.1
	个体经营者	161	21.8
	退休人员	45	6.1
	其他	24	3.2
受教育程度	初中及以下	50	6.8
	高中及中专	134	18.1
	大专及本科	322	43.6
	研究生及以上	233	31.5

二　验证性因子分析

本书通过在潍坊、南京、北京、泰安四地获得的 739 份调查样本数据进行评价指标体系的验证性因子检验，比较各因子之间的信度与效度，目的是保障本书构建的质量评价指标体系具有合理性和可靠性。验证性因子分析作为结构方程模型分析前的必要步骤，其本身也是结构方程模型分析的一种形式，目的是有效验证理论上的潜变量与实际观测变量假设关系是否成立。因为本书所采用的量表大部分是依据文献综述和深度访谈的方式自行拟定的，因此借助验证性因子分析，考察观测变量（50个题项）及探索性因子分析时所获得的潜变量（10个因子）之间的关系是非常有必要的。本书对两核心量表分别进行验证性因子分析，为做区分，在核心质量量表的测量指标前增加D，在辅助质量量表的测量指标前增加A。依照验证性因子检验的一般范式，将验证性因子检验模型常用的拟合指数及判定标准绘制成表，作为本书拟合优度的判断依据（见表6-11）。

表6-11　验证性因子检验模型拟合指数判定标准

模型拟合指数	名称	判定标准
χ^2	卡方	受样本量影响，越小越好
χ^2/df	卡方自由度比	小于3良好，3~5可以接受
GFI	拟合优度指数	大于0.9良好，大于0.8可以接受
AGFI	调整拟合优度指数	大于0.9良好，大于0.8可以接受
RMSEA	近似均方根残差	小于0.05良好，小于0.08可以接受
NFI	非标准拟合指数	大于0.9良好，大于0.8可以接受
IFI	增值适配指数	大于0.9
CFI	比较拟合指数	大于0.9

1. 效度检验

组合信度（CR）用来检验潜变量所包含的实际测量题项是否具有一致性，所以又称潜变量组合信度，CR值越大内部一致性越好。平均方差抽取量（AVE）用来衡量潜变量能解释的方差总变异量。AVE值越大实际测量题项表现潜变量性质的能力越强，聚合效度越好。组合信度一般要求不低于0.7，AVE值大于0.5才能说明聚合效度良好[①]。本

[①] Fornell, C., Larcker, D. F., "Evaluating Structural Equation Models with Unobservable Variables and Measurement Error," *Journal of Marketing Research* 24 (2), 1981: 337-346.

书变量的组合信度均大于 0.8，AVE 值均大于 0.6，表明本书开发的量表具有较高的聚合效度（见表 6-12）。

表 6-12 评价指标验证性因子分析结果 （N = 739）

一阶指标	二阶指标	因子载荷	CR	AVE
F1 赛事基本质量	D1	0.822	0.9097	0.6269
	D2	0.802		
	D3	0.812		
	D4	0.764		
	D5	0.777		
	D6	0.772		
F2 赛事内部环境质量	D7	0.797	0.9105	0.6293
	D8	0.783		
	D9	0.770		
	D10	0.781		
	D11	0.792		
	D12	0.835		
F3 赛事外部环境质量	D13	0.786	0.9014	0.6037
	D14	0.757		
	D15	0.804		
	D16	0.764		
	D17	0.767		
	D18	0.783		
F4 赛事发展质量	D19	0.799	0.8220	0.6063
	D20	0.746		
	D21	0.790		
F5 旅游发展质量	D22	0.776	0.9143	0.6038
	D23	0.777		
	D24	0.773		
	D25	0.766		
	D26	0.791		
	D27	0.763		

续表

一阶指标	二阶指标	因子载荷	CR	AVE
F5 旅游发展质量	D28	0.793		
F6 感知形象	D29	0.837	0.9089	0.7140
	D30	0.824		
	D31	0.825		
	D32	0.892		
F7 餐饮	A1	0.847	0.8836	0.6552
	A2	0.816		
	A3	0.776		
	A4	0.797		
F8 住宿	A5	0.825	0.8974	0.6367
	A6	0.772		
	A7	0.784		
	A8	0.768		
	A9	0.838		
F9 交通	A10	0.822	0.9115	0.6731
	A11	0.826		
	A12	0.806		
	A13	0.831		
	A14	0.817		
F10 娱乐	A15	0.846	0.9047	0.7035
	A16	0.842		
	A17	0.835		
	A18	0.832		

2. 信度检验

在 SPSS 20.0 软件中对问卷进行信度检验，分别验证核心质量和辅助质量量表各题项的内在一致性，信度评判以 Cronbach's α 系数为标准。通过分析数据可以看出，本书开发的核心质量量表整体 Cronbach's α 系数为 0.975，辅助质量量表整体 Cronbach's α 系数为 0.964，各个变量的 Cronbach's α 系数均为 0.8 以上，表明问卷具有较好的信度（见表

6-13、表 6-14)。

表 6-13　核心质量量表的信度检验结果（$N=739$）

变量	题项数（个）	Cronbach's α 系数	整体 Cronbach's α 系数
赛事基本质量	6	0.909	
赛事内部环境质量	6	0.911	
赛事外部环境质量	6	0.901	0.975
赛事发展质量	3	0.822	
旅游发展质量	7	0.914	
感知形象	4	0.909	

表 6-14　辅助质量量表的信度检验结果（$N=739$）

变量	题项数（个）	Cronbach's α 系数	整体 Cronbach's α 系数
餐饮	4	0.883	
住宿	5	0.897	0.964
交通	5	0.911	
娱乐	4	0.904	

以因子载荷为标准对各具体题项进行信度检验（见图 6-3）。图 6-3 中连接 F * 与 D * 路径上的系数即为因子载荷，因子载荷量越大代表潜变量对测量变量的解释能力越强，指标信度也就越好。一般来讲，因子载荷量应大于 0.7，分析结果显示，各个一级指标下对应的二级指标的因子载荷量取值在 0.75 和 0.89 之间，均大于 0.7，所有指标均符合研究的要求。

3. 验证性因子拟合效果分析

卡方自由度比（χ^2/df）为 2.855，小于 3，满足要求；GFI、AGFI、NFI 分别为 0.825、0.809、0.890，虽然不满足大于 0.900 的条件，但均为 0.8 以上，也可以接受。RMSEA 为 0.050 小于 0.080，满足要求；IFI、CFI 均为 0.926，满足要求（见表 6-15）。综上，验证性因子分析的结果表明，问卷具有很好的聚合效度。

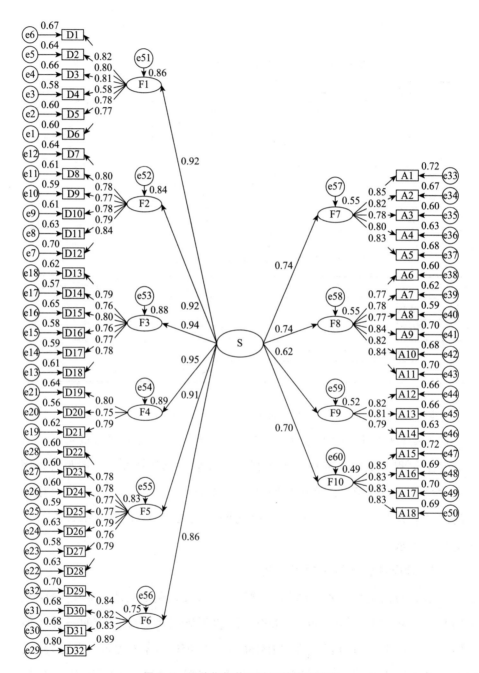

图 6-3 评价指标体系验证性分析结果

表 6-15　二阶验证性因子模型的拟合度指标

χ^2	χ^2/df	GFI	AGFI	RMSEA	NFI	IFI	CFI
3326.600	2.855	0.825	0.809	0.050	0.890	0.926	0.926

至此，基于旅游者感知的体育赛事旅游目的地质量评价指标体系的构建与检验完成，本质量评价指标体系包含 10 个因子 50 个测量指标，能科学有效地基于旅游者感知角度评价体育赛事旅游目的地质量。

三　指标权重的确认

1. 指标内涵的诠释

运用量化分析的方法，本书从数据分析角度对该质量评价指标体系的科学性和有效性进行了论证。然而，对于各级指标所代表的质量内涵，有必要在确认权重前对其内涵做进一步的阐述。以下将从四个方面对基于旅游者感知的体育赛事旅游目的地质量评价指标体系的指标内涵进行分析。

第一，本书认为体育赛事旅游目的地，首先应该有必备的体育赛事特征，且赛事质量也是本书区别于其他类型体育旅游目的地质量评价的重要特征，但由于学术界当前对体育赛事旅游目的地的认识和界定还不统一，本书在文献研究、深度访谈以及探索性因子分析和纠正项目相关系数的基础上，提出从赛事基本质量（F1）、赛事内部环境质量（F2）、赛事外部环境质量（F3）方面来评价体育赛事旅游目的地的赛事质量。其中，赛事基本质量（F1）所聚合的 6 个评价指标主要反映的是旅游者对体育赛事旅游目的地赛事精彩程度、参赛运动员知名度或竞技水平、裁判员或评分标准、赛程设置、赛事互动程度等方面的感知与评价。旅游者对体育赛事这些核心质量的感知与体验对评价体育赛事旅游目的地的赛事质量具有重要作用。赛事内部环境质量（F2）

所聚合的 6 个评价指标反映了赛事质量的第二个重要特征，即旅游者对体育赛事场地、设施、赛事信息、引导标识、信息咨询等赛事场馆内部环境的感知与评价。赛事外部环境质量（F3）所聚合的 6 个评价指标反映了赛事质量的第三个重要特征，即旅游者对体育赛事周边就餐、观众进出场、通信、停车、交通、安检等赛事场馆外部环境的感知与评价。这三个评价因子几乎涵盖了文献综述和深度访谈中旅游者对体育赛事旅游目的地质量评价的核心关注点。由于本书力图构建一个具有普适性的基于旅游者感知的体育赛事旅游目的地质量评价指标体系，考虑到体育赛事有参与型和观赏型这种形式上的区别，本书力图从体育赛事最基本的构成要素，即竞技者、竞技裁判、竞技规则、竞技场和竞技目标[1]五部分的旅游者感知质量来更好地达到普适性和通用性的目的。而且本评价指标体系构建的主要目的是展现体育赛事旅游目的地质量评价的基本维度，区分赛事类型并不是研究重点。所以，在指标制定的过程中并未对参与型体育赛事和观赏型体育赛事做详细区分，但是本书依旧在评价指标的描述上涉及两种赛事类型，详情请参考评价指标 Y1～Y3 的描述和 Y7～Y18 引导标题的语言描述，目的是保证问卷的科学性和不同类型旅游者填写过程的规范性。

第二，本书在文献研究、深度访谈以及探索性因子分析和纠正项目相关系数的基础上，提出从赛事发展质量（F4）和旅游发展质量（F5）两个方面来评价体育赛事旅游目的地赛事与旅游发展质量。其中赛事发展质量因子所聚合的 3 个评价指标，主要反映的是旅游者对体育赛事旅游目的地政府、产品开发、资源潜力方面质量的感知与评价。发展环境越好，赛事与旅游融合就越好。旅游发展质量因子所聚合的 7 个评价指标主要从社会环境方面出发，侧重旅游者关注和可以直接感知的部分，涵盖了旅游发展环境和体育与旅游融合所塑造的独有的旅游者认

---

① 王蒲：《运动竞赛方法研究》，人民体育出版社，2001。

知形象。本书将这两部分作为关注的重点主要是因为景点和景区的吸引力、资源保护、特色禀赋与地方政府的监管、开发理念等无法直观感知的社会潜在因素息息相关。人们对事物的了解通常包含对其特有属性及其整体形象的双重感知。在认知形象维度，众多学者大多依据不同旅游目的地的实际情况，结合基础设施、服务质量、文化环境、城市氛围等一系列社会环境来考察旅游者的认知。本书所设置的知名度、赛事形象与旅游形象契合度就是根据这样的思路确定的，体育赛事与旅游活动互动融合对地方知名度的提高以及二者之间契合度的提升有积极作用，可体现体育赛事旅游目的地未来发展的态势，是赛事与旅游发展质量评价指标体系中的重要组成部分。

第三，感知形象反映体育赛事旅游目的地体育赛事形象与目的地形象的一些固有特性及其满足旅游者需求的程度。本书在文献研究、深度访谈以及探索性因子分析和纠正项目相关系数的基础上，提出由感知形象（F6）所聚合的4个评价指标的目的是反映旅游者对体育赛事旅游目的地的情感形象。通过"非结构法"设置测量指标的方式，关注当旅游者在某个体育赛事旅游目的地出行的时候，如何描述其所感受到的当地氛围，主要目的是抓住体育赛事旅游目的地形象在旅游者心理层面展现的特征。旅游者对体育赛事旅游目的地所形成的情感上的好恶，对其评价体育赛事旅游目的地的质量具有直接影响，旅游目的地的感知形象是评价指标体系中必不可少的组成部分。

第四，旅游目的地辅助服务质量，反映体育赛事旅游目的地相关辅助服务设施的一些固有特性及其满足旅游者需求的程度。体育赛事旅游目的地作为旅游目的地的一类，必须具备基础旅游设施与基本旅游服务的通用功能，能够满足旅游者的共性旅游需求。研究体现了旅游者对"食、住、行、娱"的需求（F7~F10），设置了四个方面的问题。其中，餐饮（F7）因子聚合的4个评价指标重点反映了旅游者对体育赛事旅游目的地餐饮种类、环境、价格和服务等方面的感知与评价。住宿（F8）因子聚合的 5 个评价指标主要反映旅游者对体育赛事旅游目的地住宿位置、环境、价格、等级和服务质量的感知与评价。交通（F9）因子聚合的 5 个评价指标主要反映的是旅游者对体育赛事旅游目的地外部交通与内部交通设施以及服务等方面质量的感知与评价。交通是旅游者实现旅游目标的工具，所以体育赛事旅游目的地对外交通的通达性和对内交通的便利性是体育赛事旅游目的地质量感知和评价的重要方面。娱乐（F10）因子所聚合的 4 个评价指标主要反映的是旅游者对赛事旅游目的地娱乐服务、娱乐环境等方面质量的感知与评价。娱乐相关活动能满足旅游者放松身心的基本需求，体育赛事旅游目的地相关的娱乐活动是使旅游者更好的参与、体验、融入体育赛事旅游目的地的一种方式，是体育赛事旅游目的地质量与评价的一个重要方面。

综上所述，本书构建的质量评价指标体系是由一系列相互关联、能够反映旅游者对体育赛事旅游目的地质量水平评价的指标所构成的有机整体，是研究和测量体育赛事旅游目的地质量水平、评价体育赛事旅游目的地质量高低的重要工具。该评价指标体系按照体育赛事旅游目的地系统结构特征和旅游者旅游需求规律，逐级分层地设定指标，体现了评价内涵的目的。其中每一层的指标都是上一层指标的延伸，上一层指标又通过下一层指标的测量结果进行呈现。旅游者根据实际旅游需求，结合在体育赛事旅游目的地的实际感受和最直观的体验，从 10 个方面对体育赛事旅游目的地的一组固有特征进行整体感知，从而形成对体育赛事旅游目的地质量的整体评价。

2. 指标权重分配方法

本书构建的质量评价指标体系并不是借用已验证的科学量表，而是来源于文献综述和深度访谈。因此本书通过探索性因子分析和验证性因子分析，验证了评价指标的科学性和有效性，基本明确了 50 个评价指标的层次结构。在确定评价指标权重时，本书不再将重点放在确定哪些评价指标是最优解的问题上，而是更关心各评价指标定序的问题，即着重考察其重要程度也就是其在整个指标体系中的权重。考虑到科学性和简便性，本书采用优序法分配指标权重。

本书构建的质量评价指标体系由一级指标和二级指标构成。在具体的操作过程中将分两步进行，先对一级指标进行重要度排序和权重分配，再由上至下依次得到所有二级指标的对应权重。

3. 指标权重的确定

本书基于已有分析，从体育赛事主办部门（冬奥组委筹备委员会工作人员）、政府管理机构（国家体育总局、文化和旅游部工作人员）、赛事运营企业（管理者）、研究机构（旅游、体育赛事旅游、科研方法领域的专家）邀请 7 位具有相关背景的专家（见附录 F），对质量评价指标体系的一级和二级指标进行评判，针对 10 个构成一级指标的因子进行重要程度排序。

根据专家对 10 个一级指标重要程度排序和相对重要程度排序（见表 6-16、表 6-17），通过量化优序法计算出一级评价指标权重，详细计算方法见研究方法部分，在此不做赘述。

表 6-16　一级指标重要程度排序

一级指标	赛事主办部门工作人员	政府管理机构工作人员	赛事运营企业管理者	旅游企业管理者	旅游领域教授	体育赛事旅游领域教授	科研方法领域教授	综合优先序
赛事基本质量	1	1	2	2	2	1	1	10
赛事内部环境质量	2	2	3	1	1	2	2	13
赛事外部环境质量	5	5	4	4	4	5	5	32
赛事发展质量	3	4	1	3	4	3	4	22
旅游发展质量	6	6	7	5	5	6	6	41
感知形象	4	3	4	4	3	4	3	25

续表

一级指标	赛事主办部门工作人员	政府管理机构工作人员	赛事运营企业管理者	旅游企业管理者	旅游领域教授	体育赛事旅游领域教授	科研方法领域教授	综合优先序
餐饮	8	7	8	8	7	8	7	53
住宿	9	9	9	10	9	9	9	64
交通	7	8	5	7	8	7	8	50
娱乐	10	10	10	9	10	10	10	69

表 6-17　一级指标权重

一级指标	重要程度排序结果	相对重要程度	权重
赛事基本质量	1	1.4	0.2604
赛事内部环境质量	2	1.3	0.1860
赛事发展质量	3	1.2	0.1431
感知形象	4	1.4	0.1192
赛事外部环境质量	5	1.2	0.0852
旅游发展质量	6	1.4	0.0710
交通	7	1.6	0.0507
餐饮	8	1.1	0.0317
住宿	9	1.2	0.0287
娱乐	10		0.0240

遵循上文的步骤，分别对各二级指标进行权重分配，最后得到质量评价指标体系的全部指标权重（见表6-18）。

表 6-18　质量评价指标体系各级指标权重

一级指标	权重	二级指标	权重
赛事基本质量	0.2604	赛事精彩程度	0.0986
		赛事级别	0.0548
		参赛运动员知名度或竞技水平	0.0391
		赛程设置	0.0326
		裁判员或评分标准	0.0217
		赛事互动程度	0.0136

续表

一级指标	权重	二级指标	权重
赛事内部环境质量	0.1860	场地设施	0.0568
		场地布局	0.0437
		引导标识	0.0312
		赛事信息获取	0.0223
		场地咨询服务	0.0186
		场地环境	0.0133
赛事发展质量	0.1431	赛事产品开发	0.0620
		体育赛事政策	0.0443
		赛事资源潜力	0.0369
感知形象	0.1192	赛事旅游吸引力	0.0425
		赛事旅游氛围感知	0.0303
		赛事旅游体验评价	0.0253
		赛事旅游印象	0.0211
赛事外部环境质量	0.0852	出入场便利程度	0.0296
		安检与安全	0.0185
		不出售赛事门票	0.0132
		停车便捷程度	0.0094
		赛事服务人员态度	0.0079
		周围就餐、购物方便	0.0066
旅游发展质量	0.0710	赛事与旅游形象契合度	0.0255
		该地知名度	0.0142
		特色旅游资源	0.0101
		旅游政策	0.0084
		旅游市场规范	0.0053
		旅游资源开发潜力	0.0044
		旅游资源保护	0.0031
交通	0.0507	外部可进入性	0.0187
		对内交通完善	0.0117
		公交准时	0.0084
		出租车服务规范	0.0070
		公交换乘方便	0.0050

一级指标	权重	二级指标	权重
餐饮	0.0317	餐饮价格合理	0.0133
		餐饮服务环境	0.0083
		餐饮特色	0.0059
		餐饮种类	0.0042
住宿	0.0287	宾馆位置安全	0.0115
		客房舒适卫生	0.0072
		住宿价格合理	0.0045
		住宿预订方便	0.0032
		住宿服务规范	0.0023
娱乐	0.0240	特色娱乐活动	0.0086
		知名娱乐活动	0.0061
		娱乐活动丰富	0.0051
		娱乐场所价格及服务	0.0042

第四节　基于三维视角的评价指标体系论证

一　三维视角下评价指标体系的结构

本书在文献分析和深度访谈的基础上构建起基于旅游者感知的体育赛事旅游目的地质量评价指标体系，从赛事质量、赛事与旅游发展质量、形象质量、旅游目的地辅助服务质量四大类别的整体框架出发，构建具体的评价指标，并通过世界斯诺克中国公开赛的小样本调查数据，以探索性因子分析和纠正项目相关系数相结合的方式筛选评价指标，最终得到两个量表下的 10 个评价因子和 50 个评价指标（见图 6-4），并通过潍坊、南京、北京、泰安四地的正式问卷数据，借用验证性因子分析对评价指标的聚合效度和信度进行了验证，进一步证明了评价指标的科学性和有效性。

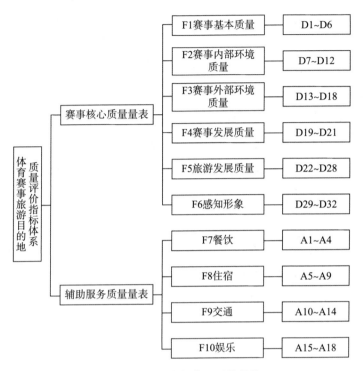

图 6-4　评价指标体系总体结构

其中，2 个量表为赛事核心质量量表和辅助服务质量量表，10 个评价因子分别是：赛事基本质量（F1）、赛事内部环境质量（F2）、赛事外部环境质量（F3）、赛事发展质量（F4）、旅游发展质量（F5）、感知形象（F6）、餐饮（F7）、住宿（F8）、交通（F9）、娱乐（F10）。赛事核心质量量表包括 F1～F6 共 32 个评价指标，辅助服务质量量表包括 F7～F10 共 18 个评价指标。该评价指标体系覆盖了旅游者对体育赛事旅游目的地赛事质量、赛事与旅游发展质量、形象质量、旅游目的地辅助服务质量四大类别及 10 个具体方向的评价，展现出体育赛事旅游目的地质量的固有特征与结构，通过满足旅游者这些方面的需求，形成基于旅游者感知的体育赛事旅游目的地质量的评价，从而影响旅游者后续的旅游行为及意愿。

二 三维视角下评价指标体系的独特性

本书确立的质量评价指标体系是区别于普通旅游目的地质量评价指标体系的，具有科学性和有效性。通过该质量评价指标体系最终的指标权重可以看出，与赛事元素紧密相关的 F1、F2、F4 是权重较高的第一梯队，与赛事与旅游形象和旅游发展相关的 F6、F3、F5 是权重次高的第二梯队，F9、F7、F8、F10 是第三梯队。指标体系的最终权重充分凸显了以下三个特色。

第一，关注赛事质量，突出赛事与旅游的相关关系。通过探索性因子分析与验证性因子分析，对比最终评价指标体系划分维度和预设维度发现，最终评价指标对原先的赛事质量维度进行了细化，将赛事质量详细划分为赛事基本质量、赛事内部环境质量和赛事外部环境质量。这种以体育赛事场馆（场地）内部、外部为划分标准的区分方式虽然简单，但涵盖了参与或观看体育赛事时旅游者方方面面的基本需求。形象质量维度的设置从赛事活动与旅游活动的相关关系入手，抓住旅游者对体育赛事和旅游活动相互促进所带来的情感上的好恶，着重反映赛事和旅游活动在旅游者心理层面展现的特征。在最终权重结果中，10个一阶因子的权重强有力地证明了在本质量评价指标体系中赛事核心质量 F1~F6 的权重明显高于辅助服务质量 F7~F10。

第二，降低基础旅游服务指标比例。基于旅游者感知的体育赛事旅游目的地质量评价指标体系区别于一般旅游目的地的一大特色就是当赛事元素进入质量评价体系时，辅助服务质量中的购物因子因不具有有效性而被删除，这表明体育赛事旅游目的地的赛事元素极大地弱化了购物娱乐等相关服务元素，成为赛事旅游者主要的消遣活动。"食、住、行"三大基本旅游服务要素依旧存在，说明体育赛事旅游的发展始终还是需要满足旅游者最基本的旅游需求，要在此基础上发展更丰富多样、富有个性的赛事旅游活动。

第三，充分考虑"人"——旅游者、"地"——体育赛事旅游空间、"业"——融合型赛事旅游服务质量的应有特征。本评价指标体系在"人"的视角下诠释了体育赛事旅游目的地应具有的"地"与"业"的质量。F1~F3（赛事质量）、F7~F10（"食、住、行、娱"质量）主要是从赛事产业和旅游产业提供的服务产品质量角度即"业"的角度来评价体育赛事旅游目的地质量。F4、F5（赛事发展质量与旅游发展质量）以及F6（感知形象）主要是从赛事与旅游发展环境如社会政策环境、自然资源环境等方面以及赛事和旅游形象关系即"地"的角度来评价体育赛事旅游目的地质量。该评价指标体系将理论研究中阐释的"人-地-业"三维融入实证当中，是对理论研究的实证补充。

小 结

本章从旅游者的角度入手构建了一个基于旅游者感知的体育赛事旅游目的地质量评价指标体系，期待扩展质量评价体系研究的视角，为体育赛事旅游目的地质量评价展现一个应有的评价维度和体系结构。

首先，通过文献综述和确立基于感知的体育赛事旅游目的地质量评价指标体系深度访谈提纲，获得旅游者对体育赛事旅游目的地的各种赛事要求和旅游需求。

其次，在总结文献并梳理相关成果的基础上，以坚持突出特色、符合实际需求、切实反映未来发展与实际需要为目标，以旅游者需求导向性、有限性、有效性、可靠性为原则，构建基于旅游者感知的体育赛事旅游目的地评价指标体系。以245份旅游者问卷为预调查数据，采用探索性因子分析和纠正项目的总相关系数相结合的方法，对评价指标体系进行修正。

再次，通过潍坊、北京、南京、泰安四地的739份正式调查样本对初步构建的评价指标体系进行了验证性因子分析，证明其有效性和科学性。在探索性因子分析和验证性因子分析确定的评价指标体系的基础上，分析各指标的内涵并采用优序法确定了质量评价指标体系各指标最终的权重。

最后，从"人-地-业"三维视角提出质量评价指标体系的总体结构，阐明本书构建的质量评价指标体系的独特性。本书构建的质量评价指标体系关注赛事质量、突出赛事与旅游的相关关系；弱化旅游基础服务指标权重；充分考虑以"人"为中心、以"地""业"为重点的质量评估，关注体育赛事旅游目的地形象与发展环境，突出体育赛事旅游目的地质量评估的特色。

第七章

体育赛事旅游目的地旅游者行为
意向影响因素分析

作为体育赛事旅游目的地的核心利益相关者，赛事旅游者是需求主体，其在赛事旅游目的地表现出的各种消费行为对预测和规划体育赛事旅游目的地未来的发展至关重要。赛事旅游者是否选择到一个体育赛事旅游目的地进行消费，关系到体育赛事旅游目的地是否可以获得生生不息的发展动力。

可被赛事旅游者感知的质量是影响赛事旅游者行为意向的最直接的因素。本书从已有的旅游者行为研究中得到很多启发，体育赛事旅游目的地作为众多旅游目的地类型中的一类，在其空间中产生的旅游者行为必然遵循普通旅游目的地的一般规律。然而，以体育赛事为核心吸引物的体育赛事旅游目的地因其本身与普通旅游目的地的不同，存在以下问题有待解决。其感知质量与旅游者最终行为意向的关系存在哪些特殊性？体育赛事旅游目的地的旅游者作为一群特殊的消费者是否会因为自身性别、年龄、学历、工作等特点而在感知质量、感知价值、满意度、行为意向上表现出差异？

因此，本章将回答研究目标中的第三组问题，借助构建自变量为体育赛事旅游目的地感知质量因变量为旅游者行为意向的结构方程，探究感知质量与旅游者行为意向之间的关系。首先，本章对体育赛事旅游目的地旅游者的感知质量、感知价值、满意度、行为意向等概念之间的关系进行分析，试图解释感知质量通过何种路径最终影响行为意向。其次，采用差异化分析方法，探究感知质量、感知价值、满意度、行为意向各维度在人口学指标上是否存在显著性差异。以期从实证中凝练出体育赛事旅游目的地旅游者行为的一般规律，为未来发展规划以及发展策略的提出提供实证支撑。

第一节　理论模型的构建

一　研究假设

行为意向是行为决策前对所作决策的一种态度倾向，它是预测消费者未来能否实施某项具体行为最有效最直接的方法[①]，某体育赛事旅游目的地能否生生不息地良性发展，最关键的就是旅游者未来是否会来到该体育赛事旅游目的地消费，因此探究旅游者的行为意向对体育赛事旅游目的地的未来发展至关重要。总结当前旅游学研究已有的成果可以看出大多数学者采用重游意向、推荐意向、抱怨意向来测量行为意向。对于何种因素影响行为意向，在服务营销领域，多数学者通过实证证明了旅游者感知质量、感知价值和满意度都对其行为意向具有直接影响（见表7-1）。

表7-1　关于旅游者感知质量、感知价值、满意度和行为意向关系的文献归纳

文献	涉及的变量	验证与否
Lee et al. （2005）	PQ, SAT, BI	是

①　Fishbein, M., Ajzen, I., "Belief, Attitude, Intention and Behaviour: An Introduction to Theory and Research," *Philosophy & Rhetoric* 10 （2）, 1977: 130-132.

续表

文献	涉及的变量	验证与否
卞显红（2002）	*PQ*，*SAT*，*BI*	是
Gallaraz & Saura（2006）	*PV*，*SAT*，*BI*	是
Um et al.（2006）	*PV*，*SAT*，*BI*	是
汪侠、梅虎（2006）	*PQ*，*PV*，*SAT*，*BI*	是
Hui et al.（2007）	*PQ*，*SAT*，*BI*	是
Castro et al.（2007）	*PQ*，*SAT*，*BI*	是
Lee et al.（2007）	*PQ*，*SAT*，*BI*	是
Mechinda et al.（2009）	*PQ*，*PV*，*SAT*，*BI*	是
Hutchinson et al.（2009）	*PQ*，*PV*，*SAT*，*BI*	是
何琼峰（2011）	*PQ*，*PV*，*SAT*，*BI*	是
Song et al.（2012）	*PQ*，*PV*，*SAT*，*BI*	是

注：感知质量（Perceived Quality，PQ）；感知价值（Perceived Value，PV）；满意度（Satisfaction，SAT）；行为意向（Behavioral Intentions，BI）。

资料来源：Cronin, J. J., Brady, M. K., Hult, G. T. M., "Assessing the Effects of Quality, Value and Customer Behavioral Intentions in Service Environments," *Journal of Retailing* (2), 2000：193－218；卞显红《城市旅游空间结构及其空间规划布局研究》，南京师范大学硕士学位论文，2002；汪侠、梅虎《旅游地游客满意度：模型及实证研究》，《北京第二外国语学院学报》2006 年第 7 期；何琼峰《中国国内游客满意度的内在机理和时空特征》，《旅游学刊》2011 年第 9 期。

　　虽然旅游者在体育赛事旅游目的地的行为活动也是一种消费行为，但其旅游行为意向产生的原因与一般商品的购买倾向相比有太多的不确定性，因此对于一般商品购买行为的研究理论很难直接应用到体育赛事旅游目的地旅游者行为意向的研究中，且在旅游研究领域中对于行为意向与感知质量、感知价值、满意度之间的关系并未达成共识，需要经过必要的实践验证。因此本章将基于服务营销和旅游领域已有的行为意向研究成果，建立针对体育赛事旅游目的地旅游者行为意向的模型，以便更清晰有效地阐释体育赛事旅游目的地旅游者行为与感知质量、感知价值、满意度的内在关系。

1. 旅游者感知质量与旅游者感知价值、旅游者满意度和旅游者行为意向之间的关系

（1）旅游者感知质量与旅游者感知价值之间的关系

在对 B2B 企业的案例实证中管理学家们证实了顾客感知质量与顾客感知价值之间的正向关系[①]。通过研究顾客感知质量、顾客感知价值及顾客满意度之间的关系，王永贵等发现顾客感知质量对顾客感知价值及顾客满意度具有积极的影响[②]。在旅游领域，2009 年中国游客满意度课题组以美国和欧洲游客满意度指数为基础，构建了满意度结构方程模型，证明了游客感知质量对游客感知价值具有正向影响。除此之外汪侠、麦辰达、哈欠森、宋海岩等也通过实证证明了游客感知质量对游客感知价值具有正向的影响。

基于以上分析提出假设：

H1a 体育赛事旅游目的地旅游者感知质量会影响感知价值，感知质量越高，感知价值越高，感知质量对感知价值具有正向影响。

（2）旅游者感知质量与旅游者满意度之间的关系

Zeithaml 等指出顾客感知质量先于顾客满意度产生，顾客感知质量是顾客满意度的一个起因[③]。在旅游研究领域，Baker 和 Crompton、Bigné 等、Lee 等分别通过实证研究从正向影响和负向影响两个角度研究了游客感知质量对游客满意度的影响[④]。国内学者汪侠和梅虎、卞

---

① Patterson, P. G., Spreng, R. A., "Modelling the Relationship between Perceived Value, Satisfaction and Repurchase Intentions in a Business-to-business, Services Context: An Empirical Examination," *International Journal of Service Industry Management* 8 (5), 1997: 414–434.

② Wang, Y., Lo, H. P., Yang, Y., "An Integrated Framework for Service Quality, Customer Value, Satisfaction: Evidence from China's Telecommunication Industry," *Information Systems Frontiers* 6 (4), 2004: 325–340.

③ Zeithaml, V. A., Berry, L. L., Parasuraman, A., "The Behavioral Consequences of Service Quality," *Journal of Marketing* 60 (2), 1996: 31–46.

④ Baker, D. A., Crompton, J. L., "Quality, Satisfaction and Behavioral Intentions," *Annals of Tourism Research* 27 (3), 2000: 785–804. Bigné, J. E., Sánchez, M. I., Sánchez, J., "Tourism Image, Evaluation Variables and After Purchase Behaviour: Inter-relationship," （转下页注）

显红都通过实证研究分别证实了，游客感知质量对游客满意度具有正向影响[①]。Hui 等、何琼峰、宋海岩和朱明芳提出游客感知价值具有中介效应，游客感知质量通过影响游客感知价值进而影响游客满意度[②]。

基于以上分析提出假设：

H1b　体育赛事旅游目的地旅游者感知质量会影响满意度，感知质量越高，满意度越高，感知质量对满意度有正向影响。

H1c　体育赛事旅游目的地旅游者感知质量通过感知价值影响满意度，感知价值起到中介作用。

（3）旅游者感知质量与旅游者行为意向之间的关系

目前学术界在"顾客感知质量通过顾客感知价值和顾客满意度间接影响顾客行为意向"这一观点上基本达成共识，但对于"顾客感知质量是否直接影响顾客行为意向"的观点还存在很多争论。在旅游研究领域，Lee 等、卞显红、何琼峰、宋海岩和朱明芳等大多数学者认为游客感知质量通过一些中介变量，如游客满意度、感知价值等间接影响游客行为意向[③]。汪侠和梅虎、Bigné 等学者通过实证研究指出，游客

（接上页注④）*Tourism Management* 22 （6），2001：607-616. Lee, C., Lee, Y., Lee, B., "Korea's Destination Image Formed by the 2002 World Cup," *Annals of Tourism Research* 23 （4），2005：839-858.

① 汪侠、梅虎：《旅游地游客满意度：模型及实证研究》，《北京第二外国语学院学报》2006 年第 7 期；卞显红：《城市旅游空间结构及其空间规划布局研究》，南京师范大学硕士学位论文，2002。

② Hui, T. K., Wan, D., Ho, A., "Tourists' Satisfaction, Recommendation and Revisiting Singapore," *Tourism Management* 28 （4），2007：965-975；何琼峰：《中国国内游客满意度的内在机理和时空特征》，《旅游学刊》2011 年第 9 期；宋海岩、朱明芳：《基于游客满意指数的满意度动态评估——以香港为例》，《中大管理研究》2012 年第 7 期。

③ Lee, C., Yoon, Y., Lee, S., "Investigating the Relationships among Perceived Value, Satisfaction, and Recommendations: The Case of the Korean DMZ," *Tourism Management* 28 （1），2007：204-214；卞显红：《城市旅游空间结构及其空间规划布局研究》，南京师范大学硕士学位论文，2002；何琼峰：《中国国内游客满意度的内在机理和时空特征》，《旅游学刊》2011 年第 9 期；宋海岩、朱明芳：《基于游客满意指数的满意度动态评估——以香港为例》，《中大管理研究》2012 年第 7 期。

感知质量不仅通过一些中介变量对游客行为意向产生间接的影响，而且对旅游目的地游客忠诚的部分维度起到直接影响的作用[1]。

基于以上分析提出假设：

H1d　体育赛事旅游目的地旅游者感知质量通过满意度影响重游意向，满意度起到中介作用。

H1e　体育赛事旅游目的地旅游者感知质量会影响重游意向，感知质量越高，重游意向就越强，感知质量对重游意向有正向影响。

H1f　体育赛事旅游目的地旅游者感知质量会影响推荐意向，感知质量越高，推荐意向就越强，感知质量对推荐意向有正向影响。

H1g　体育赛事旅游目的地旅游者感知质量会影响抱怨意向，感知质量越高，抱怨意向就越弱，感知质量对抱怨意向有负向影响。

2. 旅游者感知价值、旅游者满意度、旅游者行为意向之间的关系

（1）旅游者感知价值与旅游者满意度之间的关系

在旅游研究领域，Parasuraman 和 Grewal 认为游客感知价值对游客的选择行为、游客满意度以及游客重购行为都有影响[2]。Lee 等指出游客感知价值对游客满意度有显著影响[3]。

基于以上分析提出假设：

H2a　体育赛事旅游目的地旅游者感知价值会影响满意度，感知价值越高，满意度越高，感知价值对满意度有正向影响。

---

① 汪侠、梅虎：《旅游地游客满意度：模型及实证研究》，《北京第二外国语学院学报》2006年第 7 期；Bigné, J. E., Sánchez, M. I., Sánchez, J., "Tourism Image, Evaluation Variables and after Purchase Behaviour: Inter-relationship," *Tourism Management* 22 (6), 2001: 607-616。

② Parasuraman, A., Grewal, D., "The Impact of Technology on the Quality-value-loyalty Chain: A Research Agenda," *Journal of the Academy of Marketing Science* 28 (1), 2000: 168-174.

③ Lee, C., Yoon, Y., Lee, S., "Investigating the Relationships Among Perceived Value, Satisfaction, and Recommendations: The Case of the Korean DMZ," *Tourism Management* 28 (1), 2007: 204-214.

（2）旅游者满意度与旅游者行为意向之间的关系

在旅游研究领域，游客满意度是游客行为意向的主要影响因素之一。Bigné 等提出游客满意度对游客推荐意向具有正向影响[1]。Hui 等通过对到访新加坡的游客的实证研究提出，游客的满意度对游客推荐意向存在正向影响的可能性比对游客重游意向存在正向影响的可能性大[2]。Jang 和 Feng 通过法国消遣型旅游实证证明了游客满意度对短期重游具有正向影响[3]。Singh 对游客抱怨行为和游客不满意程度做了研究，认为游客抱怨行为与游客不满意程度成正相关关系，与游客满意程度成负相关关系[4]。

基于以上分析提出假设：

H3a 体育赛事旅游目的地旅游者满意度会影响推荐意向，满意度越高，推荐意向越强，满意度对推荐意向有正向影响。

H3b 体育赛事旅游目的地旅游者满意度会影响重游意向，满意度越高，重游意向越强，满意度对重游意向有正向影响。

H3c 体育赛事旅游目的地旅游者满意度会影响抱怨意向，满意度越高，抱怨意向越弱，满意度对抱怨意向有负向影响。

（3）旅游者行为意向各维度之间的关系

从现有文献来看，一些研究结论显示，游客行为意向各维度相互影响。在消费者行为研究中，大多数学者将积极的正面口碑视为与推荐意向相同的概念，并认为口碑与重购意向之间存在正向相关的关系。Homburg 和 Giering 在自己的研究中验证了推荐意向对重构意向的正向

---

① Bigné, J. E., Sánchez, M. I., Sánchez, J., "Tourism Image, Evaluation Variables and After Purchase Behaviour：Inter-relationship," *Tourism Management* 22（6），2001：607-616.

② Hui, T. K., Wan, D., Ho, A., "Tourists' Satisfaction, Recommendation and Revisiting Singapore," *Tourism Management* 28（4），2007：965-975.

③ Jang, S. C., Feng, R., "Temporal Destination Revisit Intention：The Effects of Novelty Seeking and Satisfaction," *Tourism Management* 28（2），2007：580-590.

④ Singh, J., "Voice, Exit, and Negative Word-of-mouth Behaviors：An Investigation Across Three Service Categories," *Journal of the Academy of Marketing Science* 18（1），1990：1-15.

影响[1]。Terblanche 的研究表明抱怨意向对重购意向具有负向影响[2]。

基于以上分析提出假设：

H4a　体育赛事旅游目的地旅游者推荐意向会影响重游意向，推荐意向越强，重游意向越强，推荐意向对重游意向有正向影响。

H4b　体育赛事旅游目的地旅游者抱怨意向会影响重游意向，抱怨意向越强，重游意向越弱，抱怨意向对重游意向有负向影响。

二　理论模型

1. 研究变量的确定

通过对前人研究成果的梳理，本书基本确认了感知质量、感知价值、满意度和行为意向作为体育赛事旅游目的地旅游者行为意向结构方程模型的基本变量，并提出了各变量间关系的假设，为了进一步求证各个变量之间的关系，首先应明确变量的操作性定义。

（1）感知质量

在上一章中我们建立并验证了基于旅游者感知的体育赛事旅游目的地质量评价指标体系，该质量评价指标体系共包含 2 个评价量表（核心质量量表、辅助质量量表），4 个评价大类（赛事质量、赛事与旅游发展质量、感知形象质量和旅游目的地辅助服务质量），10 个评价因子 ［赛事基本质量（F1）、赛事内部环境质量（F2）、赛事外部环境质量（F3）、赛事发展质量（F4）、旅游发展质量（F5）、感知形象（F6）、餐饮（F7）、住宿（F8）、交通（F9）、娱乐（F10）］ 和 50 个评价指标。该

---

① Homburg, C., Giering, A., "Personal Characteristics as Moderators of the Relationship between Customer Satisfaction and Loyalty—an Empirical Analysis," *Psychology & Marketing* 18（1），2001：43-66.

② Terblanche, N. S., "The Relationship between Customer Satisfaction and Loyalty：An Application of the American Customer Satisfaction Index in the South African Fast Food Industry," *Management Dynamics Journal of the Southern African Institute for Management Scientists* 2（15），2006：31-42.

质量评价指标体系由表及里、由浅入深，科学有效地描述了旅游者感知视角的体育赛事旅游目的地质量，本结构方程模型将质量评价指标体系的2个核心量表呈现的旅游者感知质量作为研究变量的来源。

（2）感知价值

对游客感知价值的定量研究始于21世纪。Dodds等提出感知价值是顾客感知质量和感知心理与货币付出之间的权衡①。Lee等提出感知分为功能价值、情感价值和总体价值3个维度②。何建英认为感知价值就是游客在旅游目的地感知利益与所付出成本之间权衡后的一种综合评价③。Cronin等、Sweeney和Soutar、Lam等以及国内学者陆娟等都编制了自己的量表对游客感知价值进行了实证研究④。本书结合前人的研究成果将游客感知价值这一变量界定为：游客对在旅游目的地所能感知到的利益与所付出的成本进行权衡后，对旅游目的地整体绩效的综合评价。在概念操作上，本书基于变量定义，借鉴Cronin等和陆娟等的研究量表，设置了3个题项。其中"您认为该地所提供的赛事活动总体价值高""您认为该地所提供的与赛事相关的旅游活动总体价值高"是基于旅游者感知价值的整体价值的考量并着重考察旅游者对赛事产品本身和与赛事相关的旅游活动。"您在权衡付出与收益后，认为本次

---

① Dodds, W. B., Monroe, K. B., Grewal, D., "Effects of Price, Brand, and Store Information on Buyers' Product Evaluations," *Journal of Marketing Research* 28 (3), 1991: 307-319.

② Lee, C., Yoon, Y., Lee, S., "Investigating the Relationships among Perceived Value, Satisfaction, and Recommendations: The Case of the Korean DMZ," *Tourism Management* 28 (1), 2007: 204-214.

③ 何建英：《都市型旅游目的地国内游客满意度研究》，南开大学博士学位论文，2012。

④ Cronin, J. J., Brady, M. K., Hult, G. T. M., "Assessing the Effects of Quality, Value, and Customer Satisfaction on Consumer Behavioral Intentions in Service Environments," *Journal of Retailing* 76 (2), 2000: 193-218; Sweeney, J. C., Soutar, G. N., "Consumer Perceived Value: The Development of a Multiple Item Scale," *Journal of Retailing* 77 (2), 2001: 203-220; Lam, S. Y., et al., "Customer Value, Satisfaction, Loyalty, and Switching Costs: An Illustration from a Business-to-Business Service Context," *Journal of the Academy of Marketing Science* 32 (3), 2004: 293-311; 陆娟、芦艳、娄迎春：《服务忠诚及其驱动因素：基于银行业的实证研究》，《管理世界》2006年第8期。

出行物有所值"是基于感知利益与感知成本权衡的考量。在测量尺度上采取李克特五点尺度法（Likert-5）来计量旅游者对体育赛事旅游目的地的感知价值。

（3）满意度

游客满意度是顾客满意度在旅游研究领域的运用与延伸。许多学者基于不同理论对游客满意度的概念做出了界定，顾客满意度是顾客在消费过程中对产品或服务满足需求程度的感受或心理反应[1]。在旅游研究领域，Pizam 等最早提出游客满意度是游客对旅游目的地的期望与旅游目的地实际体验综合比较后的结果，若实际体验高于期望，游客就表现为满意，反之则表现为不满意[2]。Baker 和 Crompton 提出游客满意度是游客对旅游目的地的旅游景观、环境、基础设施、接待服务以及娱乐活动等方面满足其旅游活动需求程度的综合评价[3]。基于以上学者对游客满意度概念的界定，本书将游客满意度界定为：游客对旅游目的地整体感知绩效满足自身需要程度的综合评价。在概念操作上本书主要借鉴了汪侠和梅虎以及何琼峰的研究量表，设置了 3 个题项[4]。"总体满意程度"是从旅游者满意度的整体评价出发进行考量，"与需要相比的满意程度"是从旅游者满意度与需要满足情况出发进行考量，"与理想中体育赛事旅游目的地相比的满意程度"是从旅游者满意度与期望出发进行考量。在测量尺度上采取李克特五点尺度法（Likert-5）来计量旅游者对体育赛事旅游目的地的满意度。

---

① Oliver, R. L., *Satisfaction: A Behavioral Perspective on the Consumer* (New York: The McGraw-Hill Companies Inc, 1997), pp. 113–115.

② Pizam, A., Neumann, Y., Reichel, A., "Dimentions of Tourist Satisfaction with a Destination Area," *Annals of Tourism Research* 5 (3), 1978: 314–322.

③ Baker, D. A., Crompton, J. L., "Quality, Satisfaction and Behavioral Intentions," *Annals of Tourism Research* 27 (3), 2000: 785–804.

④ 汪侠、梅虎：《旅游地顾客忠诚模型及实证研究》，《旅游学刊》2006 年第 10 期；何琼峰：《中国国内游客满意度的内在机理和时空特征》，《旅游学刊》2011 年第 9 期。

（4）行为意向

从现有的文献研究来看，很多学者对顾客行为意向进行了研究，但仍未形成顾客行为意向的确切定义。当前大部分研究是以 Zeithaml 等所提出的顾客行为意向概念为基础开展的[①]。Harrison-Walker 将行为意向界定为从事某特定行为的自发性计划的强度[②]。Fornell 等在构建美国顾客满意度指数模型[③]和构建瑞典顾客满意度指数模型[④]时设置了两个维度的行为意向，即"游客忠诚"和"游客抱怨"，这为本书的概念操作提供了借鉴。以前人对行为意向的界定为基础，参考 Fornell 等提出的指数模型，本书从"游客忠诚"和"游客抱怨"两个具体的角度设置测量题项。其中对于游客忠诚设置了6个题项，包括"您未来会将该地作为参（观）赛和旅游的首选""您还会到该地参（观）赛或旅游""您还会持续关注该地的赛事及旅游信息"，这3个题项是基于旅游者的重游意向做出的考量；"您会主动与人分享该地参（观）赛的正面信息""您会在他人寻求建议的时候推荐该地""您会鼓励亲戚朋友到该地参（观）赛或旅游"，这3个题项是基于旅游者的推荐意向做出的考量。对于旅游者抱怨设置了3个题项，包括"您会向相关部门投诉该地的服务质量问题""您会向亲戚朋友抱怨该地的服务质量""您会向其他旅游者抱怨该地的服务质量"。在测量尺度上采取李克特五点尺度法（Likert-5）来计量旅游者对体育赛事旅游目的地的行为意向。

综上，本书借用前人已经验证的具体考察题项，确立了体育赛事旅游目的地感知质量对旅游者行为意向结构方程的两个中介变量（感知

---

① Zeithaml, V. A., Berry, L. L., Parasuraman, A., "The Behavioral Consequences of Service Quality," *Journal of Marketing* 60 (2), 1996.

② Harrison-Walker, L. J., "Service Quality in the Hair Salon Industry," *Journal of Business Disciplines Indiana University Southeast* 1 (2), 2000: 37-46.

③ Fornell, C., et al., "The American Customer Satisfaction Index: Nature, Purpose, and Findings," *Journal of Marketing* 60 (4), 1996: 7-18.

④ Fornell, C., "A National Customer Satisfaction Barometer: The Swedish Experience," *Journal of Marketing* 56 (1), 1992: 6-21.

价值、满意度）和 1 个因变量（行为意向）的 15 个具体考察题项，并将其作为结构方程模型数据的来源，纳入正式调查问卷的 Q2、Q3、Q4。

2. 感知质量对旅游者行为意向的总体回归分析

基于上述分析，本书构建了体育赛事旅游目的地旅游者感知质量、感知价值、满意度和行为意向之间的理论模型（见图 7-1）。

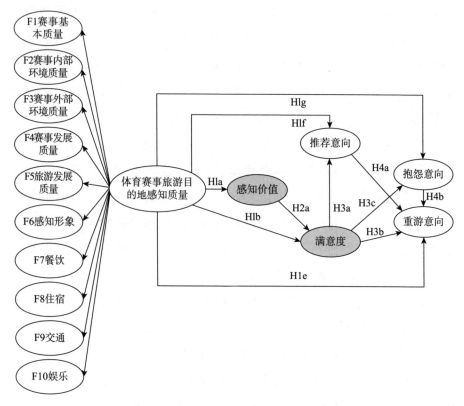

图 7-1　理论模型

旅游目的地的旅游者由初游者和重游者构成，当前很多国家已将初游者与重游者的比例作为旅游目的地发展情况的评判标准。旅游者重游行为一直是旅游目的地发展研究和市场研究领域的热点，究其原因有二：首先，旅游目的地旅游者重游率是衡量旅游者对旅游目的地满意度的重要指标；其次，旅游目的地吸引重游者比吸引初游者所花费的市场营销成本低。而重游行为多受行为意向所影响，因此关注体育赛事旅游目的地旅游者行为意向（尤其是重游意向）对赛事旅游目的地的良性可持续发展具有重要的意义。本书将感知质量对行为意向具有相关性作为所构建结构方程模型的基本前提，在此前提下探讨感知质量、感知价值、满意度和行为意向之间的内在关系，目的是探究感知质量通过何种路径最终影响旅游者行为意向。

将性别、年龄等人口统计学变量当作控制变量，体育赛事旅游目的地质量评价指标体系当作核心解释变量，分别以重游意向、推荐意向、抱怨意向为被解释变量进行线性回归分析（见表7-2）。

表7-2　感知质量对旅游者行为意向的回归结果

变量		重游意向		推荐意向		抱怨意向	
控制变量	性别	−0.098	0.026	−0.102	0.000	0.085	−0.015
	年龄	−0.078[*]	0.000	−0.074[*]	−0.010	0.078[*]	0.015
	月收入	0.018	0.064[**]	0.014	0.052[*]	−0.023	−0.061[*]
	职业	−0.024	0.008	−0.014	0.013	0.005	−0.021
	受教育程度	−0.001	0.034	−0.016	0.012	−0.033	−0.061[*]
自变量	体育赛事旅游目的地质量评价指标体系		0.965[***]		0.797[***]		−0.778[***]
调整后 R^2		0.004	0.612	0.003	0.424	0.003	0.405
F		1.590	195.334[***]	1.469	91.608[***]	1.467	84.661[***]

注：*表示在5%水平上显著，**表示在1%水平上显著，***表示在0.1%水平上显著。

在重游意向方面，当仅有控制变量进入回归方程时，调整后 R^2 非常小，说明此时模型中控制变量对被解释变量的解释力度非常小，几乎可以忽略不计。当核心解释变量体育赛事旅游目的地质量评价指标体系进入回归方程后，F值显著增大，调整后 R^2 为0.612，表明此时回归方程中的变量能够解释61.2%的重游意向的变异，解释力度较好。体育赛事旅游目的地质量评价指标体系所体现的感知质量对重游意向具有显著的积极影响，回归系数为 0.965。

在推荐意向方面，当仅有控制变量进入回归方程时，调整后 R^2 非常小，说明此时模型中控制变量对被解释变量的解释力度非常小，几乎可以忽略不计。当核心解释变量体育赛事旅游目的地质量评价指标体系进入回归方程后，调整后 R^2 为 0.424，表明此时回归方程中的变量能够解释 42.4% 的推荐意向的变异，解释力度较好。体育赛事旅游目的地质量评价指标体系所体现的感知质量对推荐意向具有显著的积极影响，回归系数为 0.797。

在抱怨意向方面，当仅有控制变量进入回归方程时，调整后 R^2 非常小，说明此时模型中控制变量对被解释变量的解释力度非常小，几乎可以忽略不计。当核心解释变量体育赛事旅游目的地质量评价指标体系进入回归方程后，调整后 R^2 为 0.405，表明此时回归方程中的变量能够解释 40.5% 的抱怨意向的变异，解释力度较好。体育赛事旅游目的地质量评价指标体系所体现的感知质量对抱怨意向具有显著的消极影响，回归系数为 -0.778。

综上所述，体育赛事旅游目的地质量评价指标体系所体现的感知质量的确对重游意向起到了显著的正向影响（H1e）、对推荐意向起到了显著的正向影响（H1f）、对抱怨意向起到了显著的负向影响（H1g）。这 3 条路径关系的验证为后续的结构方程验证提供了基础保障，后续的结构方程模型均是在体育赛事旅游目的地质量评价指标体系所体现的感知质量与重游意向、推荐意向、抱怨意向存在强相关性的前提下进行的。

三　理论修正

以 AMOS 17.0 软件为工具，在分析结果中（见图 7-2）感知价值、满意度、行为意向各题项的因子载荷均高于 0.7，证明题项信度指标良好，符合结构方程模型研究要求。在拟合度指标中（见表7-3），本书构建的模型卡方自由度比（χ^2/df）为 2.638，小于 3.000；GFI 为 0.784，小于 0.900，比较低，还需进一步修正。NFI 为 0.873，虽然不满

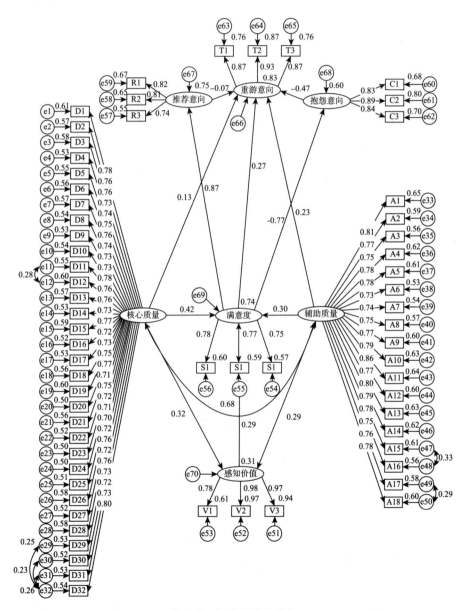

图 7-2　初始模型的路径

足大于 0.900 的条件，但也可以接受；RMSEA 为 0.047，小于 0.080；IFI、TLI 和 CFI 分别为 0.917、0.914 和 0.917，均满足模型拟合要求。考虑到 GFI 小于 0.800，因此对上述结构方程模型根据 MI 修正指数的相对大小进行修正。

表 7-3　初始模型的拟合度指标

χ^2	χ^2/df	RMSEA	GFI	NFI	IFI	TLI	CFI
5281.355	2.638	0.047	0.784	0.873	0.917	0.914	0.917

在结构方程模型中，理论上假设各题项只在同一因子间相关，其题项与误差项不相关，误差项彼此之间也不相关。但在实际操作中，核心质量包括 6 个二级指标，辅助质量包括 4 个二级指标，彼此之间可能存在强相关性。因此根据 MI 修正指数对原始结构方程模型进行修正，选取 MI 指数最大的调整其路径，并逐步进行修正（见表 7-4）。

表 7-4　模型修正指数汇总

路径	MI 指数	Par Change
e29<—>e32	113.386	0.171
e30<—>e32	104.781	0.167
e31<—>e32	109.109	0.171
e47<—>e48	70.996	0.093
e49<—>e50	51.375	0.076
e11<—>e12	55.696	0.143

修正后的拟合度指标比原始的结果拟合效果更好（见表 7-5）。在拟合度指标中，卡方自由度比（χ^2/df）为 2.439，小于 3.000，满足拟合要求；GFI 和 NFI 分别为 0.804 和 0.883，虽然不满足大于 0.900 的条件[1]，但也可以接受，RMSEA 为 0.044，小于 0.080，满足拟合要求；

---

[1]　Durande-Moreau, A., Usunier, J., "Time Styles and the Waiting Experience: An Exploratory Study," *Journal of Service Research* 2 (2), 1999: 173-186.

IFI、TLI 和 CFI 分别为 0.927、0.924 和 0.927，满足拟合要求。

表 7-5　修正后结构方程模型的拟合度指标

χ^2	χ^2/df	RMSEA	GFI	NFI	IFI	TLI	CFI
4869.003	2.439	0.044	0.804	0.883	0.927	0.924	0.927

第二节　旅游者行为意向影响因素的路径检验与分析

从最终的模型结果来看，共有 12 条路径关系成立，由此证明旅游者感知质量、感知价值、满意度和行为意向各细分维度之间存在内在的逻辑关系。成立的 12 条路径中有 2 条是中介效应路径。以下将对验证的路径结果进行详细说明。

一　直接路径检验结果

我们通过最终模型的标准化路径系数和显著性检验结果可以总结出如下结论（见表 7-6）。

核心质量与辅助质量对感知价值的标准化路径系数分别为 0.316 和 0.287，表明感知质量对感知价值具有显著的正向影响，$p < 0.001$，H1a 假设成立。

核心质量与辅助质量对满意度的标准化路径系数分别为 0.422 和 0.297，表明感知质量对满意度具有显著的正向影响，$p < 0.001$，H1b 假设成立。

核心质量和辅助质量对重游意向的标准化路径系数分别为 0.133 和 0.226，表明感知质量对重游意向具有显著的正向影响，$p < 0.001$，H1e 假设成立。

感知价值对满意度的标准化路径系数为 0.293，表明感知价值对满意度具有显著的正向影响，$p < 0.001$，H2a 假设成立。

满意度对推荐意向的标准化路径系数为 0.868，表明满意度对推荐意向具有显著的正向影响，p<0.001，H3a 假设成立。

满意度对重游意向的标准化路径系数为 0.266，表明满意度对重游意向具有显著的正向影响，p<0.05，H3b 假设成立。

满意度对抱怨意向的标准化路径系数为 -0.774，表明满意度对抱怨意向具有显著的负向影响，p<0.001，H3c 假设成立。

推荐意向对重游意向的标准化路径系数为 -0.073，表明推荐意向对重游意向的影响不显著，p=0.243>0.05，H4a 假设不成立。

抱怨意向对重游意向的标准化路径系数为 -0.474，表明抱怨意向对重游意向具有显著的负向影响，p<0.001，H4b 假设成立。

表 7-6　最终模型的标准化路径系数和显著性检验结果

假设	路径	标准化路径系数	非标准化路径系数	标准误	t	p	结论
H1a	感知价值<—核心质量	0.316	0.414	0.060	6.902	***	成立
	感知价值<—辅助质量	0.287	0.375	0.059	6.352	***	成立
H1b	满意度<—核心质量	0.422	0.431	0.041	10.493	***	成立
	满意度<—辅助质量	0.297	0.301	0.037	8.050	***	成立
H2a	满意度<—感知价值	0.293	0.228	0.024	9.653	***	成立
H3a	推荐意向<—满意度	0.868	0.836	0.047	17.877	***	成立
H3c	抱怨意向<—满意度	-0.774	-0.805	0.044	-18.105	***	成立
H3b	重游意向<—满意度	0.266	0.283	0.100	2.814	*	成立
H4a	重游意向<—推荐意向	-0.073	-0.080	0.069	-1.167	0.243	不成立
H4b	重游意向<—抱怨意向	-0.474	-0.484	0.043	-11.273	***	成立
H1e	重游意向<—核心质量	0.133	0.144	0.040	3.627	***	成立
	重游意向<—辅助质量	0.226	0.243	0.036	6.692	***	成立

注：* 表示在 5% 水平上显著，** 表示在 1% 水平上显著，*** 表示在 0.1% 水平上显著。

二　中介效应的检验结果

Bootstrap 中介效应检验法是目前受认可度最高的中介效应检验方

法，此方法有效控制了逐步回归法中的"弃真错误"，即将真的结论当作假的结论舍弃（见图 7-3）。除此之外该方法还相对完美地解决了系数乘积（Sobel）检验和差异系数检验中要求乘积系数服从正态分布的假设，为小于 1000 的样本数据提供了合适的中介效应检验方法。针对本书的样本数量特点，选用 Bootstrap 中介效应检验法最为合适。

Bootstrap 中介效应检验法将样本当作总体，假设样本容量为 N，对该样本进行有放回抽样，直至抽取出来的个案等于 N 时停止，将这 N 个个案视为一个样本。重复以上过程 K 次，会得出 K 个样本，每个样本都可以计算出一个中介效应的估计值即图 7-3 中的 $W2 \times W3$，并由此得到 K 个系数乘积组成的抽样分布，进而获得系数乘积的置信区间。

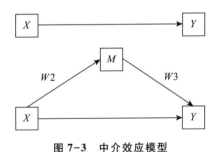

图 7-3　中介效应模型

运用 AMOS 17.0 软件验证模型的中介效应，在 Bootstrap 界面中设置样本数为 5000 个、有效校正置信水平为 95%。其目的是完成两个检验：第一，感知价值在感知质量和满意度之间的中介效应；第二，满意度在感知质量与重游意向之间的中介效应。具体评判先以间接效应偏校正置信区间的上下限是否包括 0 为标准，不包括则说明具备中介效应，再以直接效应偏校正置信区间的上下限是否包括 0 为标准，不包括说明是部分中介效应，包括则说明是完全中介效应。

1. 感知价值的中介效应检验

检验感知价值在感知质量与满意度之间的中介效应时，因变量为满意度，中介变量为感知价值，自变量分别为核心质量与辅助质量代表的感知价值，中介效应分析结果如下（见表7-7）。

核心质量对满意度的总效应为0.515，该标准化系数位于95%置信区间［0.444，0.586］，总效应显著；核心质量对满意度的直接效应为0.422，该标准化系数位于95%置信区间［0.350，0.493］，直接效应显著；核心质量对满意度的间接效应为0.093，该标准化系数位于95%置信区间［0.055，0.130］，间接效应显著。上述效应都显著，所以感知价值在核心质量与满意度之间发挥中介效应，并且是部分中介效应。

辅助质量对满意度的总效应为0.381，该标准化系数位于95%置信区间［0.311，0.452］，总效应显著；辅助质量对满意度的直接效应为0.297，该标准化系数位于95%置信区间［0.221，0.367］，直接效应显著；辅助质量对满意度的间接效应为0.084，该标准化系数位于95%置信区间［0.064，0.116］。由此可知，感知价值在辅助质量与满意度之间发挥中介效应，并且是部分中介效应。

表7-7　感知价值的中介效应分析结果

自变量	效应	系数	95% BC 下限	95% BC 上限	结论
核心质量	总效应	0.515	0.444	0.586	显著
	直接效应	0.422	0.350	0.493	显著
	间接效应	0.093	0.055	0.130	显著
辅助质量	总效应	0.381	0.311	0.452	显著
	直接效应	0.297	0.221	0.367	显著
	间接效应	0.084	0.064	0.116	显著

综上所述，感知价值在由核心质量和辅助质量构成的感知质量和满意度之间起到部分中介作用，H1c假设成立。

体育赛事旅游目的地旅游者感知价值在体育赛事旅游目的地旅游者感知质量和旅游者满意度之间起到部分中介作用，这与学者已有的研究成果相符。详细来看，旅游者感知价值在体育赛事旅游目的地核心质量与旅游者满意度、体育赛事旅游目的地辅助质量与旅游者满意度之间都起到部分中介作用，这表明体育赛事旅游目的地质量的高低通过影响旅游者感知价值进而影响旅游者满意度。体育赛事旅游目的地核心质量对满意度的总效应明显高于体育赛事旅游目的地辅助质量对满意度的总效应，表明体育赛事旅游目的地中体育赛事质量及体育赛事相关服务质量对旅游者满意度的影响更大，旅游者更关注体育赛事旅游目的地中与赛事相关的质量元素。

2. 满意度的中介效应检验

检验满意度在感知质量与重游意向之间的中介效应时，因变量为重游意向，中介变量为满意度，自变量为核心质量与辅助质量代表的感知价值，中介效应分析结果如下（见表7-8）。

核心质量对重游意向的总效应为 0.426，该标准化系数位于 95% 置信区间 [0.352, 0.500]，总效应显著；核心质量对重游意向的直接效应为 0.133，该标准化系数位于 95% 置信区间 [0.049, 0.221]，直接效应显著；核心质量对重游意向的间接效应为 0.293，该标准化系数位于 95% 置信区间 [0.231, 0.361]，间接效应显著。上述效应都显著，所以满意度在核心质量与重游意向之间发挥中介效应，并且是部分中介效应。

辅助质量对重游意向的总效应为 0.443，该标准化系数位于 95% 置信区间 [0.366, 0.518]，总效应显著；辅助质量对重游意向的直接效应为 0.226，该标准化系数位于 95% 置信区间 [0.154, 0.301]，直接效应显著；辅助质量对重游意向的间接效应为 0.217，该标准化系数位于 95% 置信区间 [0.163, 0.277]，间接效应显著。上述效应都显著，所以满意度在辅助质量与重游意向之间发挥中介效应，并且是部分中介效应。

表 7-8　满意度的中介效应分析结果

自变量	效应	系数	95% BC 下限	95% BC 上限	结论
核心质量	总效应	0.426	0.352	0.500	显著
	直接效应	0.133	0.049	0.221	显著
	间接效应	0.293	0.231	0.361	显著
辅助质量	总效应	0.443	0.366	0.518	显著
	直接效应	0.226	0.154	0.301	显著
	间接效应	0.217	0.163	0.277	显著

综上所述，满意度在由核心质量和辅助质量构成的感知质量和重游意向之间起到部分中介作用，H1d 假设成立。

体育赛事旅游目的地满意度在体育赛事旅游目的地旅游者感知质量和旅游者重游意向之间起到部分中介作用，这与学者已有的研究成果相符。详细来看，满意度在体育赛事旅游目的地核心质量与旅游者重游意向、体育赛事旅游目的地辅助质量与旅游者重游意向之间都起到了部分中介作用，这表明体育赛事旅游目的地质量的高低通过影响旅游者满意度进而影响旅游者重游意向。体育赛事旅游目的地核心质量对重游意向的总效应明显高于体育赛事旅游目的地辅助质量对重游意向的总效应，表明体育赛事旅游目的地中体育赛事质量及体育赛事相关服务质量对旅游者重游意向的影响较大，旅游者更关注体育赛事旅游目的地中与赛事相关的质量元素，这些服务质量对旅游者重游意向的贡献更大。并且在体育赛事旅游目的地核心质量与重游意向中，满意度起到的间接作用甚至大于直接作用，足见满意度作为中介对二者关系产生的重要影响。

综上所述，体育赛事旅游目的地感知质量与旅游者行为意向关系的结构方程模型中有 12 条路径验证成立（见表 7-9）。

表 7-9　最终模型的假设路径总结

编号	内容	成立情况
H1a	体育赛事旅游目的地旅游者感知质量会影响感知价值，感知质量越高，感知价值越高，感知质量对感知价值具有正向影响	成立
H1b	体育赛事旅游目的地旅游者感知质量会影响满意度，感知质量越高，满意度越高，感知质量对满意度有正向影响	成立
H1c	体育赛事旅游目的地旅游者感知质量通过感知价值影响满意度，感知价值起到中介作用	成立
H1d	体育赛事旅游目的地旅游者感知质量通过满意度影响重游意向，满意度起到中介作用	成立
H1e	体育赛事旅游目的地旅游者感知质量会影响重游意向，感知质量越高，重游意向就越强，感知质量对重游意向有正向影响	成立
H1f	体育赛事旅游目的地旅游者感知质量会影响推荐意向，感知质量越高，推荐意向就越强，感知质量对推荐意向有正向影响	成立
H1g	体育赛事旅游目的地旅游者感知质量会影响抱怨意向，感知质量越高，抱怨意向就越弱，感知质量对抱怨意向有负向影响	成立
H2a	体育赛事旅游目的地旅游者感知价值会影响满意度，感知价值越高，满意度越高，感知价值对满意度有正向影响	成立
H3a	体育赛事旅游目的地旅游者满意度会影响推荐意向，满意度越高，推荐意向越强，满意度对推荐意向有正向影响	成立
H3b	体育赛事旅游目的地旅游者满意度会影响重游意向，满意度越高，重游意向越强，满意度对重游意向有正向影响	成立
H3c	体育赛事旅游目的地旅游者满意度会影响抱怨意向，满意度越高，抱怨意向越弱，满意度对抱怨意向有负向影响	成立
H4a	体育赛事旅游目的地旅游者推荐意向会影响重游意向，推荐意向越强，重游意向越强，推荐意向对重游意向有正向影响	不成立
H4b	体育赛事旅游目的地旅游者抱怨意向会影响重游意向，抱怨意向越强，重游意向越弱，抱怨意向对重游意向有负向影响	成立

第三节　旅游者个体特征在关键影响因素中的差异化分析

本书通过设置性别、年龄、月收入、职业、受教育程度5个人口学特征统计变量来探讨旅游者特征的差异化，对体育赛事旅游目的地感知质量、感知价值、满意度和行为意向各维度在人口学统计特征变量上的差异进行方差分析，目的是对以上模型中的变量进行进一步分析，探究已成立的路径中何种变量的差异性最强。本书运用 SPSS 20.0 分析软件根据 5 个人口学特征统计变量样本组数的差异性分别采取不同的方法进行分析。其中，旅游者性别样本，采用独立样本 t 检验进行分析，旅游者年龄、月收入、职业、受教育程度样本采用单因素方差进行分析。

一 描述性统计分析结果

对变量的描述性统计主要包括观测变量的最小值、最大值、均值和标准差。我们通过感知质量的描述性统计结果可以看出，变量的均值为 3.600，介于一般和比较同意之间，说明旅游者在赛事旅游目的地感受到的各种服务质量的综合评价较高，感知质量标准差小于 1 说明样本无极端值出现（见表 7-10）。

表 7-10 感知质量的描述性统计结果

属性	样本数（个）	最小值	最大值	均值	标准差
核心质量	739	1.03	4.88	3.546	0.789
辅助质量	739	1.00	5.00	3.653	0.706
感知质量	739	1.17	4.86	3.600	0.681

观察感知价值、满意度和行为意向的描述性统计结果可以看出，采集的样本数据均在 1~5，标准差小于 1 说明样本无极端值出现（见表 7-11）。行为意向中重游意向的均值最高，抱怨意向的均值最低，说明旅游者倾向于再次来到体育赛事旅游目的地游玩，而对于在体育赛事旅游目的地参（观）赛和游览的过程中遇到的问题，较少向他人和相关管理部门抱怨。

表 7-11　感知价值、满意度、行为意向的描述性统计结果

属性	样本数（个）	最小值	最大值	均值	标准差
感知价值	739	1	5	3.660	0.896
满意度	739	1	5	3.792	0.838
重游意向	739	1	5	3.982	0.831
推荐意向	739	1	5	3.781	0.826
抱怨意向	739	1	5	1.987	0.825

二　旅游者个体特征在体育赛事旅游服务质量因素中的差异性

1. 不同性别的旅游者在核心质量中的差异性更强

运用独立样本 t 检验方法，检验核心质量各个维度在性别上是否呈现显著的差异性，结果如下。

赛事内部环境质量、赛事外部环境质量、旅游发展质量 3 个维度在性别上存在显著差异（$p<0.05$）；在赛事基本质量、赛事发展质量、感知形象 3 个维度不存在显著差异（见表 7-12）。

表 7-12　核心质量与性别的差异检验（$N=739$）

因子	性别	个案数（个）	平均值	标准偏差	t	p
赛事基本质量	男	396	3.511	0.875	1.941	0.053
	女	343	3.385	0.887		
赛事内部环境质量	男	396	3.496	0.892	2.381	0.018
	女	343	3.339	0.898		
赛事外部环境质量	男	396	3.566	0.843	3.008	0.003
	女	343	3.377	0.867		
赛事发展质量	男	396	3.720	0.880	1.625	0.105
	女	343	3.613	0.898		
旅游发展质量	男	396	3.702	0.823	2.488	0.013
	女	343	3.548	0.865		
感知形象	男	396	3.669	0.872	1.542	0.123
	女	343	3.567	0.928		

我们基于以上数据结果可以分析出，男性旅游者更加关注体育赛事场馆或赛道内部的布局、设施和配套服务等，并且相对于女性旅游者更多地关注体育赛事场馆或赛道外部网络、通信、治安等相关服务。同时对旅游发展环境如旅游资源开发、保护和旅游市场开发等方面的关注度较高。这表明男性旅游者相比于女性旅游者更加关注除赛事本身质量外的其他服务质量，对体育赛事旅游目的地质量的关注范围更广，投入的关注度更高。

运用独立样本 t 检验方法检验辅助质量各个因子在性别上是否呈现显著的差异性，结果如下。

餐饮在性别上存在显著差异（p<0.05），住宿、娱乐、交通在性别上不存在显著差异（见表 7-13）。

表 7-13　辅助质量与性别的差异检验（$N=739$）

因子	性别	个案数（个）	平均值	标准偏差	t	p
餐饮	男	396	3.682	0.734	2.234	0.026
	女	343	3.556	0.803		
住宿	男	396	3.616	0.787	1.872	0.062
	女	343	3.506	0.801		
交通	男	396	3.730	0.758	1.891	0.060
	女	343	3.622	0.787		
娱乐	男	396	3.785	0.717	1.623	0.105
	女	343	3.696	0.778		

在辅助质量的餐饮中，男性在餐饮服务评分的均值为 3.682，女性均值为 3.556，男性均值明显大于女性均值，且独立样本 t 检验的 t 值为 2.234（p=0.026<0.05），表明餐饮服务在性别上存在显著差异，男性对餐饮服务的评分显著高于女性。这表明女性旅游者对餐饮服务的要求较男性更高，更多关注就餐的环境、服务、价格，男性旅游者在餐饮服务方面较容易得到满足。住宿、交通、娱乐在性别上不具有显著

差异。

2. 不同年龄的旅游者在辅助质量中的差异性更强

运用单因素方差分析方法检验核心质量各个指标在年龄上是否呈现显著的差异性，结果如下。

赛事基本质量、赛事内部环境质量、赛事外部环境质量、赛事发展质量、旅游发展质量在年龄上存在显著差异（p<0.05），感知形象在年龄上不存在显著差异（p>0.05）（见表7-14）。

表7-14 核心质量与年龄的单因素方差分析

因子	年龄	个案数（个）	平均值	标准差	F	p
赛事基本质量	18岁及以下	127	3.539	0.806	3.931	0.008
	19~29岁	179	3.509	0.887		
	30~55岁	372	3.454	0.887		
	56岁及以上	61	3.101	0.925		
	总计	739	3.453	0.882		
赛事内部环境质量	18岁及以下	127	3.487	0.826	5.176	0.002
	19~29岁	179	3.512	0.844		
	30~55岁	372	3.426	0.929		
	56岁及以上	61	3.011	0.910		
	总计	739	3.423	0.898		
赛事外部环境质量	18岁及以下	127	3.556	0.792	3.144	0.025
	19~29岁	179	3.553	0.847		
	30~55岁	372	3.462	0.874		
	56岁及以上	61	3.191	0.886		
	总计	739	3.478	0.859		
赛事发展质量	18岁及以下	127	3.808	0.831	3.147	0.025
	19~29岁	179	3.711	0.813		
	30~55岁	372	3.648	0.930		
	56岁及以上	61	3.399	0.923		
	总计	739	3.670	0.889		

续表

因子	年龄	个案数（个）	平均值	标准差	F	p
旅游发展质量	18 岁及以下	127	3.730	0.808	3.573	0.014
	19~29 岁	179	3.689	0.807		
	30~55 岁	372	3.619	0.856		
	56 岁及以上	61	3.326	0.915		
	总计	739	3.631	0.846		
感知形象	18 岁及以下	127	3.673	0.859	2.392	0.067
	19~29 岁	179	3.696	0.818		
	30~55 岁	372	3.613	0.925		
	56 岁及以上	61	3.353	1.009		
	总计	739	3.622	0.899		

年龄在体育赛事旅游目的地核心质量的赛事基本质量、赛事内部环境质量、赛事外部环境质量、赛事发展质量、旅游发展质量 5 个因子上存在显著差异，旅游者年龄越小对 5 个因子的评价越高。在旅游者中，年轻群体对赛事旅游活动中新奇事物的关注度较高，容易因一个有趣的事物而提高对整个赛事旅游活动的好感度，因此更容易给出较高的评价。年长群体的关注点则更加广泛，对感知质量的评价要求整体更高。

运用单因素方差分析方法检验辅助质量各个指标在年龄上是否呈现显著的差异性，结果如下。

餐饮、住宿、交通、娱乐在年龄上存在显著差异（$p<0.05$）（见表7-15）。

表7-15 辅助质量与年龄的单因素方差分析

因子	年龄	样本数（个）	均值	标准差	F	p
餐饮	18 岁及以下	127	3.689	0.616	3.069	0.027
	19~29 岁	179	3.669	0.781		
	30~55 岁	372	3.624	0.784		

因子	年龄	样本数（个）	均值	标准差	F	p
餐饮	56 岁及以上	61	3.353	0.880		
	总计	739	3.624	0.769		
住宿	18 岁及以下	127	3.669	0.702	5.579	0.001
	19~29 岁	179	3.602	0.785		
	30~55 岁	372	3.573	0.805		
	56 岁及以上	61	3.187	0.855		
	总计	739	3.565	0.795		
交通	18 岁及以下	127	3.665	0.715	3.183	0.023
	19~29 岁	179	3.731	0.731		
	30~55 岁	372	3.707	0.795		
	56 岁及以上	61	3.397	0.830		
	总计	739	3.680	0.773		
娱乐	18 岁及以下	127	3.856	0.685	3.601	0.013
	19~29 岁	179	3.765	0.709		
	30~55 岁	372	3.739	0.763		
	56 岁及以上	61	3.480	0.826		
	总计	739	3.744	0.747		

餐饮、住宿、娱乐各因子评分表现出年龄越小评价越高、年龄越大评价越低的现象，表明辅助质量中的餐饮、住宿、娱乐呈现消费主体的年轻化态势，年轻人兴趣广泛，更乐于去开发和体验除赛事服务之外的餐饮、住宿、娱乐服务，如赛事主题餐厅、主题酒店等。而年龄越大对各种辅助服务的新奇性需求越低，更专注辅助服务的最基本质量，更看重服务的品质和舒适性。在交通因子方面，19~29 岁、30~55 岁年龄段的旅游者对交通的评价高于 18 岁及以下和 56 岁及以上年龄段，究其原因主要是这两个年龄段的旅游者多占据赛事出游过程中交通方式选择的主导地位，而 18 岁及以下和 56 岁及以上年龄段多为儿童和老人，在出游过程中属于从属地位。这也从侧面反映了体育赛事旅游目的地旅游者的构成主体多为具有一定经济基础和个人独立选择能力的年轻人。

3. 不同月收入的旅游者仅在核心质量中有差异

运用单因素方差分析方法检验核心质量各个指标在月收入上是否呈现显著的差异性，结果如下。

赛事基本质量、赛事内部环境质量、赛事外部环境质量在月收入上存在显著差异（p<0.05）（见表7-16）。

表7-16 核心质量与月收入的单因素方差分析

因子	月收入	个案数（个）	平均值	标准差	F	p
赛事基本质量	2000 元及以下	133	3.513	0.898	3.839	0.010
	2000～5000 元	140	3.648	0.834		
	5000～10000 元	368	3.362	0.895		
	10000 元以上	98	3.435	0.841		
	总计	739	3.453	0.882		
赛事内部环境质量	2000 元及以下	133	3.481	0.900	5.632	0.001
	2000～5000 元	140	3.668	0.853		
	5000～10000 元	368	3.313	0.909		
	10000 元以上	98	3.408	0.851		
	总计	739	3.423	0.898		
赛事外部环境质量	2000 元及以下	133	3.545	0.857	4.675	0.003
	2000～5000 元	140	3.691	0.813		
	5000～10000 元	368	3.389	0.865		
	10000 元及上	98	3.420	0.853		
	总计	739	3.478	0.859		
赛事发展质量	2000 元及以下	133	3.704	0.842	0.985	0.399
	2000～5000 元	140	3.762	0.796		
	5000～10000 元	368	3.619	0.929		
	10000 元以上	98	3.687	0.927		
	总计	739	3.670	0.889		
旅游发展质量	2000 元及以下	133	3.693	0.821	2.296	0.077
	2000～5000 元	140	3.769	0.766		
	5000～10000 元	368	3.576	0.864		

续表

因子	月收入	个案数（个）	平均值	标准差	F	p
赛事基本质量	10000 元以上	98	3.553	0.902		
	总计	739	3.631	0.846		
感知形象	2000 元及以下	133	3.664	0.802	1.117	0.341
	2000~5000 元	140	3.720	0.846		
	5000~10000 元	368	3.567	0.947		
	10000 元以上	98	3.633	0.908		
	总计	739	3.622	0.899		

本书中月收入是按照国家统计局《2018 年全国时间利用调查公报》中的标准划分的。分析结果表明，月收入在赛事基本质量、赛事内部环境质量、赛事外部环境质量 3 个因子上存在显著差异，2000~5000 元收入阶段的旅游者对 3 个维度的总体评价最高，其次是 2000 元及以下收入阶段的旅游者，再次是 10000 元以上收入阶段的旅游者，评价最低的是 5000~10000 元收入阶段的旅游者。在实地访谈中，本书了解到 2000 元及以下和 2000~5000 元收入的旅游者大部分是学生群体，其经济来源主要是父母提供的生活费和个人兼职的报酬，这一部分群体对事物的好奇心强，易受氛围的感染，其需求较容易得到满足所以会表现出较高的评价。月收入在 10000 元以上的群体多为企业白领、高级管理人员或个体经营者，这一部分群体追求高端消费和身心休闲，参（观）赛时可以支付较昂贵的门票，获得高于普通门票的服务，如购买保险票、VIP 套票等，所以这一部分群体由于占有了最优质的赛事资源，对赛事基本质量、赛事内部环境质量、赛事外部环境质量 3 个因子的评价也比较高。月收入 5000~10000 元的群体是最关注赛事旅游期间付出和回报比率的群体，对赛事质量的关注度和要求比较高。

运用单因素方差分析方法检验辅助质量各个因子在月收入上是否呈现显著的差异性，分析结果为：餐饮、住宿、交通、娱乐在月收入上都没有显著差异（p>0.05）（见附录 G）。

4. 不同职业的旅游者在核心质量中的差异性更强

运用单因素方差分析方法检验核心质量各个指标在职业上是否呈现显著的差异性，结果如下。

赛事基本质量、赛事内部环境质量、赛事发展质量、感知形象在职业上存在显著差异（p<0.05）（见表7-17）。

表7-17　核心质量与职业的单因素方差分析

因子	职业	个案数（个）	平均值	标准偏差	F	p
赛事基本质量	公务员或事业单位人员	182	3.617	0.874	3.686	0.003
	公司职员或工人	208	3.323	0.834		
	学生	119	3.422	0.865		
	个体经营者	161	3.522	0.864		
	退休人员	45	3.463	1.070		
	其他	24	3.007	0.936		
	总计	739	3.453	0.882		
赛事内部环境质量	公务员或事业单位人员	182	3.604	0.880	2.871	0.014
	公司职员或工人	208	3.303	0.849		
	学生	119	3.445	0.905		
	个体经营者	161	3.400	0.863		
	退休人员	45	3.437	1.127		
	其他	24	3.111	0.976		
	总计	739	3.423	0.898		
赛事外部环境质量	公务员或事业单位人员	182	3.597	0.852	2.012	0.075
	公司职员或工人	208	3.365	0.805		
	学生	119	3.518	0.853		
	个体经营者	161	3.493	0.863		
	退休人员	45	3.511	0.995		
	其他	24	3.201	0.999		
	总计	739	3.478	0.859		

续表

因子	职业	个案数（个）	平均值	标准偏差	F	p
赛事发展质量	公务员或事业单位人员	182	3.800	0.828	2.349	0.039
	公司职员或工人	208	3.574	0.862		
	学生	119	3.672	0.878		
	个体经营者	161	3.725	0.924		
	退休人员	45	3.593	0.997		
	其他	24	3.292	1.046		
	总计	739	3.670	0.889		
旅游发展质量	公务员或事业单位人员	182	3.705	0.804	1.670	0.139
	公司职员或工人	208	3.552	0.777		
	学生	119	3.675	0.876		
	个体经营者	161	3.680	0.863		
	退休人员	45	3.591	1.002		
	其他	24	3.280	1.064		
	总计	739	3.631	0.846		
感知形象	公务员或事业单位人员	182	3.764	0.851	2.755	0.018
	公司职员或工人	208	3.529	0.856		
	学生	119	3.620	0.914		
	个体经营者	161	3.669	0.914		
	退休人员	45	3.556	1.015		
	其他	24	3.167	1.034		
	总计	739	3.622	0.899		

在给定的职业划分中，赛事基本质量、赛事内部环境质量、赛事发展质量、感知形象4个维度在职业上存在显著差异。公务员或事业单位人员和学生是给定职业划分中对赛事基本质量、赛事内部环境质量、赛事发展质量评价较高的两个群体。公务员或事业单位人员由于其工作性质在对赛事旅游的评价中更注重对赛事精彩程度、赛场环境、政府政策方面的考察，将体育赛事看作城市或国家形象的代言。学生群体中有

很大一部分是体育赛事的忠实粉丝，且由于该群体具有较高的猎奇性，对新鲜事物的兴趣点高，容易对赛事给出较高的评价。

运用单因素方差分析方法检验辅助质量各个指标在职业上是否呈现显著的差异性，结果如下。

交通的评价会因职业不同而产生显著差异性（p<0.05），餐饮、住宿、娱乐的评价都没有显著差异（p>0.05）（见表7-18）。

表7-18 辅助质量与职业的单因素方差分析

因子	职业	个案数（个）	平均值	标准差	F	p
餐饮	公务员或事业单位人员	182	3.714	0.710	1.548	0.173
	公司职员或工人	208	3.524	0.770		
	学生	119	3.567	0.759		
	个体经营者	161	3.679	0.766		
	退休人员	45	3.678	0.974		
	其他	24	3.615	0.784		
	总计	739	3.624	0.769		
住宿	公务员或事业单位人员	182	3.673	0.750	1.618	0.153
	公司职员或工人	208	3.448	0.769		
	学生	119	3.565	0.799		
	个体经营者	161	3.583	0.805		
	退休人员	45	3.609	0.960		
	其他	24	3.558	0.863		
	总计	739	3.565	0.795		
交通	公务员或事业单位人员	182	3.822	0.749	2.943	0.012
	公司职员或工人	208	3.572	0.711		
	学生	119	3.578	0.786		
	个体经营者	161	3.759	0.771		
	退休人员	45	3.649	1.031		

续表

因子	职业	个案数（个）	平均值	标准差	F	p
交通	其他	24	3.567	0.712		
	总计	739	3.680	0.773		
娱乐	公务员或事业单位人员	182	3.874	0.661	1.841	0.103
	公司职员或工人	208	3.674	0.764		
	学生	119	3.679	0.772		
	个体经营者	161	3.769	0.733		
	退休人员	45	3.678	0.979		
	其他	24	3.646	0.599		
	总计	739	3.744	0.747		

在交通中，公务员或事业单位人员评价的均值为 3.822，公司职员或工人评价的均值为 3.572，学生评价的均值为 3.578，个体经营者评价的均值为 3.759，退休人员评价的均值为 3.649，其他评价的均值为 3.567，单因素方差分析的 F 值为 2.943（$p = 0.012 < 0.05$），表明交通的评价会由于职业不同而出现显著差异，公务员或事业单位人员的评价最高，其次是个体经营者，评价较低的是公司职员或工人。这表明公务员或事业单位人员更关注体育赛事旅游目的地交通的便利性、通达性和可进入性。

5. 不同受教育程度的旅游者在核心质量中的差异性更强

运用单因素方差分析方法检验核心质量各个指标在受教育程度上是否呈现显著的差异性，结果如下。

赛事基本质量、赛事内部环境质量、赛事外部环境质量、感知形象在受教育程度上存在显著差异，赛事发展质量、旅游发展质量在受教育程度上不存在显著差异（$p > 0.05$）（见表 7-19）。

表 7-19　核心质量与受教育程度的单因素方差分析

因子	受教育程度	个案数（个）	平均值	标准偏差	F	p
赛事基本质量	初中及以下	50	3.227	0.902	3.572	0.014
	高中及中专	134	3.627	0.794		
	大专及本科	322	3.474	0.913		
	研究生及以上	233	3.373	0.868		
	总计	739	3.453	0.882		
赛事内部环境质量	初中及以下	50	3.203	0.872	4.527	0.004
	高中及中专	134	3.576	0.827		
	大专及本科	322	3.487	0.949		
	研究生及以上	233	3.293	0.847		
	总计	739	3.423	0.898		
赛事外部环境质量	初中及以下	50	3.350	0.868	3.431	0.017
	高中及中专	134	3.653	0.843		
	大专及本科	322	3.500	0.873		
	研究生及以上	233	3.376	0.832		
	总计	739	3.478	0.859		
赛事发展质量	初中及以下	50	3.493	0.948	1.260	0.287
	高中及中专	134	3.771	0.827		
	大专及本科	322	3.667	0.928		
	研究生及以上	233	3.655	0.855		
	总计	739	3.670	0.889		
旅游发展质量	初中及以下	50	3.429	0.914	1.652	0.176
	高中及中专	134	3.711	0.789		
	大专及本科	322	3.658	0.836		
	研究生及以上	233	3.590	0.873		
	总计	739	3.631	0.846		
感知形象	初中及以下	50	3.330	1.036	3.682	0.012
	高中及中专	134	3.735	0.832		
	大专及本科	322	3.682	0.886		
	研究生及以上	233	3.537	0.907		
	总计	739	3.622	0.899		

从分析结果可以看出，赛事基本质量、赛事内部环境质量、赛事外部环境质量、感知形象在受教育程度上存在显著差异，且除初中及以下学历的旅游者外，总体呈现旅游者学历越高，评价越低的趋势。其原因是高学历的旅游者对赛事核心文化的理解较深，对赛事基本质量和场馆内外部的环境质量的关注度也较高，在比赛期间赛事配套设施和服务质量如果不如人意，自然不会达到高学历旅游者的要求。在实际调研的过程中我们发现，学历过低会使其对体育赛事旅游目的地的质量评价存在评判障碍，这也是初中及以下学历的旅游者对赛事基本质量、赛事内部环境质量、赛事外部环境质量、感知形象评价最低的原因。

运用单因素方差分析方法检验辅助质量各个指标在受教育程度上是否呈现显著的差异性，结果如下。

住宿的评价会因受教育程度不同出现显著差异（$p<0.05$），餐饮、交通、娱乐都不存在显著差异（$p>0.05$）（见表7-20）。

表 7-20　辅助质量与受教育程度的单因素方差分析

因子	受教育程度	个案数（个）	平均值	标准差	F	p
餐饮	初中及以下	50	3.580	0.765	1.914	0.126
	高中及中专	134	3.728	0.754		
	大专及本科	322	3.648	0.784		
	研究生及以上	233	3.540	0.753		
	总计	739	3.624	0.769		
住宿	初中及以下	50	3.372	0.826	4.234	0.006
	高中及中专	134	3.725	0.779		
	大专及本科	322	3.599	0.811		
	研究生及以上	233	3.467	0.756		
	总计	739	3.565	0.795		
交通	初中及以下	50	3.572	0.649	1.910	0.126
	高中及中专	134	3.778	0.791		
	大专及本科	322	3.709	0.815		

续表

因子	受教育程度	个案数（个）	平均值	标准差	F	p
交通	研究生及以上	233	3.606	0.720		
	总计	739	3.680	0.773		
娱乐	初中及以下	50	3.730	0.608	0.695	0.555
	高中及中专	134	3.789	0.753		
	大专及本科	322	3.767	0.775		
	研究生及以上	233	3.689	0.731		
	总计	739	3.744	0.747		

在住宿中，初中及以下学历的旅游者评价的均值为 3.372，高中及中专学历的旅游者评价的均值为 3.725，大专及本科学历的旅游者评价的均值为 3.599，研究生及以上学历的旅游者评价的均值为 3.467。单因素方差分析的 F 值为 4.234（p=0.006<0.05），表明住宿服务的评价会由于受教育程度不同而出现显著差异，高中及中专学历的旅游者评价最高，其次是大专及本科学历的旅游者、研究生及以上学历的旅游者，评价最低的是初中及以下学历的旅游者。总体来讲，除初中及以下学历的旅游者外，学历越高的旅游者对住宿的评价越低。究其原因是高学历的旅游者对赛事文化与住宿相关服务的要求更高，如果只是低质量的生拉硬扯将体育元素与住宿服务拼接，自然不会达到高学历旅游者的要求。在实际调研的过程中我们发现，学历过低会使旅游者对体育赛事旅游目的地的质量评价存在评判障碍，这也是初中及以下学历的旅游者对住宿评价最低的原因。

三 旅游者个体特征在感知价值、满意度、行为意向因素中的差异性

运用独立样本 t 检验方法，检验性别在感知价值、满意度、行为意向等指标上是否存在显著差异，结果显示均不存在显著差异（见附录 G）。

运用单因素方差分析方法，检验不同年龄、月收入、职业、受教育程度在感知价值、满意度、行为意向等指标上是否存在显著差异，结果显示感知价值在不同年龄段上显示出了显著差异（p<0.05），其余变量不存在显著差异。18岁及以下旅游者感知价值评价的均值为3.827，19~29岁评价的均值为3.685，30~55岁评价的均值为3.640，56岁及以上评价的均值为3.361。单因素方差检验的F值为3.895（p＝0.009<0.05），表明感知价值在年龄上存在显著差异，年龄越小对感知价值的评价越高，56岁及以上的评价最低（见表7-21）。这表明年轻人更容易感知到体育赛事旅游目的地质量中表现的价值，这与他们将网络和媒体作为获得并分享信息的手段不无关系。

表7-21　感知价值与年龄的单因素方差分析

因子	年龄	个案数（个）	平均值	标准差	F	p
感知价值	18岁及以下	127	3.827	0.734	3.895	0.009
	19~29岁	179	3.685	0.859		
	30~55岁	372	3.640	0.934		
	56岁及以上	61	3.361	0.997		
	总计	739	3.660	0.896		

综上所述，感知价值在不同年龄段上显示出了显著差异（p<0.05），在其余因子上不存在显著差异。在之前构建的模型中，本书验证了感知价值、满意度对感知质量和行为意向的中介效应，也验证了行为意向各维度之间的相关关系。通过旅游者差异化分析，进一步明确了感知价值的重要性，尤其在针对不同年龄的旅游者时，应对其进行针对性和差异性营销，才能更好地影响旅游者未来的行为意向。

第四节　基于模型与分析结果再审视三维视角

一　理论模型与差异化检验结果解析

在本部分的探讨中，共验证了 12 条假设路径（见图 7-4）。首先，借助回归分析验证 3 条直接影响路径的成立，进而证明了体育赛事旅游目的地感知质量与旅游者行为意向具有强相关性，即赛事感知质量的高低会对旅游者的推荐意向、抱怨意向和重游意向产生影响，为本书后续理论模型的构建奠定了基础。其次，以第六章中构建的包括 10 个因子在内的体育赛事旅游目的地感知质量评价指标体系为基础，通过构建结构方程模型，验证了基于文献梳理提出的 9 条假设路径。最后，针对旅游者个体特征对感知质量、感知价值、满意度、行为意向进行了差异化分析。理论模型与差异化分析结果充分体现了体育赛事旅游目的地旅游者行为与普通旅游目的地旅游者行为的差异性，展现了其独特性，以下将从 3 个方面进行详细分析。

第一，体育赛事旅游目的地旅游者行为意向与普通旅游目的地旅游者行为意向存在明显区别。感知质量对旅游者行为意向的影响路径可以分为直接影响路径和间接影响路径，从结构方程模型的结果可以看出，体育赛事旅游目的地感知质量通过 3 条直接影响路径和 2 条间接影响路径影响旅游者行为意向（见图 7-4）。

3 条直接影响路径分别是：体育赛事旅游目的地感知质量与旅游者推荐意向呈正相关关系，即体育赛事旅游目的地感知质量的提高对旅游者向他人推荐体育赛事旅游目的地的行为具有正向影响；体育赛事旅游目的地感知质量与旅游者抱怨意向呈负相关关系，即体育赛事旅游目的地感知质量的提高对旅游者向他人抱怨体育赛事旅游目的地的行为具有负向影响；体育赛事旅游目的地感知质量与旅游者重游意向

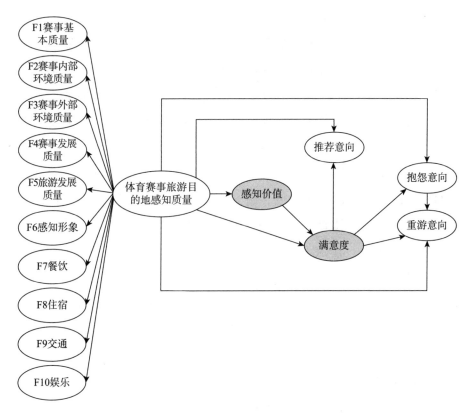

图 7-4　体育赛事旅游目的地感知质量与行为意向最终模型

呈正相关关系，即体育赛事旅游目的地感知质量的提高对旅游者再次来到体育赛事旅游目的地的行为具有正向影响。2 条间接影响路径分别是：体育赛事旅游目的地感知质量通过感知价值的部分中介效应影响满意度；体育赛事旅游目的地感知质量通过满意度的部分中介效应影响重游意向。

所以在市场营销中如果想提高旅游者的重游率就应该关注感知质量、感知价值和满意度 3 个变量，因为模型验证了感知质量与感知价值的正相关关系、感知质量与满意度的正相关关系，所以，想提高旅游者的重游意向应提高赛事旅游目的地感知质量、提高旅游者质量的感知价值、提高旅游者的满意度。

第二，旅游者个体特征在感知质量上的差异性最强，在感知价值、满意度、行为意向上几乎不存在差异。仅根据体育赛事旅游目的地感知质量对旅游者行为意向影响最重要的5条路径来引导市场营销策略的制定，未免还不足以深入发掘消费者市场，因此本书基于感知质量、感知价值、满意度和行为意向各细分维度，对旅游者个体特征下的细分市场进行了差异化检验，目的是探究以上重要影响路径中不同特征的旅游者是否存在差异。从差异化分析的结果可以看出，其在感知质量各维度上的差异最显著，在感知价值、满意度、行为意向上几乎不存在差异。也就是说，在制定体育赛事旅游市场营销策略时，应针对感知质量的10个因子进行进一步旅游者细分市场的把握，依据不同旅游者的特征制定针对性的营销策略。

第三，不同年龄的旅游者在感知质量各维度中的差异性最强。旅游者个体特征在哪个维度上存在显著性差异就说明在进行赛事旅游产品开发和市场营销时，应该关注旅游者此特征对其消费行为的影响。总体来讲，在体育赛事旅游目的地感知质量中，最具赛事特色的核心质量各维度在旅游者性别、月收入、职业、受教育程度上的差异性强于辅助服务质量。可见，提高体育赛事旅游目的地感知质量，尤其是感知质量中的核心质量各维度的相关质量是非常重要的。体育赛事旅游目的地感知质量的10个因子中有4个因子在旅游者性别特征上呈现显著的差异性、有10个因子在旅游者年龄特征上呈现显著的差异性、有3个因子在旅游者月收入特征上呈现显著的差异性、有5个因子在旅游者职业特征上呈现显著的差异性、有5个因子在旅游者受教育程度特征上呈现显著的差异性（见图7-5）。从呈现显著差异的因子个数来看，旅游者年龄在旅游者个体特征中对感知质量存在最大的影响。这表明不同年龄的旅游者在感知质量各因子中的需求重点不同，因此在进行体育赛事旅游目的地营销时应为不同年龄的旅游者制定针对性的产品和营销策略。

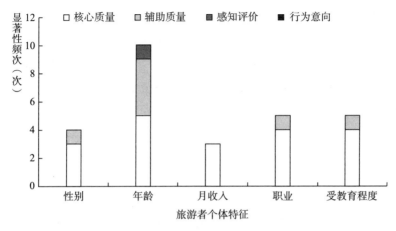

图 7-5 旅游者个体特征差异化分析结果汇总

二 再审视三维研究视角的必要性

"人-地-业"不仅从理论视角分析和探究体育赛事旅游目的地发展的本质规律和内在逻辑，构建了多角度的审视框架，而且实证研究进一步印证了通过三维视角审视体育赛事旅游目的地发展的必要性。

本部分的研究，不论是感知质量与行为意向关系模型的构建还是旅游者个体特征的差异化分析，都是为了把握体育赛事旅游者行为的特征和影响因素，最终达到引导旅游者重游的目的。重游是体育赛事旅游目的地发展的核心和源泉。"人"即赛事旅游者作为体育赛事旅游目的地的核心利益相关者，其赛事旅游活动为体育赛事旅游目的地带来生机。在旅游者消费行为的带动下赛事旅游产品有了销售的渠道，赛事与旅游市场开始融通，体育赛事产业得到进一步发展，产业的发展带来经济和社会的发展进而促进体育赛事旅游目的地空间即"地"的发展变化。体育赛事旅游目的地开始围绕体育赛事和旅游展现新的空间发展模式，体育赛事旅游目的地就是在这样相互影响、相互作用的生态环境中不断发展并达到生生不息的目的的。

本书的主要目的是对体育赛事旅游目的地提出发展对策，理论模型和差异性分析结果充分把握了"人－地－业"发展规律中"人"的核心特征。所以，要实现体育赛事旅游目的地的可持续发展，就必须探究旅游者行为意向，把握不同赛事旅游者的需求特征，针对旅游者个体特征的细分市场制定针对性的赛事旅游营销策略，指导赛事旅游市场的发展和指引赛事旅游产业的走向。

小　结

　　本章共解决了 3 个核心问题。首先，通过构建并验证体育赛事旅游目的地感知质量与旅游者行为意向关系的结构方程模型，验证了 12 条假设路径，其中包括最重要的 3 条直接影响路径和 2 条间接影响路径。其次，针对旅游者个体特征对感知质量、感知价值、满意度、行为意向进行了差异化分析，得出体育赛事旅游目的地旅游者个体特征在感知质量上的差异性最强，在感知价值、满意度、行为意向上几乎不存在差异的结论，并进一步总结出体育赛事旅游目的地感知质量中的赛事核心质量在性别、月收入、职业、受教育程度 4 个维度的差异性较强，而辅助服务质量则在年龄特征上差异性较强，充分体现了体育赛事旅游目的地旅游者行为与普通旅游目的地旅游者行为的差异性，展现了其独特性。最后，基于以上结论，对本书确立的"人－地－业"三维分析视角进行再审视，从实证角度验证了基于三维视角对体育赛事旅游目的地发展对策研究的必要性。

第八章

"人-地-业"三维视角下体育赛事
旅游目的地发展对策

　　发展对策是一个综合性的范畴，它以维护和促进发展为基本目的，具有系统性、长远性的决策准则与谋划，它体现了人类把握未来的一种决策理性。详细来讲，对发展对策一般意义上的分析可以从"发展"和"对策"两方面入手。发展是无限延续的，它是对自然和社会双重系统中变动轨迹的描绘。从社会主体角度出发，发展表现为以人为参与主体的经济活动和社会活动的进步过程，是多层面、多主体相互影响、螺旋上升的过程。对策即针对性的策略，泛指针对某一事物或问题做出的有针对性的谋划。因此，本章将回答研究目标中的第四个问题，基于已有的理论研究和实证研究提出体育赛事旅游目的地发展对策。

第一节　发展对策的前提推论

一　发展对策的根本目标

　　体育赛事旅游目的地发展对策研究是预测性研究，是在对当前问题内部规律充分了解和对未来发展预期下提出的决策准则与谋划。目的是利用已掌握的信息、经验和理论，对研究对象现在的状态和未来发展预期之间的差距做出判断，确定发展对策的根本目标，进而提供具有超前性的引导。

1. 根本目标提出的现实依据

《国务院办公厅关于加快发展健身休闲产业的指导意见》（国办发〔2016〕77号）、《国家旅游局 国家体育总局关于大力发展体育旅游的指导意见》（旅发〔2016〕172号）、《国务院办公厅关于加快发展体育竞赛表演产业的指导意见》（国办发〔2018〕121号）、《关于释放旅游消费潜力 推动旅游业高质量发展的若干措施》（国办发〔2023〕36号）等文件中，虽未明确提及体育赛事旅游目的地存在的问题，但对竞赛表演业和体育旅游存在的问题做出了高度的总结。三个意见指出当前存在总体有效供给不足、产品供给单一的问题；面临需要激发大众消费、完善基础设施建设的问题，以及需要活络体制机制、创新工作方式的问题。这些问题也是体育赛事旅游目的地建设中需要解决和在未来发展中需要避免的问题。

此外，笔者基于"人-地-业"三维视角的理论探讨了解到，体育赛事旅游目的地是在核心利益相关者的利益诉求和利益冲突中不断发展的，如何创新工作方式，引导各利益相关者形成合力，建设全社会共建共享的体育赛事旅游目的地是发展对策需要解决的问题。体育赛事旅游目的地旅游空间在核心吸引物——赛事的集聚效应下经历不同的发展阶段，发展模式不断演化，更好地发挥体育赛事作为核心吸引物的集聚效应，合理规划赛事旅游空间发展格局，处理好赛地关系，发挥地域特色，加快基础设施建设亟须针对性地规划和指导。体育赛事旅游目的地赛事产业和旅游产业是在时空伴生性、产业关联性、要素共享性的前提条件下，由内力和外力不断推动、经历不同的融合路径和融合模式达到产业融合的，如何培育壮大赛事旅游产业集群，推动体育赛事产业和旅游产业深度融合也是体育赛事旅游目的地良性发展不容忽视的问题。

基于"人-地-业"三维视角的实证探讨，我们可以总结出：以旅游者感知为研究视角出发的体育赛事旅游目的地质量评价体系展现了体育赛事旅游目的地质量评价的应有维度，为体育赛事旅游目的地未来质量的提升提供了可参考的层次结构。旅游者行为意向探究的结构方程模型验证了体育赛事旅游目的地质量尤其是赛事核心质量高低影响旅游者是否会再次来到体育赛事旅游目的地，也表明了打造优质体育赛事、丰富赛事活力、提升体育赛事旅游目的地产品和服务质量对未来发展的重要性。旅游者个体特征的差异化研究为更好地打造品牌效应、发掘消费潜力、引导消费理念和采取创新性产品开发和营销提供了现实依据。

2. 根本目标提出的依据

通过理论和实证的探究，本书基本描绘了当前我国体育赛事旅游目的地发展的内在逻辑和一般规律，为发展对策的提出奠定了现实基础。体育赛事旅游目的地作为一种融合的新兴产物，其存在与发展为体育赛事产业提供了提升竞争力的温床，也为旅游产业带来了升级转型的新思路，符合我国当前的发展潮流。

立足"人-地-业"三维视角，通过理论和实证研究揭示的体育赛事旅游目的地发展的内在逻辑和一般规律，参照三个指导意见中创新、协调、绿色、开放、共享的新发展理念，对比中国当前发展的总趋势，统筹兼顾现实与未来。本书认为体育赛事旅游目的地发展的根本目标应是：保障和实现体育赛事旅游目的地的良性有序发展，在赛事旅游服务质量、市场规模、影响力方面得到有效提升，为实现2025年健身休闲产业目标贡献力量。具体而言，"良性"主要指积极引导消费，提升产品和服务质量，满足旅游者多样化需求；合理规划体育赛事旅游目的地空间发展，盘活现有资源，完善基础设施建设，充分发挥地域特色，提升吸引力；因地制宜打造优质体育赛事，深挖赛事资源，促进产业融合，提升体育赛事旅游目的地品牌效应。"有序"主要指关注体育赛事旅游目的地利益相关者关系，充分调动社会群体和个人的积极性，促使其发展遵循内在规律，将各组成部分作为一个整体协同发展。

二 发展对策的制定原则

在制定发展对策时，应充分考虑本书基于"人-地-业"三维视角总结的体育赛事旅游目的地特点，遵循以下原则。

第一，空间整体性原则。发展对策应是反映整体的指导方案，对于体育赛事旅游目的地发展，不管是对利益相关者的管理、体育赛事旅游空间发展的引导还是对赛事旅游产业的规划都应该摒弃坐井观天的狭隘视野，用思辨的理性观念从整体与部分的视角全面把握，关注各主体相互之间的互动关系，使人、地、业各部分在体育赛事旅游目的地空间得到协调发展。

第二，时间的长远性原则。社会实践一次又一次地告诉人们，如果没有长远的发展眼光，急于求成、盲目追求高速发展都是违背发展规律时序性的错误做法。过去、现在、未来每一阶段的发展都以上一阶段为基础，每个时期都是不可逾越的。体育赛事旅游目的地的发展对策应立足现实，并以未来发展的长远目标来规划现实的行动方案，是对现实与未来、当前与长远的统筹兼顾。

第三，主体能动性原则。空间范围的广阔性和时间范围的无限性决定了体育赛事旅游目的地发展对策的相对性。因此，体育赛事旅游目的地发展对策在制定、组织、实施的整体运作过程中必须发挥主体的能动性。具体而言，决策主体应及时制定有针对性、切实有效的发展对策，并根据时间的发展和空间的演进及时修订发展对策，保证发展对策在具体情况、具体条件下依然可以切实实施。

三 发展对策的递进式构架

基于"人-地-业"三维视角的体育赛事旅游目的地发展对策不应是对各视角发展对策的简单总结，而应是对体育赛事旅游目的地现实情况和未来发展期待的整体规划，是关注体育赛事旅游目的地人、地、业各部分发展的策略系统。该对策系统大到宏观理念的引领，小至微观个体的规划，以递进的方式由宏观至中观再到微观。宏观发展对策应包括体育赛事旅游目的地发展策略，它是关系全局、起到宏观运筹作用的总体谋划，提出发展的总思路和总目标，具有根本性、全局性、长期性，对体育赛事旅游目的地人、地、业起到统领作用。中观发展对策是宏观发展对策的基本框架，结合体育赛事旅游目的地的特色制定出的有针对性的发展策略。中观发展对策是微观发展对策的依据，是宏观发展对策的基础，在整个对策框架中起到承上启下的作用。微观发展对策是对体育赛事旅游目的地中的微观组成部分而提出的针对性策略，如对旅游者等个体的发展对策，微观发展对策针对性更强，是宏观发展对策和中观发展对策的基础。

第二节　宏观发展对策：三个战略

宏观发展对策是在对当今社会趋势的正确评估，精准把握体育赛事旅游目的地发展的大环境，结合对体育赛事旅游目的地深刻认识的基础上提出的，具有引领性的发展策略。

一　实施绿色发展战略

创新、协调、绿色、开放、共享是习近平总书记提出的新发展理念。绿色发展理念作为关系我国目前发展全局的重要理念，倡导以人与自然和谐为价值取向，以绿色低碳循环为主要原则，以生态文明建设为基本抓手。绿色发展理念强调"保护生态环境就是保护生产力，改善生态环境就是发展生产力"[①]，体现了国家对经济社会发展规律认识的

---

① 《十九大以来重要文献选编（上）》，中央文献出版社，2019，第506页。

深化。体育赛事产业和旅游产业并非天生的"绿色产业"，只是相较于其他产业，二者的环境破坏和资源消耗问题显现较慢，易被忽视。事实上，国内外体育赛事旅游开发不当导致的环境问题时有发生。如何做到绿色发展是体育赛事旅游目的地发展道路上的必然课题。体育赛事旅游目的地绿色发展理念是指：在为旅游者提供体育赛事旅游产品的同时，以一种对社会、对环境负责的态度，通过合理利用资源、保护生态环境，在不破坏自然生态平衡的前提下，达到生活空间宜居适度、生态空间山清水秀、产业空间集约高效、多种效益协调平衡的指导理念。因此，实施体育赛事旅游目的地绿色发展战略应从以下四点入手。

首先，树立体育赛事旅游目的地绿色发展理念，做到"三个转变"。尊重自然，顺应自然，保护自然，从传统的对自然索取向人与自然和谐相处转变、从粗放型的以消耗为代价的发展模式向可持续发展模式转变、从注重经济增长向以人的全面发展为核心转变，实现旅游者和当地社区居民共建共享，加深愉快旅游体验，促进幸福生活的发展。

其次，重视体育赛事旅游目的地的绿色管理与规划。由于在体育赛事旅游目的地发展过程中，体育赛事场馆规划、能源利用、交通、住宿餐饮、物流保障、资源利用、市场开发等领域都涉及生态与环境问题，需要专门的环境职能部门进行全方位的统筹规划与管理。因此体育赛事旅游目的地应在环境保护部门中设立专门的体育赛事旅游目的地绿色发展协调机构，并建立相应的绿色发展管理制度，从而使得体育赛事旅游目的地在规划和运作过程中对生态环境进行规范化管理。体育赛事旅游目的地发展中对赛事场馆的选址、功能结构设计、材料工艺选用等都应体现绿色理念，如在设计中广泛利用太阳能、雨水和自然通风系统，在场馆利用上处处体现绿色规划的思想和理念。

再次，完善体育赛事旅游目的地政策保障与创新支持。加强政策创新，建立完善的、有针对性的体育赛事旅游目的地绿色发展政策体系，明确利益相关者的责任，加大监管力度。加强技术创新，鼓励相关企业和科研机构在能源节约、资源循环利用、环境影响监测等方面的技术开发与应用，加快推动生态环保科技成果的转化和应用。

最后，倡导体育赛事旅游目的地绿色旅游方式。在体育赛事尤其是户外体育赛事的市场开发经营中应追求自然、环保、健康的统一，顺应现代体育赛事消费的趋势，使"健康、自然、和谐"的绿色发展理念外化，积极引导旅游者践行绿色旅游出行方式，抵制污染环境和浪费资源的行为。

二　推动品牌战略

体育赛事旅游目的地品牌的构建是一项复杂的系统工程，而品牌建设的最终目的是在旅游者心目中树立独特、鲜明、积极的体育赛事旅游目的地形象。在这个过程中，体育赛事旅游目的地应以体育赛事资源和旅游资源为品牌建设的生命载体，以提高体育赛事文化与旅游文化的契合度为体育赛事旅游目的地品牌建设的灵魂，充分发挥赛事媒体在体育赛事旅游目的地品牌塑造和形象推广过程中不可替代的作用。具体来讲，实施体育赛事旅游目的地品牌战略，应从以下几个方面入手。

第一，因地制宜地举办体育赛事活动。在选择和举办体育赛事时应充分考虑旅游目的地的自然资源禀赋、区域功能定位、民族传统文化等因素，合理选择申办的体育赛事级别、运动项目，使体育赛事旅游目的地的赛事资源和旅游资源得到充分的利用。赛事资源和旅游资源共生共荣、互相推进，不仅可以为体育赛事的举办提供良好的基础供给，还能够通过体育赛事集聚来增加区域内的优质资源，为打造区域特色品牌提供载体和保障。

第二，积极发展赛事文化，提高赛事文化和旅游文化的契合度。借助举办知名品牌体育赛事的机会，经过合理有效的规划和运作，将体育赛事品牌蕴含的正面的积极因素成功地移植到体育赛事旅游目的地旅游文化中，丰富体育赛事旅游目的地的文化内涵，提升体育赛事旅游目的地吸引力。结合体育赛事旅游目的地发展实际，合理规划、精准定位体育赛事旅游目的地的品牌形象，形成特色鲜明的核心文化内涵，重塑体育赛事旅游目的地品牌，提高体育赛事旅游目的地在旅游者心中的知名度、美誉度和忠诚度。

第三，发挥赛事媒体在体育赛事旅游目的地形象塑造和品牌推广过程中的积极作用。体育赛事传播媒介的受众群体多为体育爱好者，这一部分受众群体本身对体育赛事关注度较高，参与体育赛事旅游活动的意愿较一般群体强，赛事媒体的推广效果会优于一般媒体。将体育赛事旅游目的地自然形象、旅游特色恰当地融入体育赛事宣传的各个环节中，通过推广与宣传将体育赛事品牌和旅游文化中积极的因素传递给旅游者。在体育赛事的不同周期采取不同的宣传策略，体育赛事举办前期宣传的重点是提升体育赛事旅游目的地品牌认知度，体育赛事举办中期宣传的重点是提升体育赛事旅游目的地品牌美誉度，体育赛事举办后期宣传的重点是提升体育赛事旅游目的地品牌忠诚度。

三 践行一体化战略

体育赛事旅游目的地发展的一体化战略是指在赛事旅游目的地相互影响、相互连接的整体系统中，将体育赛事旅游目的地的建设活动和开发活动进行统一的规划和运行。具体而言，体育赛事旅游目的地一体化战略又可以详细划分为以下三方面。

第一，资源—定位—规划的一体化。体育赛事旅游目的地的发展规划应基于本地区特色资源，特色的体育赛事、文化环境、资源禀赋使不同的体育赛事旅游目的地风格迥异。体育赛事旅游目的地个体的差异，形成了个体资源优势和区域特色的形象定位。从这个层面上讲，资源优势、发展定位、发展规划的一体化就以体育赛事和旅游资源特色为基础，以体育赛事旅游形象定位为主题对体育赛事旅游目的地空间发展布局、产品开发、形象推广、服务质量提升、旅游基础设施和公共服务设施建设等内容进行一体化的规划，实现赛事旅游目的地经济、社会、生态可持续发展。

第二，赛前—赛中—赛后的一体化。体育赛事作为体育赛事旅游目的地最具活力的构成部分，它的举办周期影响了体育赛事旅游目的地的建设与发展规划。此时的一体化发展对策表现在应统筹兼顾体育赛事在举办的前期、中期还有后期体现出的不同特点，如在体育赛事举办前期进行交通规划和体育场馆建设时，应统筹规划，充分考虑到赛后利用的问题，将专门为赛事修建的交通干线、公交枢纽、巴士专线列入赛事空间发展的统一规划当中，使得赛后这些交通设施依旧可以发挥应有的价值。在体育场馆选址方面，充分考虑场馆的使用率、区域发展规划等因素，建设场馆时也需要尽可能考虑场馆的复合功能，使场馆在赛后依然可以发挥举办赛事以外的复合功能。

第三，市场—产品—营销的一体化。体育赛事旅游目的地要想获得良性可持续的发展，就要不断满足旅游者需求，通过把握市场需求来提供丰富高质量的产品供给，以此使体育赛事旅游目的地获得源源不断的发展动力。体育赛事旅游目的地市场供给应针对旅游者多样化需求制定，赛事旅游产品的开发和营销也应以市场需求为核心。从这个角度讲，市场—产品—营销的一体化就是以市场需求为引导，开发有针对性的体育赛事旅游产品，结合特色营销手段，最终达到使旅游者满意的目的。我们从对旅游者行为的建模分析中可以发现，赛事核心质量对体育赛事旅游目的地旅游者的重游行为具有非常强的影响，换句话讲，体育赛事元素是体育赛事旅游目的地最具吸引力的部分。因此，体育赛事旅游产品的开发和设计应紧紧围绕体育赛事元素进行，借用赛事平台强大的吸引力推销旅游相关产品。与此同时，选择多样化的营销方式，提高旅游者对赛事产品的感知质量，如通过旅游者亲身体验反馈和采集赛事旅游集锦展现体育赛事旅游产品的独特魅力、通过捆绑销售和套餐销售等手段为初次参与体育赛事旅游活动的旅游者提供针对性的定制服务等方式增强体验性与趣味性，让旅游者充分体会到赛事旅游的文化内涵和产品价值。

综上所述，体育赛事旅游目的地宏观发展对策是在社会发展趋势的大背景下，结合体育赛事旅游目的地自身的特色提出的总体对策，是符合体育赛事旅游目的地未来发展、体现本土特色的整体规划。绿色发展战略使体育赛事旅游目的地将发展置于当前发展大环境之内，顺应社会发展潮流；品牌战略是体育赛事旅游目的地提高核心竞争力、扩大影响力的根本所在；一体化战略体现了体育赛事旅游目的地在"人"（市场—产品—营销）、"地"（资源—定位—规划）、"业"（赛前—赛中—赛后）三维视角上的一体化理念。宏观发展对策对中观发展对策和微观发展对策具有理念和方向的引领作用。

第三节　中观发展对策：四个推动

作为承上启下的重要组成部分，中观发展对策是宏观发展对策的构成要素。如果说，宏观发展对策解决的是根本性和共性的问题，那中观发展对策就是进一步解决特殊性的问题。中观发展对策的制定是为了进一步扬优抑劣，协调各部分之间的功能，将整体的优势发挥到最大，将整体的劣势控制到最小。

一　推动体育赛事旅游目的地利益共同体的形成

在体育赛事旅游目的地利益相关者探析的理论研究中，本书揭示了体育赛事旅游目的地各利益相关者，尤其是核心利益相关者如何在利益诉求与利益冲突的矛盾中影响体育赛事旅游目的地的发展。利益相关者主体多元化的特征使得利益诉求网络呈现错综复杂的状态，有时还可能出现叠加的"蝴蝶效应"。利益相关者主体多元化的特征使不同的利益主体持有不同的利益目标和预期，增加了利益冲突发生的可能性。但由于赛事资源的有限性，不可能满足所有的利益相关者的目标和预期，产生诉求失衡和利益目标的冲突成为必然，如不对这些问题进行妥善的处理，将严重影响体育赛事旅游目的地的良性有序发展。体育赛事旅游目的地利益共同体的构建就是引导各利益相关主体建立统一的目标体系，尽可能地保证公平参与和利益交换，调节诉求，化解冲突，在规范与监督下推动体育赛事旅游目的地的良性有序发展。推动体育赛事旅游目的地利益共同体的建立应把握以下要点。

第一，确立共同目标。利益主体的多元化导致利益目标和预期的不尽相同，应在科学规划的基础上确立一个多维的共同目标系统。该目标系统的总目标是引领体育赛事旅游目的地各利益相关者合作与协调的前提，各级子目标一方面与总目标相互关联，另一方面又兼顾不同利益相关者的详细诉求。共同目标的确立对各利益相关者的诉求进行引导，使分散的诉求形成促进体育赛事旅游目的地整体发展的合力，弱化因诉求方向不同而产生的相互干扰。共同目标的确立是构建体育赛事旅游目的地利益共同体的前提和保障。

第二，协调利益诉求。达到预期的利益是体育赛事旅游目的地各利益相关者合作的基础，也是体育赛事旅游目的地发展的动力。协调各利益相关者的利益诉求，对建立体育赛事旅游目的地利益共同体十分必要。首先，协调利益诉求应建立顺畅的利益表达机制。由于各利益相关者所持有的权利和占有的资源都不同，各利益相关者在利益诉求和表达诉求的能力上都存在差异。顺畅的利益表达机制既可为共同目标的确立提供及时准确的信息来源，也可为各利益相关者之间的利益协调提供可能。其次，协调利益诉求应建立合理的利益分配机制。合理的利益分配机制应以兼顾效率与公平为原则。兼顾效率不仅考虑了利益相关者权利和占有资源导致的差异化，也遵循了激励原则，鼓励各利益相关者高效主动地获取个体利益。兼顾公平保障了各利益相关者最基本的利益诉求，为利益共同体的建立提供了基本保障。

第三，解决利益冲突。利益诉求的差异使得利益冲突的存在成为必然，利益冲突带来的效率低下、资源浪费、能量消耗为利益共同体的形成带来严重的负面影响。解决利益冲突最有效的方式就是实施规范和监督。

对于当前体育赛事旅游目的地存在的利益相关者之间产权界定不清晰、资源开发主体不明确、生态保护责任评估不规范等问题，仅通过利益相关者之间的协调，只能解决一时的矛盾，不能真正化解冲突并解决根本问题，应制定行之有效的政策规范、明确的政策内容，确定详细的实施办法，对最容易产生冲突的产权问题、土地使用问题、资源开发问题加以规范。

对当前体育赛事旅游目的地存在的利益相关者进行监督，保证政策规范的落地和执行。鼓励内部监督即利益相关者之间的监督，尤其是核心利益相关者之间的监督，建立实名检举平台，并对检举中的问题实时监控，关注改进落实。充分发挥蛰伏利益相关者和边缘利益相关者的监督作用，鼓励媒体和民间组织参与到监督落实规范的行动中。发现冲突—制定规范—监督落实的方案可以有效降低冲突和避免同类型冲突的再次发生。

二 推动体育赛事旅游目的地空间集聚发展

作为重要的载体和平台，体育赛事旅游目的地空间为旅游者提供体育赛事服务和旅游服务，它是体育赛事旅游目的地新形态的实体集聚区。体育赛事旅游目的地空间以培育和发展知名度高的体育赛事为核心，以体育场馆（地）为物质和服务载体，通过打造体育赛事旅游目的地核心吸引中心、体育赛事旅游目的地休闲集聚中心，期望最终构建以体育赛事旅游为核心功能区，集休闲娱乐、康体健身、餐饮购物、会展演艺等多功能于一体的综合型空间集聚区，带动体育赛事旅游目的地空间发展,形成"1+1>2"的集聚效应。

1. 打造体育赛事旅游目的地吸引中心

体育赛事的举办往往伴随着体育场馆的建设,体育场馆是体育赛事的空间载体。目前,体育场馆的设计和建设都朝着场馆功能的复合化和场馆外形的多样化方向发展。如今的体育场馆既是体育赛事旅游目的地的标志性景观建筑物,又是专业化的休闲中心,还是重要的体育赛事遗产。体育赛事旅游空间发挥自身特色,把体育赛事作为主导元素,将其与体育场馆建筑融合并创新,打造核心景观。标志性体育场馆可形成体育赛事旅游目的地新地标,吸引更多的旅游者,与其他旅游空间形成差异,提升竞争力,形成体育赛事旅游目的地旅游空间的吸引中心。

但是,我国当前许多老旧体育场馆由于在设计之初仅考虑到举办体育赛事的需求,市场定位不清晰,致使后期运营乏力,经济效益普遍低下。因此,推动老旧体育场馆升级改造是打造体育赛事旅游目的地吸引中心、塑造旅游目的地新地标形象的重中之重。首先,提升体育场馆的核心功能,形成以体育赛事为核心的多样化的、常年化的赛事活动体系,利用体育场馆定期开展体育赛事主题文化博览会,与项目协会合作开展面向大众的多样化、趣味性的体育赛事,通过聚集人气,增强影响力,提高体育场馆的核心吸引力。其次,完善体育场馆的综合功能,随着旅游者体育赛事需求的日益增长,体育赛事本身所延伸出的多种消费需求对体育场馆本身提出了更高的要求,这使得体育场馆在升级改造中具有了多元的复合性功能。体育场馆将可利用的体育场地设施与休闲娱乐、康体健身、餐饮、会展、购物等进行融合。其主要目的就是聚集旅游者消费人流,提升体育场馆人气,扩大消费,从而产生更多经济和社会的综合效益,使得体育场馆运营管理更加高效、体育场馆进入可持续发展状态。这是老旧传统体育场馆向新型地标式体育场馆转型升级的重要手段,丰富体育场馆综合性功能的改造升级思路为将来体育赛事场馆的规划与开发实践提供了可靠依据。

2. 打造体育赛事旅游目的地休闲集聚中心

休闲集聚中心是核心吸引中心与旅游目的地空间融合发展形成的，它是一个更广阔的区域范围，它不仅指实体空间的集聚还涵盖虚拟空间的集聚，既强调赛事元素又强调旅游休闲元素。

由于体育赛事的举办，体育健身、体育休闲的需求不断涌现，逐渐形成体育赛事旅游文化氛围和理念。体育赛事对周边旅游空间的影响力逐渐扩大，围绕吸引中心开始形成以体育赛事为主题，集运动健身、观光休闲、会展节庆、经贸论坛于一体的体育赛事休闲集聚区。在这个过程中，体育赛事旅游空间得到扩展，旅游者容纳量得以提升。原本传统的实体运营模式已不足以满足市场需求，需要借助更有力的手段在赛事旅游集聚中心进行营销和推广。"互联网+体育赛事旅游"电子商务平台的虚拟推广模式，是在对体育赛事旅游空间发展进行重新审视和思考的基础上，应运而生的新型营销方式。

"互联网+体育赛事旅游"电子商务平台不仅做到了资源的整合，还实现了信息的集聚。该电子商务平台是基于互联网，将体育赛事旅游目的地休闲集聚中心的所有酒店、住宿、娱乐、购物、餐饮信息整合到电子平台上，旅游者利用互联网，可以随时随地进行预订，加上安全的网上支付平台，节省了旅游者大量的时间和精力。"互联网+体育赛事旅游"电子商务平台可以通过全场红包或店铺指定红包的发放，吸引更多旅游者在特色商城购物，旅游者也可以通过注册签到、发帖、发表旅游日志等行为获得相应积分，有效地集聚信息资源。

三 推动体育赛事旅游目的地产业集群发展

体育赛事旅游目的地产业集群是指在体育赛事旅游目的地这一特定地域空间内，为了实现共同的发展目标，以体育赛事特色资源为龙头、以旅游者消费需求为核心驱动力、以产业融合政策为催化剂形成的产业集群。该产业集群聚集了体育赛事旅游目的地空间范围内的体育赛事企业、旅游企业以及相关支持机构，因产业融合推动力而展现出强大的生命力和持续的竞争优势。推动体育赛事旅游目的地产业集群发展应把握以下几个要点。

第一，优质体育赛事资源的集聚。资源是产业发展的基础。想要实现赛事旅游目的地产业集群发展，必须聚集各方优质发展要素，依托体育赛事优质资源，尤其是那些市场关注度、需求度高的体育赛事资源，如马拉松、高尔夫、滑雪等赛事。特定赛事资源在某一特定空间的集聚形成体育赛事吸引物，进而吸引相关企业集聚。相关企业对该类型体育赛事资源进行集中式、连锁式的开发和营销，不同的企业通过产业链的延伸达到连接和集聚的目的，形成基于某一类特定体育赛事资源的专项产品和专项市场。

第二，旅游者的集聚。规模化、品质化的体育赛事专项产品具有强大的吸引力，可以影响更广泛的客源地市场，吸引更多的旅游者形成规模上的集聚。大量的外来旅游者来到体育赛事旅游目的地，带来了较强的消费动力。赛事旅游消费已经超越了一般意义上的旅游消费，它是集门票消费如赛事门票与旅游门票消费，购物消费如纪念品消费，服务消费如娱乐体验消费、运动康体消费等于一体的复合消费。旅游者集聚带来消费需求的集聚，消费需求的集聚产生市场供给的集聚，最终形成产业的集聚。因此，体育赛事旅游目的地产业集群发展以旅游者的集聚为根本。

第三，体育赛事产业与旅游产业融合。体育赛事产业与旅游产业的融合，为形成以二者为引擎的立体网络型产业集群提供了推力。在体育赛事产业和旅游产业融合的过程中，原本的旅游基础服务开始展现出区别于一般旅游活动的特殊性。旅游产业原本的餐饮供给在添加赛事元素后以体育主题餐厅或主题酒吧的形式为旅游者提供赛事化的餐饮服务，这种特色化赛事旅游餐饮服务将观赛、餐饮、社交融为一体，塑造了赛事旅游文化氛围；旅游产业原本的购物在添加赛事元素后也体现出区别于传统旅游购物的特色，旅游者购买行为主要围绕赛事周边和赛事旅游纪念品展开。这种融合形成的特殊供给激发了旅游者消费潜力，带来规模收益。更多的企业将体育赛事旅游目的地的融合性特色作为规模化开发和专业化生产的重点，体育赛事产业和旅游产业的融合推动了体育赛事旅游目的地集群发展，使该产业集群几乎涵盖了体育赛事旅游的所有相关产业，范围极广。

四　推动体育赛事旅游目的地质量评价指标体系建设

体育赛事旅游目的地质量评价指标体系是对当前体育赛事旅游目的地发展情况的一种定量化评定，有利于通过实际数据和可观测的外显指标对体育赛事旅游目的地的相关质量进行整体把控。质量评价是对现实体育赛事旅游目的地发展情况的反映，是未来制定发展对策的根本依据。建立体育赛事旅游目的地质量评价指标体系应把握以下几方面。

首先，明确质量评价指标体系的制定原则。第一，特殊性与普适性。特殊性是指评价指标体系应突出体育赛事旅游目的地与一般旅游目的地之间的区别，尤其注重赛事核心元素的维度构建与评价。普适性是指评价指标体系应符合中国当前体育赛事旅游目的地发展的实际，能有效反映不同地域不同级别的体育赛事质量评价情况。第二，科学性与可操作性。科学性是指体育赛事旅游目的地质量评价指标体系的构建和指标样本的采集，要采用科学规范的统计学方法或计量学方法，保证质量评价指标体系构建过程和指标样本采集的规范性和科学性，保证数据来源的准确性和分析构成的规范性。可操作性是指在指标筛选和维度划分时，要保证指标和维度的可操作性，即尽可能具体化各指标的内容，防止过于宏观和抽象的指标的出现，保证指标采集的可操作性。第三，有效性和适切性。有效性是指评价指标体系能尽可能贴切地反映体育赛事旅游目的地的相关质量，并有效反映其区别于一般旅游目的地质量评价指标体系的特殊之处，所有评价维度的权重尽可能多地代表整体。适切性是指质量评价要结合我国当前体育赛事旅游目的地发展的本土特色，选择适合的评价视角或从当前对体育赛事旅游目的地发展影响最大的评价主体出发进行相关质量的评价。

其次，塑造全面的评价理念。基于当前体育赛事旅游目的地发展的本土特色塑造全面的评价理念。体育赛事旅游目的地是不断发展变化的，如果只针对当前最需要、最重要的部分构建质量评价指标体系，可能会因为体育赛事旅游目的地发展的动态性而渐渐丧失评价指标体系的有效性。全面的评价理念基于发展的动态性提出，并贯穿体育赛事旅游目的地质量评价的始终。全面性既强调评价主体的全面性，也强调评价视角的全面性。评价主体的全面性可以指从供需角度出发，既考虑供给主体也考虑需求主体，强调供给侧和需求侧的双向评价。在供给侧方面重视体育赛事旅游目的地资源质量的评价、市场发展质量的评价、产品质量的评价；在需求侧方面强调对消费需求、消费行为的评价。评价视角的全面性既强调理论视角又强调实践视角，可以选择经济学、社会学、管理学的不同视角切入对体育赛事旅游目的地质量的评价，又可以从实践中的具体城市、区域的实证研究方面进行具体的质量评价。

最后，坚持政府主导社会推动的构建方式。政府应在体育赛事旅游目的地发展的总目标之下对体育赛事旅游目的地质量的各方面进行明确的划分，完善体育产业统计分类、质量划分标准，为体育赛事旅游目的地质量的评价提供基本依据。鼓励高校、科研机构、企业智库加入体育赛事旅游目的地质量评价指标体系构建的工作中，通过设立国家自然科学基金项目、国家哲学社会科学基金项目、企业学术基金项目的方式，支持和鼓励质量评价指标体系的社会参与。

综上所述，中观发展对策针对体育赛事旅游目的地的独特性，在宏观对策的引导下，结合体育赛事旅游目的地各部分的相互关系，对其发展进行了针对性的规划。中观发展对策相较于宏观发展对策更具有针对性，期待通过发挥体育赛事旅游目的地内部的优势和独特性，抑制和消融体育赛事旅游目的地本身的劣势，促进体育赛事旅游目的地的发展。

第四节　微观发展对策：两个发展点

微观发展对策所针对的对象最小，对策内容较为单一也最具针对性。微观发展对策的受众主体是体育赛事旅游目的地发展中最微小的单元。作为体育赛事旅游目的地的构成细胞，它们发展的好坏直接影响体育赛事旅游目的地发展的目标能否实现。因此微观发展对策的制定对中观发展对策和宏观发展对策的有效实施具有重要的影响。旅游者、体育赛事作为体育赛事旅游目的地中最关键的微观构成部分，是体育赛事旅游目的地发展必不可少的中坚力量，对它们进行良好的规划和引导，维系了整个赛事旅游目的地的发展和生存。

一　旅游者是发展的根本点

旅游者在体育赛事旅游目的地的发展中扮演着举足轻重的角色。作为需求侧的主体，旅游者的需求引导着体育赛事旅游目的地的产品开发、市场拓展、营销推广。体育赛事旅游目的地根据旅游者的细分市场，如年龄、性别、职业等进行有针对性的开发，最终的目的就是满足旅游者的赛事旅游需求。体育赛事旅游目的地作为包含供给侧与需求侧两端的统一系统，在以旅游者为中心不断提供供给—满足需求—根据需求调整供给—满足更高的需求过程中，体育赛事旅游目的地获得了源源不断的生命力。作为体育赛事旅游目的地服务质量评价的权威主体，旅游者对体育赛事旅游目的地服务满足需求的能力做出的评价，是引导体育赛事旅游目的地质量提升的基础。他们基于自身满意度为赛事旅游产品做出的口碑效应和他们的推荐意向，间接为体育赛事旅游目的地的客源市场做出了扩充，他们的重游意向直接影响体育赛事旅游目的地的发展。

体育赛事旅游目的地旅游者区别于一般旅游目的地的旅游者。在本书第七章的分析中，我们可以总结出旅游者对体育赛事旅游目的地发展的影响的最主要来源是：是否满意并产生重游行为。可见满意度作为反映旅游者实际状态的指标对体育赛事旅游目的地发展对策的制定影响较大。除此以外，感知价值作为影响旅游者行为意向的一个中介变量，是在制定发展政策时不容忽视的部分。在旅游者差异化分析中，体育赛事旅游目的地旅游者在感知质量上表现出明显的旅游者特征细分差异，即不同性别、年龄、月收入、职业和受教育程度的旅游者在体育赛事旅游目的地质量的感知上存在差异。这些旅游者表现出的特殊性都是在制定发展对策时需要特别关注的。将旅游者作为根本点来把握体育赛事旅游目的地发展，应从以下几方面具体入手。

首先，细化需求市场，丰富产品供给。由于体育赛事旅游目的地旅游者在感知质量上呈现明显的旅游者特征细分差异，要求体育赛事旅游目的地在开发赛事旅游产品和提高赛事服务质量的同时对旅游者需求市场进行更细致的划分，尤其针对年龄这一差异最显著的因子，做进一步的市场考察。丰富赛事旅游产品类型以满足不同年龄阶段的旅游者的需求。体育赛事旅游活动现在已成为越来越多家庭出游的首选，因此体育赛事旅游者的年龄特征呈现跨度大的特点。在赛事旅游产品开发时应充分考虑这一特点，增加如亲子趣味比赛、赛事主题嘉年华等老少皆宜、受众年龄范围广的活动。在主体赛事举办期间增加若干小型分赛事，弱化体育赛事的专业性和技能性，调动不同年龄阶段旅游者的参与激情，使得人人都能参与到体育赛事旅游活动中。

其次，打造赛事文化，提高感知价值。感知价值对旅游者评价体育赛事旅游目的地服务质量有重要的影响。感知价值高满意度就高是本书已经通过模型验证成立的假设。打造体育赛事旅游目的地赛事文化，使旅游者置身于赛事文化的氛围当中，不仅能加深旅游者对体育赛事价值内涵的理解，更能提高旅游者的体验感。将赛事元素与地方文化通过纪念品设计巧妙地融合在一起，利用场馆装饰、灯箱广告、媒体宣传扩大赛事影响力，打造主题体育节庆等一系列活动，把赛事文化融入体育赛事旅游目的地的各个角落，使旅游者置身于赛事元素的环绕中。这样不仅可以让旅游者享受高质量的体育赛事旅游服务，还可以提升旅游者对质量内在价值的感知。

最后，实施联合营销，提升满意度。赛事旅游产品的融合属性决定了实施联合营销的必要性。联合营销不仅指传统营销方式与新兴营销方式的联合，还指跨市场的联合。具体而言，像广告宣传、旅行社推广等传统的营销方式在体育赛事旅游的推广中受众越来越少。在网络媒体和电子商务发展的推动下新兴的营销方式开始崭露头角，应通过网络媒体尤其是微博、自媒体等方式加强宣传，扩大受众群体、发展潜在客户。通过电子商务平台将现实中的赛事旅游资源、商品、服务通过线上呈现的方式展现给旅游者。传统营销方式和新型营销方式的联合可涵盖更多的消费群体，将体育赛事旅游目的地的服务和产品更全面、更形象、更有针对性地推广给目标客户。跨市场的联合营销指联合体育赛事市场和旅游市场的产品和服务，尽可能多地提供丰富的相关产品供给，满足旅游者多样化的赛事旅游需求。联合打造赛事旅游产品，推出赛事期间的城市旅游项目、与地方特色文化旅游资源相结合的赛事节庆项目等。通过丰富的产品供给、氛围创造、宣传推广等联合营销方式提高旅游者的满意度。

二 体育赛事是发展的着力点

体育赛事的存在是体育赛事旅游目的地区别于一般旅游目的地的根本，正是这种根本的特殊性为体育赛事旅游目的地带来了吸引力。赛事元素作为体育赛事旅游目的地最活跃的部分对推进体育赛事产业与旅游产业融合、体育赛事旅游空间发展具有重要作用，是体育赛事旅游目的地发展的着力点。体育赛事发展的对策可以从以下几方面展开。

首先，打造优质体育赛事。体育赛事旅游目的地的发展要以优质的体育赛事为基础，如果没有质量过硬的体育赛事，就不可能吸引旅游者前往体育赛事旅游目的地，也无法实现体育赛事旅游产业在体育赛事旅游目的地的集聚，体育赛事旅游目的地就将难以生存和发展。因此，应提升体育赛事的吸引力、举办的固定性、质量的稳定性及被感知性，将打造优质体育赛事作为体育赛事旅游目的地发展的着力点。具体应从以下五个方面入手。第一，提升体育赛事的影响力，通过吸引高水平运动员参加比赛和鼓励大众广泛参与比赛，引起媒体的关注以及政府、公司的支持，逐步提升体育赛事的影响力。第二，保证体育赛事的真实性，体育赛事的本质就是运动员和裁判员按照竞赛规则公平竞争，完美展示自己的竞技能力和职业道德。赛事组织者应通过制定各种规章制度，激励运动员努力拼搏。裁判员应秉公执法，保证赛事过程和赛事结果不受运动员、裁判员之外的人为因素的影响和控制。第三，增强体育赛事的观赏性，赛事观赏性是运动员通过技术动作、战术和精神品质在竞赛过程中所展示的能力，运动员高超的技艺表演会带给旅游者震撼心灵的感受，这也是体育赛事的魅力所在。第四，提高体育赛事的体验性，增加旅游者在体育赛事中参与互动的环节，让旅游者更深地融入赛事环境中，进而体会体育赛事的价值。第五，提高体育赛事组织的专业能力，包括赛事组织能力、赛事运营能力、赛事人员服务能力。赛事组织能力体现在对旅游者的有序管理、比赛和媒体活动的正常进行方面；赛事运营能力体现在对企业赞助商和媒体宣传的协作方面，从谈判到合作整个过程中都能展现出较高的赛事运营职业水平；赛事组织人员服务能力体现在服务意识和具体的服务表现方面，它是赛事组织水平和运作能力的保障，赛事组织所有人员都要增强服务意识，提高服务水平。赛事组织主动提供合理服务，满足旅游者的需求，这样就会提高旅游者的满意度，对赛事组织产生信任，逐步建立感情联系，促使体育赛事吸引力不断增强。以上五个方面不是相互独立的，而是相互影响的。打造优质体育赛事、提升体育赛事吸引力是多个方面不断整合的结果。体育赛事的真实性是赛事吸引力的核心，体现了赛事组织的竞赛管理能力，赛事组织的服务能力为赛事的真实性提供了保障，提升了体育赛事的影响力，最终结果是体育赛事质量的提升和吸引力的不断提高。

其次，依据市场需求深挖赛事资源。体育赛事本身就是集资源和产品于一体的活动。要借助体育赛事的开发形成赛事旅游产品，必须遵循市场的需求。第一，要把握市场需求，对体育赛事特点和旅游目的地特点进行仔细研究和科学论证。针对不同的旅游者细分市场，开发有针对性的体育赛事旅游产品，提供差异化的体育赛事旅游服务和主题活动。第二，将体育赛事的时空特点融入体育赛事旅游产品设计和开发过程中，分析赛事前期、中期、后期的不同阶段旅游者表现出的不同需求。在体育赛事前期，大多数旅游者受体育赛事旅游目的地媒体宣传和营销的影响，激发了潜在旅游者对体育赛事旅游目的地的兴趣或者好奇心，这一时期的赛事旅游是以感受体育赛事旅游目的地的自然与文化景观为主，所以这一时期体育赛事旅游产品的设计与开发要注意挖掘自然资源和独特的地域文化特点，坚持以体育赛事为载体和平台，将诸多旅游元素融入体育赛事旅游产品中，以线串点组合成长短不同的旅游观光线路。在旅游时间和市场价位上形成多重组合，形成突出体育赛事旅游目的地特色的体育赛事旅游产品体系。在体育赛事举办期间，应以赛事为依托，关注旅游者的身心体验。这期间，高端旅游消费人群数量占比增加，这部分群体对赛事旅游产品品质要求较高，要以体育赛事旅游质量为保证，开发高端精品体育赛事旅游产品。在体育赛事后期，体育赛事旅游目的地更要利用体育赛事遗产进一步促进旅游业的发展。根据不同体育赛事旅游目的地的特点，充分利用体育赛事声势影响，分层次完善赛后体育赛事旅游产品体系，设计赛事场馆参观路线，安排体验活动。继续承接不同级别和规模的体育赛事，打造专业训练基地。充分利用体育赛事场馆以及自身生态优势，促进体育赛事与主题会展的融合，加上体育国际会议、体育主题论坛等体育公务活动以及各种体育主题展览会的吸引力，切实推动体育赛事旅游结构的不断丰富和升级。

第三，关注体育赛事旅游纪念品设计，一个设计完美的体育赛事旅游产品对于旅游者来说，不仅仅见证了旅游者参与或观赏的体育赛事，而且会使体育赛事旅游目的地给他留下深刻印象和美好回忆，同时能够激发旅游者重游的意愿，所以体育赛事旅游纪念品应该是一个多元素的融合产物，要将体育赛事旅游目的地的赛事精神、旅游目的地最突出的特色以及文化等多种元素融合在一起。它是体育赛事旅游目的地的一张名片，具有较高的收藏与鉴赏价值。

最后，坚持以赛促旅。体育赛事的发展已经成为体育赛事旅游目的地旅游业的重要助推器，体育赛事所带来的"集聚效应"和"眼球效应"能够吸引成千上万来自全国乃至世界各地的旅游者，同时也能带来各种媒体的大篇幅的专题报道和其他相关报道，形成轰动效应。因此，体育赛事能为体育赛事旅游目的带来良好的口碑效应和公关形象。而体育赛事举办过程中所提供的优质高效的接待服务也有效提升了旅游者的重游意向、口碑效应。在体育赛事举办过程中，旅游目的地旅游产业为体育赛事提供基础保障，有效缓解体育赛事举办期间由旅游者的集聚带来的对各类设施和设备的需求压力。这样也可以充分调动旅游产业内部构成要素，实现其资源的合理配置，实现旅游产业效益最大化。与此同时，体育赛事组织者要与政府部门积极合作，将旅游目的地形象、体育精神文化、旅游价值内涵的推广作为体育赛事举办过程中的重要内容。这不仅要向旅游者展示体育赛事的积极形象，以期大力提高体育赛事的知名度和影响力，从而吸引更多的旅游者，而且要将旅游目的地的形象、旅游目的地旅游价值自然地融入体育赛事的推广与传播中，间接促进旅游目的地形象的树立。

综上所述，微观发展对策从体育赛事旅游目的地最微小的个体单元入手，阐述了针对两个发展点的具体规划，提出了旅游者作为体育赛事旅游目的地发展的根本点和体育赛事作为发展的着力点应采取的详细对策。

第五节　三维视角与发展对策的关系

体育赛事旅游目的地发展对策并不是基于单一的经验，而是以有限理性为依据，在经验的基础上提出的。体育赛事旅游目的地发展对策是通过对体育赛事旅游目的地实践的理性分析，通过定性和定量的分析方法，运用辩证思维和各种理论知识，统筹兼顾现实与未来，最终得出的发展对策。该发展对策是多层次的知识综合，是可参考、可落实、行之有效的，它遵循了由现象揭示本质、从对立中把握统一、由经验上升到理论的逻辑过程。

体育赛事旅游目的地发展对策的提出经历了三个分析层次。第一层次，对现实问题的分析与定位。通过对当前体育赛事旅游目的地存在的现实问题的分析以及对国家社会发展趋势的预测提出本书的目标问题即如何科学系统地制定体育赛事旅游目的地发展对策。本书通过对体育赛事旅游目的地概念的界定明确了体育赛事旅游目的地的应有属性，选择了"人-地-业"三维视角作为本书分析的切入点，并论证了其适切性将对发展对策问题的研究定位在严格合理的框架之中。第二层次，对现实问题的判断推理与本质揭示。在第二层次中本书基于"人-地-业"三维视角的理论研究与实证研究，推理并揭示了体育赛事旅游目的地发展的规律和内在逻辑，揭示了体育赛事旅游目的地在实践中存在的本质和一般规律。以清晰的逻辑思路和多维的审视视角，对体育赛事旅游目的地发展这一现实问题进行了深入的描绘。其中具体涵盖体育赛事旅游目的地利益相关者探究、赛事旅游空间研究、产业互动融合机理、质量评价指标体系构建、旅游者行为意向分析五个部分。第三层次，确定根本目标，提出发展对策。通过由现实揭示的本质和规律，统筹兼顾现实与未来，提出发展对策的根本目标，以宏观—中观—微观的递进式架构提出不同层面的针对性对策。

通过对体育赛事旅游目的地发展对策提出过程的三个层次进行分析可以看出，"人-地-业"三维视角为体育赛事旅游目的地发展对策的提出奠定了基础，发展对策正是基于对三维视角的理论判断、本质揭示结合辩证思考而形成的。基于"人-地-业"三维视角提出体育赛事旅游目的地发展对策，保证了发展对策提出的科学性、有效性、多维性。科学性是指本书基于已有的研究理论，从人、地、业三个维度对体育赛事旅游目的地发展的内部逻辑进行了定性分析，把握了体育赛事旅游目的地发展的规律和特点。对规律的把握有助于厘清发展中问题出现的根本原因，使体育赛事旅游目的地发展对策的提出更具科学性。有效性是指本书基于"人-地-业"三维视角通过定量的分析方法构建了体育赛事旅游目的地质量评价指标体系和旅游者行为意向关系分析模型。将现实存在的现象借由数据的形式进行分析，剥离现象后获得一般的规律。基于此的发展对策是针对现实规律进行的预测和针对性把握，来源于实践又指导着实践，保证了发展对策的有效性。多维性是指本书选取的"人-地-业"三维视角为发展对策的提出提供了多维的现实分析和参考依据，使得发展对策的提出涵盖更多的发展领域和问题（见图 8-1）。

小　结

本章主要提出了体育赛事旅游目的地发展对策，对策的提出主要从三个层次进行。

首先，本书确定了发展对策的根本目标、发展对策制定的原则和基本架构。

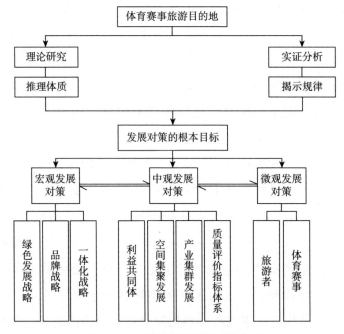

图 8-1　三维视角下发展对策体系

其次，本书从宏观、中观、微观三个层面层层推进提出具体发展对策，宏观发展对策包括绿色发展战略、品牌战略、一体化战略三个战略，是具有统筹性和全局性的。中观发展对策包括推动形成利益共同体、推动空间集聚发展、推动产业集群发展、推动质量评价指标体系构建，是在体育赛事旅游目的地特殊性，关注各部分协调发展的基础上提出的。微观发展对策包括把握旅游者这个基本点和体育赛事这一着力点，该层面的发展对策是最细致、最具针对性的，也是整个发展对策体系的基础。

最后，从发展对策的提出过程入手，分析了"人-地-业"三维视角的选取对发展对策科学性、有效性、多维性的影响。

| 第九章 |

研究结论与建议

第一节　研究结论

本书基于"人‐地‐业"三维视角对体育赛事旅游目的地发展对策进行了研究，得出了以下几方面的结论。

第一，体育赛事旅游目的地是在体育赛事举办的前中后期，为满足旅游者参与观赏赛事活动和旅游活动需求的各类要素构成的特定区域空间。该区域空间是相对于居住地而言的，以体育赛事的特殊吸引力为特色，能够使旅游者产生并追求动机的实现。该区域空间具有空间实体性、主体感知性、需求的满足性、时空的集聚性、吸引物的特殊性和旅游行为的伴生性六大基本特征。

第二，体育赛事旅游目的地在核心利益相关者的利益诉求与冲突的引导与缓解中不断发展。体育赛事旅游目的地核心利益相关者包括赛事旅游目的地政府及其职能部门、赛事旅游者、赛事旅游企业、赛事旅游目的地居民。核心利益相关者存在四个利益诉求和六组利益冲突，应以均衡管理理念构建体育赛事旅游目的地核心利益相关者管理机制，通过加强利益沟通、实现利益协调、健全利益补偿、完善利益监控，合理引导诉求，缓解冲突是体育赛事旅游目的地获得良性发展的必经之路。

第三，体育赛事旅游空间是在体育赛事吸引力下带动空间集聚发展的现实体现，由旅游者、旅游吸引物、旅游企业和旅游通道四要素构成。体育赛事是体育赛事旅游目的地空间的核心吸引物，依据其所依托资源的差异性分为五类：依托观赏型和参与型体育赛事资源的核心吸引物、依托体育传统项目资源的核心吸引物、依托自然地理资源的核心吸引物、依托体育场馆资源的核心吸引物、依托复合资源的核心吸引物。由于体育赛事本身的吸引力对周边相关产业形成集聚效应，使得体育赛事旅游空间的形成因体育赛事本身的规模、级别、形式和发展程度差异，展现出不同的发展阶段和成长模式。体育赛事旅游空间的发展过程经历了起始、发展、成熟、巩固四个阶段，展现出核心-边缘、增长极、中心地三种发展模式。

第四，体育赛事旅游目的地产业的发展实质是产业互动融合的过程。体育赛事产业与旅游产业互动融合的三个基本模式是渗透融合模式、延伸融合模式、重组融合模式。二者之间存在时空伴生性、产业关联性、要素共享性，同时在内在动力需求的多样性与个性化、逐利性以及外在动力技术创新和政府政策的双重推动下，通过资源、产品、市场三个途径进行融合发展。

第五，体育赛事旅游目的地质量评价指标体系应以赛事旅游者为评价的权威主体，体现体育赛事旅游目的地质量评价的特殊性。基于旅游者感知的体育赛事旅游目的地质量评价指标体系，关注赛事质量，体现体育赛事与旅游的相关关系；弱化旅游基础服务指标的权重，突出评价指标体系的特殊性；充分考虑人、地、业在质量评价指标体系内的应有特征。本书构建的质量评价指标体系由2个量表10个因子50个评价指标构成，是衡量当前质量和引导未来发展的有效工具。

第六，体育赛事旅游目的地旅游者行为意向由体育赛事旅游目的地感知质量决定并受感知价值和满意度的部分中介效应影响。体育赛

事旅游目的地感知质量与旅游者行为意向具有强相关性，即赛事感知
质量越高旅游者推荐意向和重游意向就越高，抱怨意向就越低。此外，
感知质量在直接影响旅游者行为意向的同时还通过感知价值、满意度
的部分中介效应影响旅游者行为意向。

第七，体育赛事旅游目的地旅游者在感知质量上存在旅游者个体
特征的差异，其中最具赛事特色的核心质量各维度在旅游者性别、月收
入、职业、受教育程度上的差异性均强于辅助服务质量。体育赛事旅游
目的地感知质量的10个因子中有4个因子在旅游者性别特征上表现出
显著差异性、有10个因子在旅游者年龄特征上表现出显著差异性、有
3个因子在旅游者月收入特征上表现出显著差异性、有5个因子在旅游
者职业特征上表现出显著差异性、有5个因子在旅游者受教育程度特征
上表现出显著差异性。

第八，三维视角下体育赛事旅游目的地发展对策包括三个战略、四
个推动、两个发展点，主要从宏观、中观、微观三个层面层层推进。宏
观发展对策包括绿色发展战略、品牌战略、一体化战略；中观发展对策
包括推动形成利益共同体、推动空间集聚发展、推动产业集群发展、推
动质量评价指标体系构建；微观发展对策包括把握旅游者这个基本点
和体育赛事这一着力点。

第二节 研究建议

本书的整个研究过程是本着严谨、科学、求实的态度进行的，但由
于时间的有限性、个人经历的单一性、数据的可获得性等因素，本书依
旧存在一些不足与局限，在此提出几点建议，期待为后续的相关研究提
供参考。

第一，对同类型的体育赛事旅游目的地进行追踪研究。体育赛事旅
游目的地是随着经济和社会趋势动态发展的，如果有条件建议对某一

个体育赛事旅游目的地或同一类型的体育赛事旅游目的地进行追踪性研究，这样以时间的纵向发展为线索，探讨体育赛事旅游目的地的发展更有实际意义。

第二，扩大样本的采集范围，针对不同类型的体育赛事旅游目的地进行发展比较。由于地域资源禀赋的不同和主体体育赛事能力的差异，体育赛事旅游目的地的发展在遵循普遍发展规律的基础上，必然体现个体化差异，如果可以对不同类型的体育赛事旅游目的地的发展进行比较研究，必定能发掘更多的规律，进而更好地指导实践。

第三，对质量评价指标体系的核心指标进行提取与运用。在本书构建的体育赛事旅游目的地质量评价指标体系的基础上，后续研究可以对评价指标中的详细指标进行提取和分类，更有针对性地了解旅游者最关注的服务质量，并运用到赛事旅游产品设计和服务质量的提升中。

参考文献

安泰淑：《基于 2002 世界杯旅游接待设施状况的赛事后管理研究分析》，浙江大学硕士学位论文，2003。

保继刚等：《旅游开发研究——原理·方法·实践》，科学出版社，1996。

鲍宏礼主编《产业经济学》，中国经济出版社，2018。

鲍明晓：《北京建设国际体育中心城市的相关理论问题研究》，《上海体育学院学报》2010 年第 2 期。

卞显红：《城市旅游空间结构及其空间规划布局研究》，南京师范大学硕士学位论文，2002。

曹秀珍：《体育赛事旅游基本理论研究》，《浙江师范大学学报》（自然科学版）2012 年第 2 期。

柴红年、唐志锋：《赛事赞助商满意度测评思路与方法研究》，《南京体育学院学报》（自然科学版）2014 年第 4 期。

陈传康、王新军：《神仙世界与泰山文化旅游城的形象策划（CI）》，《旅游学刊》1996 年第 1 期。

陈金华：《浅论中国体育旅游——兼论奥运热对中国体育旅游的影响》，《北京第二外国语学院学报》2002 年第 1 期。

陈林华等：《国际体育城市评价指标体系的构建研究》，《体育科学》2014 年第 6 期。

陈林华、薛南、王跃：《欧美体育城市的评价指标体系探讨》，《体育与科学》2011年第2期。

陈松：《体育赛事旅游研究》，华东师范大学硕士学位论文，2006。

陈秀山、张可云：《区域经济理论》，商务印书馆，2003。

陈志军：《区域旅游空间结构演化模式分析——以江西省为例》，《旅游学刊》2008年第11期。

丛湖平、罗建英：《体育赛事产业区域核心竞争力形成机制研究》，浙江大学出版社，2011。

崔功豪、魏清泉、陈宗兴编著《区域分析与规划》，高等教育出版社，1999。

邓衡：《国外旅游目的地品牌化研究进展》，《江西金融职工大学学报》2006年第6期。

董建新：《旅游目的地品牌构建》，《经济问题探索》2008年第8期。

方千华、谢翊：《对2008年北京奥运旅游问题的探讨》，《河北体育学院学报》2005年第3期。

风笑天编著《简明社会学研究方法》，华文出版社，2005。

风笑天：《社会学研究方法》，中国人民大学出版社，2001。

风笑天：《透视社会的艺术——社会调查中的问卷设计》，天津人民出版社，1990。

付磊：《奥运会影响研究：经济和旅游》，中国社会科学院研究生院博士学位论文，2002。

高明捷、陶卫宁：《国内大型赛事旅游研究及其启示》，《体育文化导刊》2009年第2期。

高圆媛、辛宏：《体育旅游目的地形象设计与传播策略初探》，《商业文化》（学术版）2010年第5期。

顾兴全：《基于资源观点（RBV）的体育旅游开发研究——以浙江安吉江南天池滑雪旅游开发为例》，《北京体育大学学报》2011年第

3 期。

郭海燕、杨斌：《2008 年北京奥运会对中国旅游业的影响》，《资源开发与市场》2007 年第 3 期。

郭瑞华、郭建松：《中国奥运旅游可持续发展对策研究》，《河北体育学院学报》2006 年第 2 期。

柴邦衡：《ISO 9000 质量管理体系》（第 2 版），机械工业出版社，2010。

《〈2017 年中国居民消费发展报告〉系列发布之一：我国居民消费发展总体情况（一）》，国家发展改革委官网，2018 年 4 月 3 日，https：//www. ndrc. gov. cn/fzggw/jgsj/zhs/sijudt/201804/t20180403_ 973832. html。

《国务院关于加快发展体育产业促进体育消费的若干意见》，中国政府网，2014 年 10 月 20 日，http：//www. gov. cn/zhengce/content/2014-10/20/content_ 9152. htm。

《国务院关于促进旅游业改革发展的若干意见》，中国政府网，2014 年 8 月 21 日，http：//www. gov. cn/zhengce/content/2014-08/21/content_ 8999. htm。

韩凤月等：《中国民众对国际大型体育赛事的认识与态度研究》，《广州体育学院学报》2018 年第 2 期。

何国民：《武汉市居民体育旅游消费现状与发展对策》，《武汉体育学院学报》2005 年第 11 期。

何建英：《都市型旅游目的地国内游客满意度研究》，南开大学博士学位论文，2012。

何琼峰：《中国国内游客满意度的内在机理和时空特征》，《旅游学刊》2011 年第 9 期。

和立新、姚路嘉：《基于潜变量发展模型的国际体育中心城市构建研究——以北京、上海体育旅游与体育赛事互动为视角》，《北京体育大学学报》2016 年第 12 期。

胡乔、陶玉流：《城市竞争力视域下大型体育赛事的效益研究》，《体育与科学》2009 年第 4 期。

胡炜霞、吴成基、陶盈科：《基于旅游者认知的地质公园市场营销——以陕西翠华山山崩景观国家地质公园为例》，《山西师范大学学报》（自然科学版）2008 年第 4 期。

黄海燕等：《体育赛事与上海旅游业互动发展研究》，《上海体育学院学报》2013 年第 5 期。

黄海燕、康逸琨：《体育赛事与城市形象契合对观众满意度和重游意向的影响》，《中国体育科技》2018 年第 4 期。

黄海燕：《体育赛事与城市发展》，《体育科研》2010 年第 1 期。

黄海燕、张林：《体育赛事利益相关者分析》，《体育科研》2008 年第 5 期。

黄海燕、张林：《体育赛事综合影响及其评估研究》，《武汉体育学院学报》2010 年第 1 期。

黄海燕、张林：《体育赛事综合影响框架体系研究》，《体育科学》2011 年第 1 期。

黄海珠：《民族旅游多元利益主体非和谐因素探讨——以广西龙胜平安村为例》，《广西社会科学》2006 年第 10 期。

黄瑾：《简析奥运会对举办地饭店业的影响》，《北京社会科学》2006 年第 1 期。

黄燕：《2010 年广州亚运会旅游商品开发的思路研究》，《商讯商业经济文荟》2006 年第 6 期。

姜同仁、钱杰：《安徽体育旅游产业开发研究》，《体育文化导刊》2011 年第 6 期。

金媛媛、李骁天、李凯娜：《基于企业成长视角的体育产业、文化产业与旅游产业融合机制的研究》，《首都体育学院学报》2016 年第 6 期。

雷波：《我国体育产业与旅游产业互动融合模式分析》，《北京体育大学学报》2012 年第 9 期。

冷志明：《旅游目的地品牌研究》，《边疆经济与文化》2005 年第 12 期。

黎冬梅、肖锋：《浅析举办重大体育赛事对城市体育事业竞争力的提升作用》，《浙江体育科学》2005 年第 2 期。

李静：《第二十四届世界大学生冬季运动会对哈尔滨地区冰雪旅游业影响的战略分析》，首都体育学院硕士学位论文，2008。

李康、吴亚初、李浩：《国际体育赛事与上海城市品牌协同发展研究》，《南京体育学院学报》（自然科学版）2016 年第 3 期。

李蕾蕾：《旅游地形象策划：理论与实务》，广东旅游出版社，1999。

李南筑、姚芹：《体育赛事评估：评定价值、创造价值》，《上海体育学院学报》2009 年第 4 期。

李南筑、姚芹：《体育赛事评价：社会评价的涵义》，《上海体育学院学报》2009 年第 5 期。

李鹏、邹玉玲：《体育赛事型塑城市特色》，《首都体育学院学报》2009 年第 2 期。

李善同、钟思斌：《我国产业关联和产业结构变化的特点分析》，《管理世界》1998 年第 3 期。

李树民、支喻、邵金萍：《论旅游地品牌概念的确立及设计构建》，《西北大学学报》（哲学社会科学版）2002 年第 3 期。

李先雄、李艳翎：《国际化体育城市评价指标体系研究》，《武汉体育学院学报》2017 年第 7 期。

李香华、钟兴永：《体育旅游与健身》，北京体育大学出版社，2003。

李雪：《我国旅游目的地营销研究进展及启示》，《浙江海洋学院学报》（人文科学版）2011 年第 2 期。

李亚青：《体育赛事旅游主体功能区研究》，华东师范大学硕士学位论文，2011。

廉涛、黄海燕：《体育赛事举办地居民感知的国内外研究》，《体育文化导刊》2015 年第 5 期。

林少琴等：《福建省体育赛事旅游的开发及前景研究》，《吉林体育学院学报》2007 年第 5 期。

林少琴：《闽台体育赛事旅游合作与发展的态势分析》，《成都体育学院学报》2009 年第 5 期。

林炎钊：《旅游形象设计：我国旅游城市面临的新课题》，《北京第二外国语学院学报》1995 年第 3 期。

刘连发：《大型体育赛事对城市发展影响的指标体系构建》，《体育文化导刊》2015 年第 9 期。

刘晓明：《产业融合视域下我国体育旅游产业的发展研究》，《经济地理》2014 年第 5 期。

卢双鹏、曹娜：《体育赛事对举办地旅游影响的实证研究》，《旅游研究》2011 年第 3 期。

陆大道：《关于"点—轴"空间结构系统的形成机理分析》，《地理科学》2002 年第 1 期。

陆大道：《区域发展及其空间结构》，科学出版社，1995。

陆娟、芦艳、娄迎春：《服务忠诚及其驱动因素：基于银行业的实证研究》，《管理世界》2006 年第 8 期。

吕海燕：《旅游地品牌化系统模型研究》，河南大学硕士学位论文，2008。

罗秋菊：《世界大型事件活动对旅游业的影响及对中国的启示——以历届奥运会和韩国世界杯为例》，《商业研究》2003 年第 11 期。

罗秋菊、杨云露：《游客对 2010 年广州亚运会影响城市旅游形象的感知研究——基于事件举办前视角》，《热带地理》2010 年第 5 期。

骆雷、黄海燕、张林：《体育赛事利益相关者的利益诉求与利益协调》，《体育文化导刊》2013 年第 2 期。

苗维亚、田敏：《旅游目的地规划建设标准研究与示范》，西南交通大学出版社，2008。

倪斌：《上海市体育赛事旅游目的地形象研究》，上海体育学院硕士学位论文，2016。

潘文焰：《节事资源旅游产业化的机理与路径研究》，华东师范大学博士学位论文，2014。

彭道海、李承龙、陈刚：《我国网球职业赛事顾客满意度研究——以武汉网球公开赛为例》，《武汉体育学院学报》2016 年第 6 期。

彭杰、张毅恒、柳鸣毅：《国际体育城市的本质、特征与路径选择》，《体育文化导刊》2016 年第 8 期。

钱勇刚：《体育赛事旅游开发研究》，华侨大学硕士学位论文，2007。

邱小慧、骆玉峰、党繁义：《主办奥运会对旅游的影响分析》，《体育文化导刊》2003 年第 7 期。

邱雪、李益群、李太铼：《聚焦 2008 年第 29 届奥运会入境游》，《中国体育科技》2006 年第 6 期。

单继伟、孙永梅：《体育旅游产品开发的 RMP 分析——以温州地区为例》，《浙江体育科学》2014 年第 4 期。

申丽萍、王跃、朱洵韬：《大型体育赛事对城市旅游的促进机理分析》，《城市问题》2012 年第 9 期。

沈雪瑞、李天元：《国内外旅游目的地忠诚的文献回顾及研究展望》，《北京第二外国语学院学报》2013 年第 1 期。

施秀梅：《国内旅游目的地游客满意度影响因素研究综述》，《东方企业文化》2011 年第 18 期。

史立峰、樊东声、赵凡：《2014 青奥会对南京城市体育发展重大影响的研究》，《南京体育学院学报》（自然科学版）2011 年第 6 期。

舒宗礼等：《我国体育旅游者行为特征分析及其动机研究——以湖北省体育旅游客源市场为例》，《首都体育学院学报》2008 年第 3 期。

税清双、张学梅：《2008 年奥运会我国入境游目标市场分析》，《商场现代化》2006 年第 10 期。

宋书楠：《试议体育赛事的旅游开发》，《北京第二外国语学院学报》2002 年第 6 期。

宋章海：《从旅游者角度对旅游目的地形象的探讨》，《旅游学刊》2000 年第 1 期。

唐瑷琼：《旅游目的地品牌建设研究》，复旦大学硕士学位论文，2008。

陶卫宁：《大型体育赛事的负面旅游效应》，《体育学刊》2006 年第 6 期。

陶于：《奥运会与主办国入境旅游问题的研究》，《中国体育科技》2004 年第 1 期。

田静、徐成立：《大型体育赛事对城市发展的影响机制》，《北京体育大学学报》2012 年第 12 期。

汪德根等：《基于点—轴理论的旅游地系统空间结构演变研究——以呼伦贝尔—阿尔山旅游区为例》，《经济地理》2005 年第 6 期。

汪侠、梅虎：《旅游地顾客忠诚模型及实证研究》，《旅游学刊》2006 年第 10 期。

汪侠、梅虎：《旅游地游客满意度：模型及实证研究》，《北京第二外国语学院学报》2006 年第 7 期。

王晨宇：《举办大型体育赛事产生的负面问题及遏制策略》，《山东体育学院学报》2013 年第 4 期。

王蒲：《运动竞赛方法研究》，人民体育出版社，2001。

王晓林：《三亚热带体育旅游目的地国际化进程研究》，海南师范大学硕士学位论文，2012。

王钰：《旅游动机和限制因素对大型体育事件参与程度的影响研究》，天津商学院硕士学位论文，2006。

王兆峰、腾飞：《西部民族地区旅游利益相关者冲突及协调机制研究》，《江西社会科学》2012 年第 1 期。

王智慧：《大型体育赛事举办后对承办地区居民幸福指数影响的实证研究》，《体育科学》2012 年第 3 期。

魏小安：《旅游目的地发展实证研究》，中国旅游出版社，2002。

温阳、张林：《体育赛事与上海城市发展》，《体育文化导刊》2011 年第 9 期。

吴必虎：《旅游系统：对旅游活动与旅游科学的一种解释》，《旅游学刊》1998 年第 1 期。

吴元文、王志成：《大型体育赛事对城市旅游业的影响》，《体育成人教育学刊》2006 年第 1 期。

夏敏慧：《海南体育旅游开发研究》，北京体育大学出版社，2005。

夏赞才：《利益相关者理论及旅行社利益相关者基本图谱》，《湖南师范大学社会科学学报》2003 年第 3 期。

向江：《武陵山片区民族传统体育与旅游产业发展的融合》，《品牌》2015 年第 9 期。

谢朝武、黄远水：《论旅游地形象策划的参与型组织模式》，《旅游学刊》2002 年第 2 期。

谢飞帆：《旅游地形象研究在西方的崛起》，《社会科学》1998 年第 1 期。

徐成龙、刘东锋：《2013 年上海 F1 大奖赛对主办地城市形象影响研究——基于对英文新闻报道的内容分析》，《体育文化导刊》2014 年第 10 期。

许文鑫等：《大型体育赛事服务观众满意度量表的研制》，《成都体育学院学报》2017 年第 5 期。

薛金霞、季文：《构建广西东盟休闲体育旅游圈的必要性和可行性分析》，《湖北开放职业学院学报》2019 年第 19 期。

闫金娟、赵希勇：《基于 SERVPERF 的乡村旅游服务质量评价体系研究》，《哈尔滨商业大学学报》（社会科学版）2016 年第 4 期。

杨加玲：《连云港市目的地体育旅游产品开发的研究》，《科教文汇（下旬刊）》2009 年第 18 期。

杨建美：《社区与旅游的整合研究——以昆明市团结乡龙潭村为例》，云南师范大学硕士学位论文，2003。

杨强：《体育产业与相关产业融合发展的内在机理与外在动力研究》，《北京体育大学学报》2013 年第 11 期。

杨强：《体育旅游产业融合发展的动力与路径机制》，《体育学刊》2016 年第 4 期。

杨强：《体育与相关产业融合发展的路径机制与重构模式研究》，《体育科学》2015 年第 7 期。

杨涛：《职业体育与城市发展》，《山东体育学院学报》2014 年第 1 期。

叶庆晖：《体育赛事运作研究》，北京体育大学博士学位论文，2003。

依绍华、冯永晟：《旅游服务质量评价研究——基于北京旅游服务质量评价的实证研究》，《发展研究》2013 年第 6 期。

尹华光、姚云贵、熊隆友：《旅游产业与文化产业融合发展研究》，中国书籍出版社，2017。

尹小俭、杨剑：《区域体育产业发展的外部环境比较研究》，《成都体育学院学报》2009 年第 11 期。

游松辉等：《长三角区域体育休闲城市建设研究——基于上海的实证分析》，《北京体育大学学报》2012 年第 7 期。

于锦华：《体育旅游目的地竞争力提升路径研究》，《北京体育大学学报》2010 年第 1 期。

于萌、朱焱、王玮瑛：《基于 IPA 分析的我国大型体育赛事商业运营的服务质量评价与改进研究》，《成都体育学院学报》2018 年第 4 期。

于素梅：《我国不同群体的体育旅游经历》，《体育学刊》2007 年第 3 期。

于素梅：《小康社会的体育旅游资源开发研究》，《体育科学》2007 年第 5 期。

张保华等：《中国体育产业在国民经济中的地位和作用研究》，《体育科学》2007 年第 4 期。

张夫妮：《论城市旅游品牌的塑造与管理》，山东师范大学硕士学位论文，2004。

张禾：《体育赛事举办对市民公共文明行为与综合满意度指数影响的研究》，《体育与科学》2010 年第 6 期。

张辉：《我国城市体育旅游资源和产品的理论探讨》，《度假旅游》2019 年第 4 期。

张鲲、张西平、朱恺：《关于我国开展体育旅游的市场分析》，《北京体育大学学报》2003 年第 5 期。

张立明主编《旅游学概论》，武汉大学出版社，2003。

张立明、赵黎明：《奥运旅游的入境客源市场开发——以北京 2008 年奥运会为例》，《北京体育大学学报》2005 年第 8 期。

张丽：《结构方程模型应用中样本和参数估计问题探析》，《科教文汇（下旬刊）》2017 年第 3 期。

张凌云主编《北京建设中国首选旅游目的地对策研究》，旅游教育出版社，2009。

张铁明等：《游客感知视角下休闲体育旅游目的地竞争力的实证研究》，《西安体育学院学报》2013 年第 1 期。

张现成：《赛事举办城市居民民生举措的社会知觉与居民凝聚力：居民民生举措满意度的中介作用》，《体育科学》2012 年第 1 期。

张油福、国伟、黄晓晓：《贵州发展山地户外体育旅游休闲产业的 SWOT 分析研究》，《南京体育学院学报》（社会科学版）2013 年第 3 期。

张云峰、丛聪：《体育旅游目的地竞争力模型与评价指标体系研究》，《体育世界》（学术版）2010 年第 8 期。

郑滢滢：《体育赛事旅游系统模型构建的理论与实证研究》，福建师范大学硕士学位论文，2013。

钟华、窦淑慧、徐燕华：《开发长三角区域体育旅游资源途径研究》，《北京体育大学学报》2008 年第 9 期。

周成：《体育赛事旅游的经济学研究》，《华南理工大学学报》（社会科学版）2007 年第 4 期。

周咏松：《大型体育赛事对提升城市综合实力的作用及举办策略》，《成都体育学院学报》2009 年第 11 期。

周子平、劳国炜：《基于游客感知的古村落旅游服务质量评价指标体系的构建》，《广西广播电视大学学报》2018 年第 4 期。

朱达：《上海都市旅游的创意升级》，《上海经济》2009 年第 10 期。

朱洪军：《大型体育赛事提升城市品牌的路径研究》，《山东体育学院学报》2010 年第 10 期。

朱淑玲：《我国国家中心城市建设与体育城市建设之融合研究》，《山东体育学院学报》2011 年第 6 期。

Anne-Marie, H. , "Sports-events, Tourism and Destination Marketing Strategies: An Australian Case Study of Athens 2004 and Its Media Telecast," *Journal of Sport & Tourism* 10 (3), 2005.

Baker, D. A. , Crompton, J. L. , "Quality, Satisfaction and Behavioral Intentions," *Annals of Tourism Research* 27 (3), 2000.

Bigné, J. E. , Sánchez, M. I. , Sánchez, J. , "Tourism Image, Evaluation Variables and After Purchase Behaviour: Inter-relationship," *Tourism Management* 22 (6), 2001.

Boulding, K. , *The Image* (Ann Arbor: University of Michigan Press, 1956).

Brown, G. , "Emerging Issues in Olympic Sponsorship: Implications for Host Cities," *Sport Management Review* 3 (1), 2000.

Buhalis, D. D. , "Marketing the Competitive Destination of the Future," *Tourism Tribune* 21 (1), 2000.

Chalip, L. , "Marketing, Media, and Place Promotion," in Higham J. ed. ,

Sport Tourism Destinations: Issues, Opportunities and Analysis (Amsterdam: Elsevier, 2005).

Cooper, C. , et al. , *Tourism: Principles and Practices* (England: Addison Wesley Longman, 1998).

Cronin, J. J. , Brady, M. K. , Hult, G. T. M. , "Assessing the Effects of Quality, Value, and Customer Satisfaction on Consumer Behavioral Intentions in Service Environments," *Journal of Retailing* 76 (2), 2000.

Decrop, A. , *Consumer Behavior in Travel and Tourism* (New York: The Haworth Hospitality Press, 2000).

Dodds, W. B. , Monroe, K. B. , Grewal, D. , "Effects of Price, Brand, and Store Information on Buyers' Product Evaluations," *Journal of Marketing Research* 28 (3), 1991.

Driscoll, A. , Lawson, R. , Niven, B. , "Measuring Tourists' Destination Perceptions," *Annals of Tourism Research* 21 (3), 1994.

Durande-Moreau, A. , Usunier, J. C. , "Time Styles and the Waiting Experience: An Exploratory Study," *Journal of Service Research* 2 (2), 1999.

Echtner, C. M. , Ritchie, J. R. B. , "The Measurement of Destination Image: An Empirical Assessment," *Journal of Travel Research* 31 (4), 1993.

Emery, P. R. , "Bidding to Host a Major Sports Event: Strategic Investment or Complete Lottery," in Gratton C. , Henry I. P. eds. , *Routledge Online Studies on the Olympic & Paralympic Games* (London: Routledge, 2012).

Fishbein, M. , Ajzen, I. , "Belief, Attitude, Intention and Behaviour: An Introduction to Theory and Research," *Philosophy & Rhetoric* 10 (2), 1977.

Flagestad, A. , Hope, C. A. , "Strategic Success in Winter Sports Destinations: A Sustainable Value Creation Perspective," *Tourism Management* 22 (5), 2001.

Fornell, C. , "A National Customer Satisfaction Barometer: The Swedish Experience," *Journal of Marketing* 56 (1), 1992.

Fornell, C. , et al. , "The American Customer Satisfaction Index: Nature, Purpose, and Findings," *Journal of Marketing* 60 (4), 1996.

Fornell, C. , Larcker, D. F. , "Evaluating Structural Equation Models with Unobservable Variables and Measurement Error," *Journal of Marketing Research* 24 (2), 1981.

Fredman, P. , Heberlein, T. A. , "Changes in Skiing and Snowmobiling in Swedish Mountains," *Annals of Tourism Research* 30 (2), 2003.

Freeman, K. E. , *Strategic Management: A Stakeholder Approach* (Boston: Pitman, 1984).

Funk, D. C. , Bruun, T. J. , "The Role of Socio-psychological and Culture-education Motives in Marketing International Sport Tourism: A Cross-cultural Perspective," *Tourism Management* 28 (3).

Gartner, L. , "Image Formation Process in Communication and Channel," *Systems in Tourism Marketing* 1 (21), 1993.

Gibson, H. J. , Attle, S. P. , Yiannakis, A. , "Segmenting the Active Sport Tourist Market: A Life-span Perspective," *Journal of Vacation Marketing* 4 (1), 1998.

Gunn, C. A. , *Vacation Scape: Designing Tourist Region* (Lodon: Taylon & Francis Press, 1988).

Gunn, C. A. , *Vacation Scape: Designing Tourist Regions* (Austin: Bureau of Business Research, 1972).

Haggett, P. , Chiff, A. D. , Frey, A. , *Loeational Analysis in Human Ge-*

ography (London: Edward Amoid Press, 1997).

Harrison-Walker, L. J., "Service Quality in the Hair Salon Industry," *Journal of Business Disciplines Indiana University Southeast* 1 (2), 2000.

Holden, A., "The Use of Visitor Understanding in Skiing Management and Development Decisions at the Cairngorm Mountains, Scotland," *Tourism Management* 19 (2), 1998.

Holdnak, W. A., "Small-scale Event Sport Tourism: Fans as Tourists," *Tourism Management* 24 (2), 2003.

Holloway, C., *The Business of Tourism* (London: Pitman Publishing, 1994).

Homburg, C., Giering, A., "Personal Characteristics as Moderators of the Relationship between Customer Satisfaction and Loyalty—An Empirical Analysis," *Psychology & Marketing* 18 (1), 2001.

Hui, T. K., Wan, D., Ho, A., "Tourists' Satisfaction, Recommendation and Revisiting Singapore," *Tourism Management* 28 (4), 2007.

Jang, S. C., Feng, R., "Temporal Destination Revisit Intention: The Effects of Novelty Seeking and Satisfaction," *Tourism Management* 28 (2), 2007.

Kotler, P. T., Bowen, J. T., Makens, J., *Marketing for Hospitality and Tourism* (Prentice Hall: Pearson, 2006).

Lam, S. Y., et al., "Customer Value, Satisfaction, Loyalty, and Switching Costs: An Illustration from a Business-to-Business Service Context," *Journal of the Academy of Marketing Science* 32 (3), 2004.

Lee, C., Lee, Y., Lee, B., "Korea's Destination Image Formed by the 2002 World Cup," *Annals of Tourism Research* 23 (4), 2005.

Lee, C., Yoon, Y., Lee, S., "Investigating the Relationships among Perceived Value, Satisfaction, and Recommendations: The Case of the Korean DMZ," *Tourism Management* 28 (1), 2007.

López-Toro, A., Díaz-Muñoz, R., Pérez-Moreno, S., "An Assessment of the Quality of a Tourist Destination: The Case of Nerja, Spain," *Total Quality Management & Business Excellence* 21 (3), 2010.

Mohinder, C., "Measuring the Service Quality of Indian Tourism Destinations: An Application of SERVQUAL Model," *Service Technology and Management* 1 (13), 2010.

Neil, L., *Tourism Management* (Collingwood: RMIT Press, 1955).

Oliver, R. L., *Satisfaction: A Behavioral Perspective on the Consumer* (New York: The McGraw-Hill Companies Inc, 1997).

Parasuraman, A., Grewal, D., "The Impact of Technology on the Quality-value-loyalty Chain: A Research Agenda," *Journal of the Academy of Marketing Science* 28 (1), 2000.

Patterson, P. G., Spreng, R. A., "Modelling the Relationship between Perceived Value, Satisfaction and Repurchase Intentions in a Business-to-business, Services Context: An Empirical Examination," *International Journal of Service Industry Management* 8 (5), 1997.

Pearce, D. G., "Form and Function in French Resorts," *Annals of Tourism Research* 5 (1), 1978.

Pearce, P. L., "Perceived Changes in Holiday Destinations," *Journal of Travel Research* 9 (2), 1983.

Phelps, A., "Holiday Destination Image—The Problems of Assessment: An Example Developed in Menorcal," *Tourism Management* 1 (3), 1986.

Ping, L., Cai, A., "Cooperative Branding for Rural Destinations," *Annals of Tourism Research* 1 (31), 2002.

Pizam, A., Neumann, Y., Reichel, A., "Dimentions of Tourist Satisfaction with a Destination Area," *Annals of Tourism Research* 5 (3), 1978.

Relph, E., *Place and Place Lessness* (London: Pion, 1976).

Ritchie, J. R. B., Lyons, M., "Olympulse Ⅵ: A Post-event Assessment of Resident Reaction to the XV Olympic Winter Games," *Journal of Travel Research* 28 (3), 1990.

Sweeney, J. C. , Soutar, G. N. , "Consumer Perceived Value: The Development of a Multiple Item Scale," *Journal of Retailing* 77 (2), 2001.

Singh, J. , "Voice, Exit, and Negative Word-of-mouth Behaviors: An Investigation Across Three Service Categories," *Journal of the Academy of Marketing Science* 18 (1), 1990.

Smith, A. , "Tourists' Consumption and Interpretation of Sport Event Imagery," *Journal of Sport & Tourism* 11 (1), 2006.

Tassiopoulos, D. , Haydam, N. , "Golf Tourists in South Africa: A Demand-side Study of a Niche Market in Sports Tourism," *Tourism Management* 29 (5), 2008.

Terblanche, N. S. , "The Relationship between Customer Satisfaction and Loyalty: An Application of the American Customer Satisfaction Index in the South African Fast Food Industry," *Management Dynamics Journal of the Southern African Institute for Management Scientists* 2 (15), 2006: 31–42.

Vaughan, D. R. , Edwards, J. R. , "Experiential Perceptions of Two Winter Sun Destinations: The Algarve and Cyprus," *Journal of Vacation Marketing* 5 (4), 1999.

Wang, Y. , Lo, H. P. , Yang, Y. , "An Integrated Framework for Service Quality, Customer Value, Satisfaction: Evidence from China's Telecommunication Industry," *Information Systems Frontiers* 6 (4), 2004.

Weiermair, K. , Fuchs, M. , "Measuring Tourist Judgement on Service Quality," *Annals of Tourism Research* 26 (4), 1999.

Xing X, L. , C. , "Effects of Hosting a Sport Event on Destination Brand: A Test of Co-branding and Match-up Models," *Sport Management Re-*

view 9 （1）, 2006.

Yastrow, S. B. , *Harmony: Achieving Dynamic Results by Orchestrating Your Customer's Total Experience* （New York: Select Books, 2003）.

Zeithaml, V. A. , Berry, L. L. , Parasuraman, A. , "The Behavioral Consequences of Service Quality," *Journal of Marketing* 60 （2）, 1996.

附　录

附录 A　深度访谈提纲

基于旅游者感知的体育赛事旅游目的地质量评价访谈提纲

首先对您的支持与参与表示感谢，本访谈旨在了解您认为的体育赛事旅游目的地应满足旅游者的哪些具体需求和要求，请您结合自己亲身经历和体验，谈谈您的看法。您可根据以下提纲进行交流，但不拘泥于提纲中的问题，请随时提出您的新想法或新建议，本访谈仅做学术研究，受访信息及访谈内容均会严格保密。

1. 您觉得什么样的地方才能被称为体育赛事旅游目的地，它该具备什么样的特征，请选择一个曾经亲身到他地参与或观看体育赛事的经历进行交流。

2. 您在该地参（观）赛和旅游的过程中，对该地体育产业发展环境（如政府政策、产品和资源开发水平等）的哪些方面印象最深刻，可举例说明（发生了什么事、地点在哪里、您认为原因是什么、如何解决的）。

3. 您在该地参（观）赛和旅游的过程中，对该地旅游发展环境

（如资源开发潜力、市场监管等）的哪些方面印象最深刻，可举例说明（发生了什么事、地点在哪里、您认为原因是什么、如何解决的）。

4. 您认为该地体育赛事的举办对该地旅游形象气质有何影响，体育赛事的举办对您认识该地有何影响，请用 2~4 个形容词来形容您参与（观赏）体育赛事旅游活动后对该城市的情感。

5. 您对餐饮有哪些方面的需求或要求，您都选择了什么样的餐饮，请对该地的餐饮（包括硬件和服务）做简要点评。

6. 您对住宿有哪些方面的需求或要求，您选择了什么样的住宿类型，请对该地的住宿（包括硬件和服务）做简要点评。

7. 您对交通有哪些方面的需求或要求，您都采用了哪些交通方式，请对该地的交通（包括硬件和服务）做简要点评。

8. 您对购物有哪些方面的需求或要求，您去了什么样的购物场所，请对该地的购物（包括硬件和服务）做简要点评。

9. 您对娱乐有哪些方面的需求或要求，您去了什么样的娱乐场所，请对该地的娱乐（包括硬件和服务）做简要点评。

10. 您在该地参（观）赛和旅游期间还有什么其他的需求或要求吗，最后请您用 1~2 句话对该地的赛事旅游质量做一个总体评价。

11. 受访者基本信息（性别、年龄、职业、学历等）

附录 B　基于旅游者感知的体育赛事旅游目的地
质量深度访谈结果总结

编号	项目	出现频次（次）
1	运动员知名度	15
2	竞技水平	12
3	对抗性	14
4	赛事精彩	11
5	技战术	13
6	赛程设置	8
7	裁判专业性	11
8	场地布局	12
9	场地设施	14
10	场地环境	9
11	卫生间环境	7
12	赛事信息	6
13	入场导引	5
14	信息咨询	7
15	黄牛	10
16	安检	8
17	手机信号	2
18	停车场	5
19	就餐	4
20	服务人员态度	7
21	政府政策	14
22	赛事产品开发	13
23	赛事资源保护	10
24	旅游资源保护	12
25	旅游资源开发潜力	9
26	特色旅游资源	7

续表

编号	项目	出现频次（次）
27	旅游政策	10
28	市场运行	10
29	知名度	12
30	形象契合	15
31	印象	8
32	体验	5
33	氛围	4
34	吸引力	9
35	餐饮种类	11
36	餐饮特色	10
37	餐饮价格	13
38	餐饮服务环境	9
39	住宿种类	10
40	宾馆预订	14
41	酒店价格	12
42	酒店卫生	10
43	住宿服务	7
44	可进入性	8
45	市内交通完善	6
46	公交准时	12
47	换乘方便	10
48	出租车服务	14
49	购物中心	3
50	商品种类	5
51	商品质量	6
52	购物服务	4
53	嘉年华	7
54	表演	8
55	娱乐活动丰富	12
56	娱乐活动有特色	10

附录 C　预调查问卷

体育赛事旅游目的地质量评价旅游者调查问卷（预测）

尊敬的先生/女士：

我们在开展一项针对体育赛事旅游目的地评价的研究，请您结合自己在本次赛事举办地参赛、观赛和游览的经历与体验，从选项中选择您认为最合适的数字对本地的赛事及旅游质量做出评价，感谢您的合作！

（一）受访者基本信息

1. 您的性别：①男　　②女

2. 您的年龄段是：

①18 岁及以下　　　②19～29 岁　　　③30～55 岁

④56 岁及以上

3. 您的月收入是：

①2000 元及以下　　②2000～5000 元　　③5000～10000 元

④10000 元以上

4. 您的职业状态是：

①公务员或事业单位人员　　　　　②公司职员或工人

③学生　　　　　　　　　　　　　④个体经营者

⑤退休人员　　　　　　　　　　　⑥其他

5. 您的受教育程度：

①初中及以下　　　②高中及中专　　　③大专及本科

④研究生及以上

6. 您希望该地的体育赛事和旅游活动越办越好吗？

①是　　②否

（二）评价系统

Q1 评价指标		完全不同意	比较不同意	一般	比较同意	完全同意
Y1	参赛运动员知名度高或竞技水平优异	1	2	3	4	5
Y2	参赛双方对抗性强或赛事进程精彩激烈	1	2	3	4	5
Y3	赛事呈现高超的技战术水平或独特的技艺	1	2	3	4	5
Y4	观众与运动员的互动程度高	1	2	3	4	5
Y5	赛程设置合理	1	2	3	4	5
Y6	裁判员或相应评分标准公正、专业	1	2	3	4	5
Y7	场地布局合理	1	2	3	4	5
Y8	设施先进、齐全	1	2	3	4	5
Y9	环境舒适、卫生间干净整洁	1	2	3	4	5
Y10	赛事相关信息容易获取	1	2	3	4	5
Y11	引导识别符号（出入口、卫生间等）规范醒目	1	2	3	4	5
Y12	咨询点提供的信息咨询便捷准确	1	2	3	4	5
Y13	倒卖赛事门票情况少	1	2	3	4	5
Y14	观众出入场便利	1	2	3	4	5
Y15	安检严格、安全保障好	1	2	3	4	5
Y16	通信信号好，上网方便	1	2	3	4	5
Y17	周围交通、停车便捷	1	2	3	4	5
Y18	周围就餐、购物方便	1	2	3	4	5
Y19	服务人员态度热情	1	2	3	4	5
Y20	政府鼓励赛事举办	1	2	3	4	5
Y21	赛事产品开发注重内涵	1	2	3	4	5
Y22	赛事资源开发潜力大	1	2	3	4	5
Y23	具有特色旅游资源禀赋	1	2	3	4	5
Y24	旅游资源保护好	1	2	3	4	5
Y25	旅游资源开发潜力大	1	2	3	4	5
Y26	旅游市场运行规范	1	2	3	4	5
Y27	旅游发展政策好	1	2	3	4	5

Q1 评价指标		完全不同意	比较不同意	一般	比较同意	完全同意
Y28	赛事与旅游活动提高了该地的知名度	1	2	3	4	5
Y29	体育赛事形象与旅游形象契合度高	1	2	3	4	5
Y30	赛事与旅游的结合给人带来深刻的印象	1	2	3	4	5
Y31	赛事与旅游结合给人带来愉悦的体验	1	2	3	4	5
Y32	赛事与旅游结合给人带来独特的氛围	1	2	3	4	5
Y33	赛事与旅游结合给人带来更强的吸引力	1	2	3	4	5
Y34	餐饮种类多，可选择性多	1	2	3	4	5
Y35	餐饮特色突出（地方菜和老字号）	1	2	3	4	5
Y36	餐饮价格合理，明码标价	1	2	3	4	5
Y37	餐饮环境及服务好	1	2	3	4	5
Y38	住宿类型多样，选择多	1	2	3	4	5
Y39	住宿预订方便可靠	1	2	3	4	5
Y40	住宿价格合理	1	2	3	4	5
Y41	住宿环境安全可靠	1	2	3	4	5
Y42	客房舒适、卫生整洁、设施齐全	1	2	3	4	5
Y43	住宿服务规范、热情周到	1	2	3	4	5
Y44	对外交通网发达，可进入性好	1	2	3	4	5
Y45	对内交通完善，出行方便	1	2	3	4	5
Y46	公共交通安全准点	1	2	3	4	5
Y47	公交换乘方便	1	2	3	4	5
Y48	出租车服务规范	1	2	3	4	5
Y49	大型购物中心和超市分布广，选择多	1	2	3	4	5
Y50	商品种类丰富，国际时尚品牌齐全	1	2	3	4	5
Y51	商品质量有保障	1	2	3	4	5
Y52	购物场所服务热情，价格合理	1	2	3	4	5
Y53	娱乐活动丰富多彩	1	2	3	4	5
Y54	娱乐活动特色鲜明	1	2	3	4	5
Y55	娱乐场所价格合理，服务热情周到	1	2	3	4	5
Y56	知名表演或嘉年华活动多	1	2	3	4	5

附录 D　评价指标因子的 CITC 与信度检验结果

表 1　核心质量量表各因子 CITC 与信度检验

因子编号	指标编号	修正后的项与总计相关性（CITC）	删除项后的 Cronbach's α 系数	整体 Cronbach's α 系数
F1	Y1	0.648	0.800	
	Y2	0.612	0.808	
	Y3	0.684	0.793	0.835
	Y4	0.497	0.833	
	Y5	0.583	0.814	
	Y6	0.652	0.802	
F2	Y7	0.643	0.862	
	Y8	0.676	0.856	
	Y9	0.712	0.850	0.876
	Y10	0.643	0.862	
	Y11	0.717	0.849	
	Y12	0.696	0.853	
F3	Y13	0.423	0.816	
	Y14	0.563	0.795	
	Y15	0.590	0.792	0.819
	Y16	0.506	0.809	
	Y17	0.666	0.776	
	Y18	0.615	0.785	
F4	Y20	0.793	0.803	
	Y21	0.730	0.859	0.878
	Y22	0.777	0.818	
F5	Y23	0.694	0.863	
	Y24	0.761	0.854	
	Y25	0.654	0.868	0.883
	Y26	0.676	0.865	
	Y27	0.687	0.864	

因子编号	指标编号	修正后的项与 总计相关性（CITC）	删除项后的 Cronbach's α 系数	整体 Cronbach's α 系数
F5	Y28	0.616	0.873	0.883
	Y29	0.610	0.873	
F6	Y30	0.724	0.817	0.861
	Y31	0.739	0.810	
	Y32	0.711	0.825	
	Y33	0.669	0.840	

表 2　辅助质量量表各因子 CITC 与信度检验

因子编号	指标编号	修正后的项与 总计相关性（CITC）	删除项后的 Cronbach's α 系数	整体 Cronbach's α 系数
F7	Y34	0.767	0.864	0.894
	Y35	0.754	0.869	
	Y36	0.766	0.865	
	Y37	0.786	0.858	
F8	Y39	0.792	0.908	0.923
	Y40	0.795	0.906	
	Y41	0.837	0.898	
	Y42	0.781	0.909	
	Y43	0.797	0.906	
F9	Y44	0.778	0.891	0.911
	Y45	0.796	0.887	
	Y46	0.766	0.894	
	Y47	0.780	0.890	
	Y48	0.754	0.896	
F10	Y53	0.766	0.781	0.852
	Y54	0.744	0.790	
	Y55	0.631	0.837	
	Y56	0.642	0.838	

附录 E　正式调查问卷

体育赛事旅游目的地质量评价旅游者调查问卷（正式）

尊敬的先生/女士：

我们在开展一项针对体育赛事旅游目的地评价的研究，请您结合自己在本次赛事举办地参赛、观赛和游览的经历与体验，从选项中选择您认为最合适的数字对本地的赛事及旅游质量做出评价，感谢您的合作！

（一）受访者基本信息

1. 您的性别：①男　　②女

2. 您的年龄段是：

①18 岁及以下　　　②19～29 岁　　　③30～55 岁

④56 岁及以上

3. 您的月收入是：

①2000 元及以下　　②2000～5000 元　　③5000～10000 元

④10000 元以上

4. 您的职业状态是：

①公务员或事业单位人员　　　　②公司职员或工人

③学生　　　　　　　　　　　　④个体经营者

⑤退休人员　　　　　　　　　　⑥其他

5. 您的受教育程度：

①初中及以下　　②高中及中专　　③大专及本科

④研究生及以上

6. 您希望该地的体育赛事和旅游活动越办越好吗？

①是　　②否

（二）评价系统

Q1 评价指标		完全 不同意	比较 不同意	一般	比较 同意	完全 同意
就体育赛事产品本身而言，您对以下选项的态度是						
1	参赛运动员知名度高或竞技水平优异	1	2	3	4	5
2	参赛双方对抗性强或赛事进程精彩激烈	1	2	3	4	5
3	赛事呈现高超的技战术水平或独特的技艺	1	2	3	4	5
4	观众与运动员的互动程度高	1	2	3	4	5
5	赛程设置合理	1	2	3	4	5
6	裁判员或相应评分标准公正、专业	1	2	3	4	5
就举办赛事的体育场馆（或赛道）内部环境方面，您对以下选项的态度是						
7	场地布局合理	1	2	3	4	5
8	设施先进、齐全	1	2	3	4	5
9	环境舒适、卫生间干净整洁	1	2	3	4	5
10	赛事相关信息容易获取	1	2	3	4	5
11	引导识别符号（出入口、卫生间等）规范醒目	1	2	3	4	5
12	咨询点提供的信息咨询便捷准确	1	2	3	4	5
就举办赛事的体育场馆（或赛道）外部环境方面，您对以下选项的态度是						
13	倒卖赛事门票情况少	1	2	3	4	5
14	观众出入场便利	1	2	3	4	5
15	安检严格、安全保障好	1	2	3	4	5
16	周围交通、停车便捷	1	2	3	4	5
17	周围就餐、购物方便	1	2	3	4	5
18	服务人员态度热情	1	2	3	4	5
针对赛事举办地体育产业发展方面，您对以下选项的态度是						
19	政府鼓励赛事举办	1	2	3	4	5
20	赛事产品开发注重内涵	1	2	3	4	5
21	赛事资源开发潜力大	1	2	3	4	5
就赛事举办地的旅游发展而言，您对以下选项的态度是						
22	具有特色旅游资源禀赋	1	2	3	4	5

续表

Q1 评价指标		完全 不同意	比较 不同意	一般	比较 同意	完全 同意
23	旅游资源保护好	1	2	3	4	5
24	旅游资源开发潜力大	1	2	3	4	5
25	旅游市场运行规范	1	2	3	4	5
26	旅游发展政策好	1	2	3	4	5
27	赛事与旅游活动提高了该地的知名度	1	2	3	4	5
28	体育赛事形象与旅游形象契合度高	1	2	3	4	5
通过本次参（观）赛和在该地的旅游活动，您对以下选项的态度是						
29	赛事与旅游的结合带来深刻的印象	1	2	3	4	5
30	赛事与旅游结合带来愉悦的体验	1	2	3	4	5
31	赛事为旅游活动带来独特的氛围	1	2	3	4	5
32	赛事为旅游活动带来更强的吸引力	1	2	3	4	5
就赛事举办地提供的餐饮服务方面，您对以下选项的态度是						
33	餐饮种类多，可选择性多	1	2	3	4	5
34	餐饮特色突出（地方菜和老字号）	1	2	3	4	5
35	餐饮价格合理，明码标价	1	2	3	4	5
36	餐饮环境及服务好	1	2	3	4	5
就赛事举办地提供的住宿服务方面，您对以下选项的态度是						
37	住宿预订方便可靠	1	2	3	4	5
38	住宿价格合理	1	2	3	4	5
39	住宿环境安全可靠	1	2	3	4	5
40	客房舒适、卫生整洁、设施齐全	1	2	3	4	5
41	住宿服务规范、热情周到	1	2	3	4	5
就赛事举办地提供的交通服务方面，您对以下选项的态度是						
42	对外交通网发达，可进入性好	1	2	3	4	5
43	对内交通完善，出行方便	1	2	3	4	5
44	公共交通安全准点	1	2	3	4	5
45	公交换乘方便	1	2	3	4	5
46	出租车服务规范	1	2	3	4	5
就赛事举办地提供的娱乐服务方面，您对以下选项的态度是						
47	娱乐活动丰富多彩	1	2	3	4	5

Q1 评价指标		完全 不同意	比较 不同意	一般	比较 同意	完全 同意
48	娱乐活动特色鲜明	1	2	3	4	5
49	娱乐场所价格合理，服务热情周到	1	2	3	4	5
50	知名表演或嘉年华活动多	1	2	3	4	5
Q2 满意度评价		完全 不满意	比较 不满意	一般	比较 满意	完全 满意
1	总体满意程度	1	2	3	4	5
2	与需要相比的满意程度	1	2	3	4	5
3	与理想中体育赛事旅游目的地相比的满意程度	1	2	3	4	5
Q3 价值评价		完全 不同意	比较 不同意	一般	比较 同意	完全 同意
1	您认为该地所提供的赛事活动总体价值高	1	2	3	4	5
2	您认为该地所提供的与赛事相关的旅游活动总体价值高	1	2	3	4	5
3	您在权衡付出与收益后，认为本次出行物有所值	1	2	3	4	5
Q4 行为意向评价		完全 不同意	比较 不同意	一般	比较 同意	完全 同意
1	您会主动与人分享该地参（观）赛的正面信息	1	2	3	4	5
2	您会在他人寻求建议的时候推荐该地	1	2	3	4	5
3	您会鼓励亲戚朋友到该地参（观）赛或旅游	1	2	3	4	5
4	您会向相关部门投诉该地的服务质量问题	1	2	3	4	5
5	您会向亲戚朋友抱怨该地的服务质量	1	2	3	4	5
6	您会向其他游客抱怨该地的服务质量	1	2	3	4	5
7	您还会到该地参（观）赛或旅游	1	2	3	4	5
8	您还会持续关注该地的赛事及旅游信息	1	2	3	4	5
9	您未来会将该地作为参（观）赛和旅游的首选	1	2	3	4	5

附录 F 优序法专家名单

姓名	单位	职务	备注
高 x	河北体育局奥运事务处	科员	冬奥事务专员
王 xx	文化和旅游部	副司长	产业发展司（产业融合）
朱 x	北京鼎信体育产业有限公司	项目主管	赛事规划
牛 xx	国家体育总局竞技体育司	主任科员	冬季奥运会处
蒋 xx	北京体育大学	教授	冬奥与旅游研究
杨 x	西安体育学院	教授	体育赛事旅游研究
王 x	北京师范大学	教授	科研方法研究

附录 G　旅游者特征差异化检验结果汇总

表 1　辅助质量与月收入的单因素方差分析结果

因子	月收入	个案数（个）	平均值	标准差	F	p
餐饮	2000 元及以下	133	3.665	0.753	2.365	0.070
	2000~5000 元	140	3.739	0.781		
	5000~10000 元	368	3.602	0.770		
	10000 元以上	98	3.485	0.749		
	总计	739	3.624	0.769		
住宿	2000 元及以下	133	3.605	0.820	2.442	0.063
	2000~5000 元	140	3.700	0.761		
	5000~10000 元	368	3.531	0.797		
	10000 元以上	98	3.445	0.782		
	总计	739	3.565	0.795		
交通	2000 元及以下	133	3.729	0.794	1.683	0.169
	2000~5000 元	140	3.783	0.745		
	5000~10000 元	368	3.647	0.780		
	10000 元以上	98	3.590	0.751		
	总计	739	3.680	0.773		
娱乐	2000 元及以下	133	3.808	0.720	1.624	0.182
	2000~5000 元	140	3.813	0.753		
	5000~10000 元	368	3.726	0.745		
	10000 元以上	98	3.625	0.773		
	总计	739	3.744	0.747		

表 2　感知价值、满意度、行为意向与性别的差异化检验结果（$N = 739$）

因子	性别	平均值	标准差	t	p
感知价值	男	3.685	0.874	0.824	0.410
	女	3.631	0.921		
满意度	男	3.848	0.815	1.957	0.051
	女	3.727	0.860		

续表

因子	性别	平均值	标准差	t	p
重游意向	男	4.024	0.800	1.463	0.144
	女	3.934	0.865		
推荐意向	男	3.825	0.802	1.563	0.118
	女	3.730	0.850		
抱怨意向	男	1.952	0.818	−1.252	0.211
	女	2.028	0.832		

表 3　行为意向、满意度与年龄的差异化检验结果

因子	年龄	个案数（个）	平均值	标准差	F	p
重游意向	18 岁及以下	127	4.068	0.789	2.026	0.109
	19~29 岁	179	4.002	0.797		
	30~55 岁	372	3.980	0.834		
	56 岁及以上	61	3.754	0.970		
	总计	739	3.982	0.831		
推荐意向	18 岁及以下	127	3.874	0.783	1.905	0.127
	19~29 岁	179	3.791	0.855		
	30~55 岁	372	3.779	0.786		
	56 岁及以上	61	3.568	1.019		
	总计	739	3.781	0.826		
抱怨意向	18 岁及以下	127	1.892	0.775	1.954	0.120
	19~29 岁	179	1.980	0.768		
	30~55 岁	372	1.988	0.835		
	56 岁及以上	61	2.202	0.991		
	总计	739	1.987	0.825		
满意度	18 岁及以下	127	3.840	0.803	0.949	0.416
	19~29 岁	179	3.834	0.815		
	30~55 岁	372	3.779	0.853		
	56 岁及以上	61	3.645	0.882		
	总计	739	3.792	0.838		

表4 行为意向、感知价值、满意度与月收入的差异化检验结果

因子	月收入	个案数（个）	平均值	标准差	F	p
重游意向	2000元及以下	133	3.925	0.821	0.505	0.679
	2000~5000元	140	4.043	0.800		
	5000~10000元	368	3.987	0.847		
	10000元以上	98	3.952	0.836		
	总计	739	3.982	0.831		
推荐意向	2000元及以下	133	3.782	0.790	0.718	0.541
	2000~5000元	140	3.826	0.824		
	5000~10000元	368	3.742	0.837		
	10000元以上	98	3.861	0.836		
	总计	739	3.781	0.826		
抱怨意向	2000元及以下	133	2.030	0.808	0.283	0.837
	2000~5000元	140	1.983	0.768		
	5000~10000元	368	1.964	0.860		
	10000元以上	98	2.024	0.797		
	总计	739	1.987	0.825		
感知价值	2000元及以下	133	3.684	0.895	0.832	0.476
	2000~5000元	140	3.748	0.788		
	5000~10000元	368	3.640	0.938		
	10000元以上	98	3.575	0.878		
	总计	739	3.660	0.896		
满意度	2000元及以下	133	3.792	0.772	1.241	0.294
	2000~5000元	140	3.910	0.850		
	5000~10000元	368	3.763	0.844		
	10000元以上	98	3.731	0.878		
	总计	739	3.792	0.838		

表5 行为意向、感知价值、满意度与职业的差异化检验结果

因子	职业	个案数（个）	平均值	标准差	F	p
重游意向	公务员或事业单位人员	182	4.068	0.753		
	公司职员或工人	208	3.910	0.838		

因子	职业	个案数（个）	平均值	标准差	F	p
重游意向	学生	119	3.955	0.840	1.540	0.175
	个体经营者	161	4.064	0.829		
	退休人员	45	3.844	1.004		
	其他	24	3.792	0.916		
	总计	739	3.982	0.831		
推荐意向	公务员或事业单位人员	182	3.881	0.804	1.294	0.264
	公司职员或工人	208	3.689	0.840		
	学生	119	3.728	0.843		
	个体经营者	161	3.834	0.782		
	退休人员	45	3.756	0.883		
	其他	24	3.764	0.925		
	总计	739	3.781	0.826		
抱怨意向	公务员或事业单位人员	182	1.927	0.733	0.860	0.507
	公司职员或工人	208	2.042	0.831		
	学生	119	2.053	0.860		
	个体经营者	161	1.913	0.861		
	退休人员	45	2.030	0.915		
	其他	24	2.069	0.840		
	总计	739	1.987	0.825		
感知价值	公务员或事业单位人员	182	3.700	0.876	1.222	0.297
	公司职员或工人	208	3.574	0.915		
	学生	119	3.712	0.892		
	个体经营者	161	3.741	0.901		
	退休人员	45	3.467	0.973		
	其他	24	3.667	0.637		
	总计	739	3.660	0.896		
满意度	公务员或事业单位人员	182	3.874	0.812	1.217	0.299

因子	职业	个案数（个）	平均值	标准差	F	p
满意度	公司职员或工人	208	3.702	0.816		
	学生	119	3.812	0.883		
	个体经营者	161	3.836	0.861		
	退休人员	45	3.644	0.886		
	其他	24	3.819	0.702		
	总计	739	3.792	0.838		

表6 行为意向、感知价值、满意度与受教育程度的差异化检验结果

因子	受教育程度	个案数（个）	平均值	标准差	F	p
重游意向	初中及以下	50	3.900	0.748	0.315	0.815
	高中及中专	134	4.030	0.781		
	大专及本科	322	3.979	0.868		
	研究生及以上	233	3.976	0.828		
	总计	739	3.982	0.831		
推荐意向	初中及以下	50	3.727	0.885	0.717	0.542
	高中及中专	134	3.873	0.800		
	大专及本科	322	3.760	0.858		
	研究生及以上	233	3.768	0.782		
	总计	739	3.781	0.826		
抱怨意向	初中及以下	50	2.080	0.892	0.293	0.830
	高中及中专	134	2.008	0.760		
	大专及本科	322	1.979	0.841		
	研究生及以上	233	1.967	0.827		
	总计	739	1.987	0.825		
感知价值	初中及以下	50	3.687	0.815	0.587	0.624
	高中及中专	134	3.744	0.894		
	大专及本科	322	3.623	0.907		
	研究生及以上	233	3.657	0.900		
	总计	739	3.660	0.896		

续表

因子	受教育程度	个案数（个）	平均值	标准差	F	p
满意度	初中及以下	50	3.620	0.849		
	高中及中专	134	3.910	0.795		
	大专及本科	322	3.769	0.836	1.680	0.170
	研究生及以上	233	3.791	0.857		
	总计	739	3.792	0.838		

图书在版编目（CIP）数据

融合与共生：中国体育赛事旅游目的地发展研究 /
史瑞应著 . --北京：社会科学文献出版社，2024.12.
ISBN 978-7-5228-4482-4

Ⅰ. G812.2；F592.7

中国国家版本馆 CIP 数据核字第 2024W2C067 号

融合与共生：中国体育赛事旅游目的地发展研究

著　　者 / 史瑞应

出 版 人 / 冀祥德
责任编辑 / 贾立平
文稿编辑 / 王　敏
责任印制 / 王京美

出　　版 / 社会科学文献出版社
　　　　　地址：北京市北三环中路甲 29 号院华龙大厦　邮编：100029
　　　　　网址：www.ssap.com.cn
发　　行 / 社会科学文献出版社（010）59367028
印　　装 / 三河市尚艺印装有限公司

规　　格 / 开　本：787mm×1092mm　1/16
　　　　　印　张：18.75　字　数：248 千字
版　　次 / 2024 年 12 月第 1 版　2024 年 12 月第 1 次印刷
书　　号 / ISBN 978-7-5228-4482-4
定　　价 / 138.00 元

读者服务电话：4008918866